Votre version numérique offerte

pour l'achat de ce livre *

Demandez votre accès gratuit
au **livre numérique**
livrenumerique@eni.fr

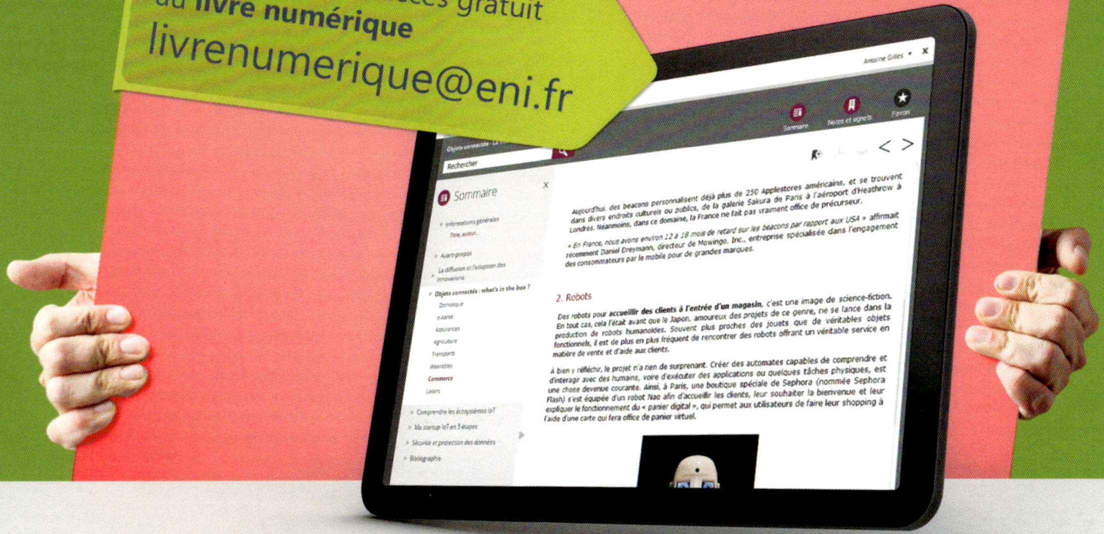

Bénéficiez d'un accès immédiat
à votre version numérique

en commandant sur **www.editions-eni.fr**

eni
Editions

* Voir conditions complètes de l'offre sur www.editions-eni.fr. Le livre numérique offert est consultable via Internet, pendant un...

Expert IT

ASP.NET Core MVC

Maîtrisez ce framework Web puissant, ouvert et multiplateforme

ISBN : 978-2-7460-9922-7
Imprimé en France

Editions ENI
ZAC du Moulin Neuf
Rue Benjamin Franklin
44800 St HERBLAIN

Tél. 02.51.80.15.15
Fax 02.51.80.15.16

e-mail : editions@ediENI.com
http://www.editions-eni.com

Auteurs : Andrés TALAVERA, Christophe GIGAX
Collection **Expert IT** dirigée par Joëlle MUSSET

Avant-propos

ASP.NET Core est la nouvelle référence technologique au niveau du développement web avec Microsoft. Ce n'est pas simplement une couche logicielle supplémentaire qui vient s'ajouter à l'historique déjà bien complet, c'est réellement un renouveau profond du Framework, tout en conservant les principes de bases qui ont fait sa force.

Ce livre s'adresse aux développeurs web désireux d'apprendre une nouvelle méthodologie de travail proposée par Microsoft et s'appuyant déjà sur des techniques utilisées par le monde open source. L'ouvrage ne traite pas des langages basiques de développement, tels l'HTML, le CSS ou le C# : ce sont des prérequis indispensables afin d'aborder au mieux le livre. Cependant, il traite principalement de Framework reposant sur ces langages et permettant de construire des applications web riches et modernes telles ASP.NET Core, le routage MVC, Angular 2, etc.

L'objectif pour le lecteur est de comprendre les bases techniques des Frameworks expliqués, mais également de s'imprégner de la philosophie de code proposée par les auteurs de ces librairies afin de mieux les aborder tout au long de leur progression à travers le temps. Le fil conducteur de cet ouvrage reste le Web : il ne fait pas de concession entre le côté client ou le côté serveur et fait largement le tour des problématiques classiques qu'un système d'information Web peut rencontrer en environnement d'entreprise.

Nous avons essayé de regrouper au mieux les chapitres de ce livre en proposant ainsi un découpage clair entre les différents composants d'un site conçu avec ASP.NET Core. Dans un premier temps, l'ouvrage traite de la nouvelle structure globale d'un projet ASP.NET Core et énumère les nouveaux mécanismes importants intégrés dans le Framework, comme l'ORM Entity Framework Core ou l'Injection de dépendances. Ensuite, les chapitres traitent principalement de problématiques telles que l'optimisation (toujours côté serveur et côté client), la globalisation ou encore la gestion des routes et des erreurs qui sont des éléments importants d'une application web.

Le développement front-end n'est pas ignoré et certains chapitres traitent notamment de l'utilisation de certains Framework conséquents et modernes comme Bootstrap, Knockout ou encore Angular 2. Ces écrits permettent au lecteur de s'approprier les concepts importants de ces librairies pour ensuite mieux les utiliser dans un projet ASP.NET Core.

Enfin, les derniers chapitres traitent de deux sujets importants. Tout d'abord les tests qui sont aujourd'hui une facette incontournable de notre métier et que les équipes de développement doivent intégrer tout de suite dans leur processus d'intégration continue.Le développement web n'a d'intérêt que si le système en question n'est pas mis en production. Le déploiement est le sujet du dernier chapitre et permettra au lecteur de déployer une application web sur Azure, sur IIS et même sur Linux.

Avant-propos

Chapitre 1
Introduction

Chapitre 2
.NET en 2016

Chapitre 3
Les nouveautés d'ASP.NET Core 1.0

Chapitre 4
Les modèles avec Entity Framework Core

Chapitre 5
Le framework MVC 6

Chapitre 6
Les nouveaux mécanismes d'ASP.NET Core

Chapitre 7
Les stratégies d'optimisation

Chapitre 8
Le routage et les erreurs

Chapitre 9
Les ergonomies et comportements côté client

Chapitre 10
La mise en œuvre d'Angular 2

Chapitre 11
La sécurité

Chapitre 12
Les tests

Chapitre 13
La globalisation et la localisation

Chapitre 14
Le déploiement

Chapitre 1
Introduction

1. Préface

L'utilisation d'Internet s'est concrétisée à travers les années, ce n'est plus un secret pour nous, développeurs, ni pour les utilisateurs de manière globale.

De nouveaux besoins se créent chaque jour, non seulement chez les particuliers mais aussi au sein de différents types d'organisations, de tailles variées.

Ces besoins du simple site Internet en allant jusqu'aux grosses applications web permettant par exemple de gérer des systèmes d'informations, de mettre à disposition du monde entier des sites e-commerce, ou encore de proposer des services comme des réseaux sociaux.

Depuis les débuts de l'informatique, les constructeurs et éditeurs se battent afin de proposer matériaux et services. Parmi eux, Microsoft édite .NET Framework et ASP.NET respectivement pour le développement de tout type d'application et le développement d'applications web.

2. .NET Framework

Le framework .NET est une plateforme permettant de simplifier le développement d'applications cloud, web, bureau, mobiles et services. Pour ce faire, un ensemble d'outils de développement et de SDK (*Software Development Kit*) sont mis à disposition par Microsoft.

Au fur et à mesure du temps, des versions et avec la création de nouvelles plateformes, le framework .NET s'est fragmenté. Certes, cela permet une disponibilité sur des plateformes et architectures différentes. Et malgré des API communes, chacune d'entre elles propose son implémentation : Windows Forms, ASP.NET, Compact Framework, Silverlight, Windows Phone et dernièrement Windows Store.

Cette illustration présente de manière concrète le cloisonnement très fort qui existe entre les différentes implémentations.

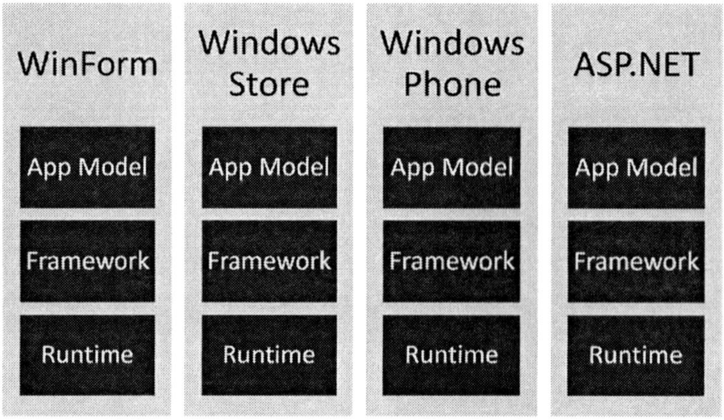

L'un des atouts du framework .NET est son installation par défaut au sein des systèmes d'exploitation Windows et sa maintenance à travers des mises à jour distribuées via Microsoft Update.

Le framework .NET et les applications développées grâce à lui sont donc complémentaires. Les applications, installées elles aussi exclusivement sur les plateformes Microsoft Windows, utilisent alors la version présente sur la machine pour être exécutées. À défaut, il est nécessaire d'installer la version requise par votre application.

Remarque

Par exemple, Paint.NET, logiciel mis à disposition gratuitement, permet l'édition de photos. Il nécessite .NET Framework 4.0 sur l'ordinateur de l'utilisateur pour fonctionner.

Les avantages de cette architecture sont donc la réduction de l'espace disque ainsi que le partage de certaines fonctionnalités au sein de vos applications.

Compte tenu de la taille constamment croissante de nos unités de stockage, la problématique de la taille de nos applications n'est plus une priorité pour les équipes de développement.

Le framework .NET répond à différents standards déposés auprès de l'ECMA (ECMA 334 et ECMA 335) et d'ISO (ISO/IEC 23271:2012 et ISO/IEC 23270:2006) par Microsoft. Cela permet entre autres à des éditeurs tiers de proposer des solutions alternatives au framework .NET. Par exemple :

- Mono pour les systèmes d'exploitation Mac OS X et les distributions Linux ;
- Xamarin (basé sur Mono) afin d'exploiter les dernières versions du framework .NET sur iOS et Android.

3. ASP.NET

ASP.NET, l'évolution d'ASP (*Active Server Pages*), est une technologie apparue en 2002 permettant de développer des applications web basées sur les standards HTML, CSS et JavaScript avec trois approches différentes :

- ASP.NET WebPages qui permet d'écrire du code HTML et code C# ou VB.NET dans une seule et même page dont l'extension du fichier est .aspx.
- ASP.NET WebForms basé sur des pages, des contrôles et d'autres composants réutilisables, avec une approche événementielle. C'est un peu un héritage issu des applications WinForm. Une page WebForm est composée de trois fichiers : la page HTML pour le rendu visuel, une classe contenant le code métier (behind) et la classe designer pour définir les contrôles et leurs propriétés.
- ASP.NET MVC implémente le pattern du même nom (MVC pour *Model-View-Controller*), qui facilite entre autres la séparation de différentes couches, la maintenance et le développement piloté par les tests.

Remarque

Dans un projet d'application ASP.NET, vous pourrez faire un mélange de ces différentes approches : ajouter des WebPages ou des WebForms au sein d'un projet ASP.NET MVC est, par exemple, possible.

Quelle que soit l'approche que vous utilisez pour développer vos applications web, ASP.NET inclut un ensemble de contrôles utilisateurs, un compilateur, le support du débogage, une infrastructure dédiée à la sécurité, à la mise en place de caches, etc., des fonctionnalités pour mesurer les performances de vos développements et le support de différents types de services web (WCF, REST, OData...).

Pour déployer une application ASP.NET, il est nécessaire de disposer d'un serveur équipé de Windows, seul système d'exploitation permettant de gérer un ou plusieurs sites et/ou une application ASP.NET à travers IIS (*Internet Information Services*), en partant de la publication et de la gestion des droits et des services associés au bon fonctionnement.

Contrairement à des technologies comme ASP et PHP et à l'image de WinForm, ASP.NET est une application compilée dont le code n'est pas interprété lors de l'exécution.

Pour les développeurs qui ont connu les précédentes versions d'ASP.NET, soit jusqu'à la version 4.6, sachez que ASP.NET Core n'est pas une mise à jour mais un tout nouveau framework.

Toutes les briques de la technologie ont été réécrites par les équipes de développement, en partant de l'implémentation, l'authentification et la publication, pour ne citer que celles-ci.

Par conséquent, cette nouvelle version ne s'appelle plus « ASP.NET » et les numéros de version ont été remis à zéro. Bonjour « ASP.NET Core 1.0 » !

ASP.NET Core 1.0 apporte un lot de nouveautés que nous allons aborder tout au long de ce livre. Notamment son indépendance, sa modularité ou encore sa légèreté.

Qui plus est, ce framework nouveau-né est plus jeune grâce aux dernières technologies du Web qui le composent et se veut donc plus proche des standards définis par le W3C.

Via la .NET Foundation, Microsoft met donc à disposition des développeurs un framework web performant pour réaliser tout type d'applications web modernes.

4. Entity Framework

L'utilisation d'une base de données au sein des applications développées en programmation orientée objet nécessite une liaison entre la base de données et les modèles (classes représentant les tables). Et vice versa.

Les performances de vos applications dépendent en partie de votre SGDBR (Système de Gestion de Bases de Données Relationnelles) et des requêtes SQL écrites en dur au sein de vos programmes. Parfois, ces dernières ne sont pas les meilleures, ni les plus optimisées.

Travailler avec une base de données inclut d'effectuer des opérations CRUD (*Create, Read, Update, Delete*). Pour éviter la redondance de code, on pourrait par exemple utiliser ou créer une bibliothèque de classes génériques pour générer des requêtes SQL. Dans certains cas, il faut prévoir et gérer les mises à jour en cascade, les jointures, les vues, les index, les erreurs et bien d'autres cas d'utilisation.

Pour pallier ces trois problématiques, il existe des ORM (*Object Relationnal Mapping*) qui sont des outils et une technique permettant de référencer des tables d'une base de données relationnelle à une structure d'objets semblables. De cette manière, chaque champ correspond à une propriété de l'objet et chaque table à une classe.

Avec cette technique, le débogage des requêtes SQL s'est fortement simplifié à travers les versions et permet de gérer, en fonction de l'ORM, plus ou moins certains cas d'utilisation.

Pour vos applications développées avec le framework .NET, il existe entre autres CodeFluent Entities, NHibernate, iBATIS, LayerCake Generator et Entity Framework, ce dernier édité par Microsoft.

Entity Framework est un ensemble d'outils permettant de créer une couche d'accès aux données (ou DAL, pour *Data Access Layer*) liée à une base de données relationnelle. Il permet donc de fournir une couche d'abstraction nécessaire afin de ne plus accéder de manière directe à la base de données en codant des requêtes SQL en dur au sein de votre application.

Il existe plusieurs approches permettant d'utiliser Entity Framework :

- Code First pour les férus de code qui ne souhaitent pas travailler avec les designers intégrés à Visual Studio. Vos classes, appelées entités, définissent vos tables dans votre base de données, depuis la création jusqu'aux opérations de mise à jour des tables. Cette approche se voit dotée de Fluent API.
- Model First permet de générer un schéma EDMX (fichier XML définissant les entités et relations) avec le designer dédié dans Visual Studio. A partir de ce schéma, il est possible de générer automatiquement les classes C# relatives au modèle conçu via le designer.
- Database First permet de créer des modèles et/ou du code à partir d'une base de données existante. Cette approche peut générer vos classes et/ou un schéma EDMX. Vous pourrez choisir cette approche et continuer vos opérations de maintenance soit avec Code First, soit avec Model First.

Quelle que soit l'approche choisie, il faudra faire attention aux modifications effectuées dans votre base de données : les modifications peuvent être perdues si vous n'avez pas indiqué à Entity Framework ces changements.

Lorsque vous utilisez Entity Framework, de nouvelles notions sont à connaître : notamment celles d'Entités et de Contexte. La première est la représentation de vos tables à travers l'outil ORM. La deuxième permet d'effectuer les opérations CRUD entre les entités et votre base de données : obtenir, modifier, mettre à jour ou encore supprimer des entités et/ou les enregistrements dans votre base.

Entity Framework Core

À l'instar de .NET Core et ASP.NET Core, Entity Framework se voit rajouter le terme « Core » à son nom et les numéros de version ont été remis à zéro. Bonjour Entity Framework Core 1.0 !

Entity Framework Core est, de la même manière que .NET Core et ASP.NET Core, modulaire et mise à disposition sous une licence open source.

Remarque

Toutes les fonctionnalités de la version précédente, v6, ne sont pas implémentées au moment de l'écriture de ce livre.

5. Sujets abordés

Le framework .NET et le langage C# ont, parallèlement à cette nouvelle version d'ASP.NET et d'Entity Framework, fortement évolué : en partant de l'architecture et l'implémentation, en passant par une syntaxe améliorée et jusqu'aux méthodes et bonnes pratiques.

On verra quelles sont les grandes nouveautés de cet ensemble de technologies dorénavant open source et nommé « .NET Core » pour le framework .NET, « ASP.NET Core » pour les technologies de développement web et « Entity Framework Core » pour l'ORM permettant de faire la liaison entre les données et vos applications.

MVC (*Model-View-Controller*) est pour ASP.NET une des trois approches permettant de développer des applications web. Cette approche permet de répondre au besoin de créer des applications interactives en se libérant des problématiques d'architecture pour chaque composant. Le design pattern défini trois couches : métier (Model), affichage (Views) et l'interaction entre ces deux derniers (Controller). L'implémentation faite par Microsoft nous permet de développer rapidement des applications web bien structurées.

Mais le travail n'est pas pour autant mâché, et nous, développeurs, devons fournir certaines optimisations lors de l'écriture de nos applications web, pour que les performances côté client et côté serveur soient les meilleures. Notamment, avec l'utilisation des caches et l'optimisation des routes permettant un référencement naturellement amélioré auprès des moteurs de recherche.

À la mode, l'utilisation de technologies permettant de compiler les styles CSS et les scripts JavaScript se démocratise doucement. Nous allons jeter un coup d'œil notamment aux technologies SASS, LESS et TypeScript. Ces trois dernières vont nous permettre d'améliorer et d'optimiser la qualité de notre code côté client.

AngularJS 2 est une des technologies éditées par Google, à la mode et permettant, de la même manière qu'ASP.NET Core, de développer des applications web. Aucune des deux technologies n'est fermée à l'autre. Il est donc possible de mélanger ASP.NET Core et AngularJS 2 pour créer vos super applications web.

Les applications web permettent parfois, pour ne pas dire souvent, d'échanger des informations entre plusieurs ordinateurs, avec diverses personnes. Ces informations sont parfois des données sensibles. Pour protéger la divulgation de ces dernières, il est nécessaire de gérer une certaine sécurité. Pour ce faire, il est possible de créer des comptes utilisateurs ou d'utiliser ceux déjà mis en place par un service tiers (OData, Active Directory...), de chiffrer les informations échangées lors de leur transport, avec une connexion sécurisée et/ou cryptée.

Tester tout le long du développement et/ou avant le déploiement et la publication est primordial pour la qualité de votre application web. Y compris pour la maintenance. ASP.NET Core est une technologie qui a été repensée pour être facilement testable. Nous étudierons les différentes approches proposées.

Chapitre 2
.NET en 2016

1. .NET Core

Développer des applications avec un framework .NET fragmenté devenait compliqué lorsqu'on devait cibler différentes plateformes et/ou architectures, surtout dans un contexte où les périphériques, les types d'écrans et les plateformes se multiplient et se démocratisent pour des besoins différents : ordinateurs de bureaux et portables, consoles de salon, tablettes, smartphones, montres connectées, etc.

Le framework .NET devait être repensé de manière à suivre cette contrainte de multiécran/multiplateforme, ainsi que la stratégie « Cloud First. Mobile First » que Microsoft a introduite en 2014.

Le .NET Core est le résultat de ces travaux. Ce dernier est essentiellement un *fork* du framework .NET mais avec des atouts majeurs donnant un nouvel air au développement de vos applications. C'est une révolution.

1.1 Vers l'unification

L'idée avec .NET Core est d'unifier toutes les versions et architectures différentes du framework .NET. Des travaux avaient déjà été entamés en ce sens.

1.1.1 Directives de compilation conditionnelles

Dans un premier temps sont apparues les directives de compilation conditionnelles `#if`, `#elseif` et `#endif` qui permettent de compiler vos applications sur plusieurs plateformes et cibler certaines parties de code pour l'une d'entre elles ou une autre.

Pour les définir, il existe plusieurs méthodes. La première est d'aller dans les propriétés du projet puis dans l'onglet **Build** et de les définir dans le champ prévu à cet effet. Ces directives peuvent être utilisées dans tout le projet.

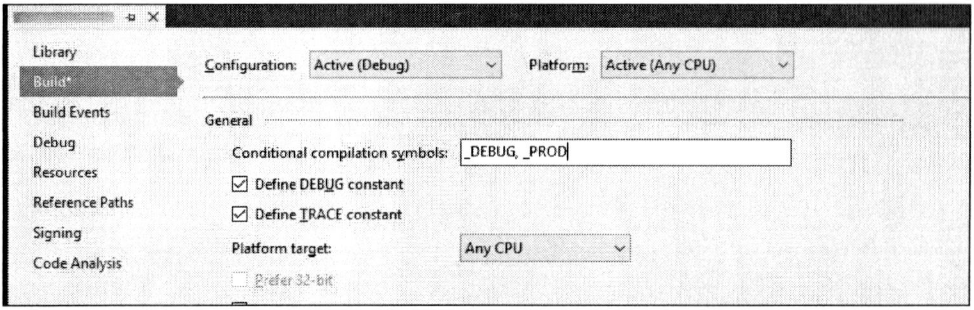

Alternativement, en encapsulant notre code par `#define` et `#undef`, on peut définir les directives de compilation dont on aura besoin.

```
#define _DEV
public class Program
{
   public void Main(string[] args) { }
}
#undef _DEV
```

Pour les utiliser, il suffit d'encapsuler le code avec les directives `#if`, `#elif`, `#else` et `#endif`.

```
#if _DEV
    WriteLine("Is _DEV");
#elif _PROD
    WriteLine("Is _PROD");
#else
    WriteLine("it is neither _PROD or _DEV");
#endif
```

1.1.2 PCL

Ensuite sont apparus les projets nommés "librairie de classes portables" (en anglais *Portable Class Library*, abrégé PCL).

Une PCL est un type de projet permettant d'avoir un ensemble de classes. À la différence des librairies de classes classiques, une PCL peut viser différentes plateformes afin de partager le même code. Il suffit de référencer la PCL au sein de vos projets ciblant les diverses plateformes à travers le gestionnaire de références.

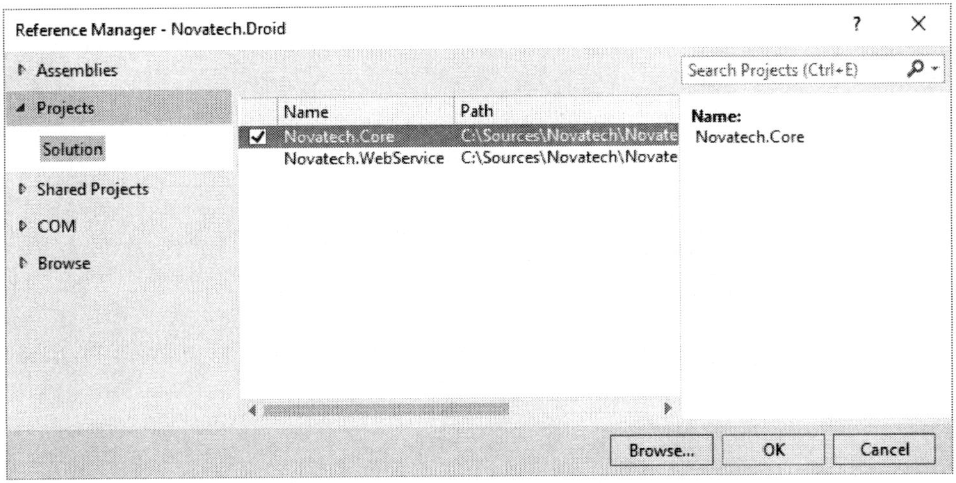

1.1.3 Contrats

Avec l'arrivée de Windows 8, Microsoft a introduit les contrats.

Un contrat est par définition un accord entre deux parties et définit des exigences. Ici, les deux parties sont d'une part votre application et d'autre part un service fourni par le système d'exploitation, Windows.

L'idée est donc de fournir une surface d'API bien pondérée que les applications vont pouvoir utiliser ou pas.

Par exemple, Windows 8 propose différents contrats permettant aux utilisateurs finaux d'utiliser notamment un moteur de recherche universel permettant de trouver du contenu au même titre que la recherche globale que le système Windows utilise au sein du système d'exploitation.

1.2 Composition

Le .NET Core implémente la norme ECMA 335 et est composé de quatre briques éventuellement complémentaires : CoreCLR, CoreFx, CoreRT et le CLI :

- CoreFX représente la nouvelle librairie de classes de base (BCL, pour *Base Class Library*) et par conséquent, l'ensemble des API du framework (System, System.IO, System.Collections, System.Numerics...).
- CoreCLR est le runtime de .NET Core. Il contient les mécanismes de gestion de la mémoire (garbage collector), du compilateur Just-In-Time (JIT) et les implémentations natives de bas niveau permettant par exemple l'exécution de .NET Core sur différentes plateformes.
- CoreRT est également un runtime optimisé pour la compilation AOT (*ahead of time*) et fournit les types.
- CLI (*Command Line*) est un ensemble d'outils permettant le développement d'applications avec .NET Core. Il est essentiel dans la mesure où d'autres outils (des IDE par exemple) peuvent se baser dessus afin de compiler, gérer, tester et publier vos applications.

1.3 Pourquoi utiliser .NET Core ?

1.3.1 Modulaire

Le .NET Core a été construit sur des principes de modernité et de modularité. En effet, Microsoft a décidé de faire de .NET Core un ensemble de composants dont le runtime, des librairies et des compilateurs. .NET Core est ainsi un ensemble de package indépendant utilisable ou non par le développeur.

De cette manière, vos applications embarquent uniquement les packages du .NET Core que vous avez référencés, ceux dont vous avez besoin.

Dorénavant, il n'est plus nécessaire de compter sur la présence d'une version du framework .NET au sein de la machine exécutant votre application. Cette dernière embarque l'ensemble des packages nécessaires à son exécution.

Le modèle de distribution a également changé. L'ensemble des packages est disponible via la librairie de packages NuGet.

On peut notamment le constater lorsqu'on crée une application « ASP.NET 5 » ou une « Windows Universal App » :

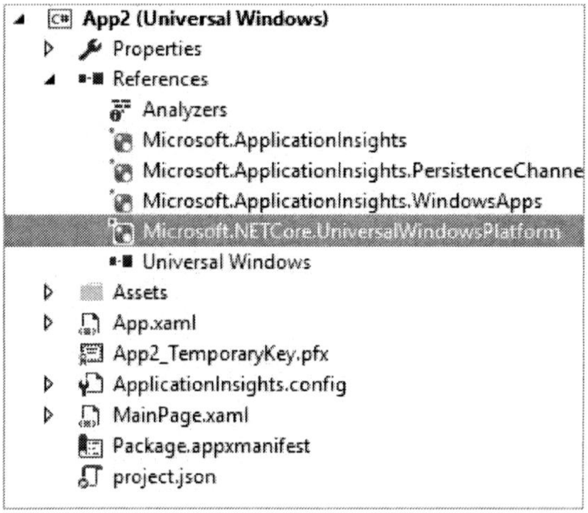

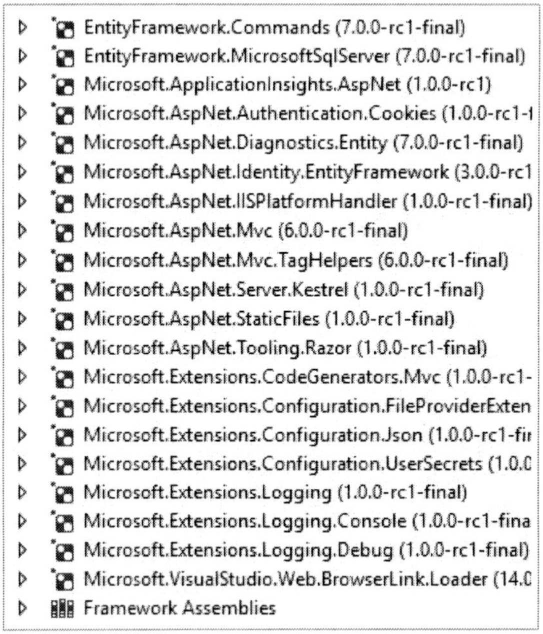

1.3.2 Managé

À l'image du framework .NET et afin de répondre aux normes du CLI (*Common Language Infrastructure*), .NET Core se doit de compiler le code dans un langage intermédiaire (IL) et non en binaire directement. Pour cela, .NET Core utilise différents compilateurs :

- Roslyn pour les applications C# ou VB.NET. Ce compilateur est fourni avec des API d'analyse performantes. Il est notamment utilisé par Visual Studio.
- LLILC (à prononcer « Lilac ») est basé sur le framework portable LVVM et permet de compiler pour les plateformes (Linux, Mac) basées sur ce dernier.

Ensuite, .NET Native s'occupe de traduire le code CIL en code binaire.

Cela facilite amplement l'écriture de code et garantit une exécution en toute sécurité, notamment grâce à la gestion de la mémoire : les allocations et les fuites de mémoire sont gérées automatiquement par le garbage collector (ou ramasse-miettes).

1.3.3 Multiplateforme

.NET Core a été conçu pour permettre une large capacité d'adaptation à de nouvelles plateformes, et ainsi permettre l'ouverture à de nouveaux outils de développement. Il est disponible sur différents systèmes d'exploitation et différentes architectures.

De cette manière, .NET Core peut évidemment être exécuté sur Windows, mais aussi sur Mac OS et sur les distributions Linux. .NET Core supporte les architectures x64 et x86 sur ces plateformes. Le support des architectures ARM est prévu.

Au fur et à mesure, Microsoft et/ou d'autres éditeurs vont élargir la liste des systèmes d'exploitation dans lesquels pourra s'exécuter .NET Core.

Et si cela ne vous suffit pas, vous pouvez développer un runtime permettant d'exécuter .NET sur un autre système d'exploitation.

1.3.4 .NET AirPort

Microsoft a mis en ligne un ensemble d'outils permettant d'analyser la portabilité des applications que vous avez déjà développées. Ils sont disponibles à l'adresse Internet suivante : https://github.com/microsoft/dotnet-apiport

De manière globale, vous pourrez voir les avancements de la portabilité de .NET Core sur https://github.com/dotnet/core/blob/master/roadmap.md.

1.4 Comparaison avec Mono

Mono est la première implémentation open source qui a vu le jour en 2014. L'équipe de développement s'était basée sur les normes publiées par Microsoft, notamment ECMA 335. Le projet permet d'avoir une implémentation de .NET compatible sur Mac OS et Linux.

Les principales différences entre Mono et .NET Core sont :

– App-Models : Mono ne supporte que quelques sous-ensembles des App-Models du framework .NET (Windows Forms, par exemple). .NET Core ne les supporte pas.
– API : Mono prend en charge un grand sous-ensemble des API du framework .NET en utilisant les mêmes noms.
– Objectifs : Mono s'est dernièrement concentré sur le développement mobile - avec Xamarin, tandis que .NET Core s'est orienté Cloud.

1.5 Pourquoi utiliser .NET Core ?

Le .NET Core est donc le nouveau framework .NET. Il est amélioré, performant, léger, open source, implémentant une architecture modulaire dont les packages peuvent être distribués via la librairie de packages NuGet.

À ces quelques arguments, on rajoute sa modernité (l'intégration de Linq, de l'asynchronisme, des classes génériques...) mais aussi le fait qu'il soit multiplateforme !

2. Open source

Un OSS (*Open Source Software*) signifie que le code source dudit logiciel est libre de droits et peut être mis à disposition sous une variété de licences.

Microsoft a pour objectif de faire du framework .NET un OSS. Le développement open source inclut la totalité de l'environnement nécessaire à l'exécution du framework : le CLR (*Common Language Runtime*), le compilateur Just-In-Time (JIT), le garbage collector (GC) et les librairies de base.

2.1 Fondation .NET

Lors de l'édition 2014 de l'événement Build, Microsoft a annoncé la création de la .NET Foundation. Cette fondation a pour objectif de développer et d'améliorer le framework .NET et les projets relatifs, comme la plateforme de compilation et la version d'ASP.NET dont fait sujet ce livre.

2.2 GitHub

La fondation publie les sources sur GitHub.

L'intégralité des sources est disponible sur GitHub à l'adresse Internet suivante : https://github.com/dotnet/.

La documentation est quant à elle disponible sur http://dotnet.github.io/.

Il est donc possible pour tout développeur de télécharger les sources, d'y apporter des modifications et de compiler votre propre version de .NET Core. Cet ouvrage devrait vous permettre de contribuer au développement.

3. Les évolutions de C# 6.0

L'environnement .NET n'est pas le seul à profiter de quelques mises à jour. La version 6 du langage C# a également bénéficié de quelques évolutions, syntaxiques notamment.

3.1 Using statique

Pour appeler des membres statiques d'une classe au sein d'une autre, il était jusqu'à présent nécessaire d'identifier le nom de la classe suivi de la signature de la méthode. Grâce au combo des mots-clés `using` et `static`, on peut s'en passer et utiliser les méthodes statiques en tapant le nom de la méthode.

```
using static System.Console;

namespace MyNamespace
{
   class Program
   {
      static void Main(string[] args)
      {
         WriteLine("Hello World!");
      }
   }
}
```

3.2 Expression nameof()

L'une des erreurs les plus répandues est la faute de frappe lorsqu'on écrit en dur le nom d'une propriété, qui entre-temps a pu être refactorisée. Plus aucun développeur n'aura de prétexte grâce à l'expression `nameof()`. On peut l'appliquer pour obtenir le nom d'une variable :

```
if (string.IsNullOrEmpty(x))
   throw new ArgumentNullException(nameof(x)); // x
```

... ou pour obtenir le nom d'une propriété d'un objet instancié.

```
if (person.BirthDate == null)
  throw new ArgumentNullException(nameof(person.BirthDate)); // BirthDate
```

Cela peut être utile lorsqu'on implémente par exemple le design pattern Model-View-ViewModel.

3.3 Opérateurs conditionnels null

Parce que personne n'aime les `NullReferenceException`, il est essentiel de vérifier que des valeurs sont affectées aux membres. Parfois, il est nécessaire d'obtenir des valeurs des propriétés enfants d'un objet. Grâce à l'opérateur `?`, il est possible d'éviter les enchaînements de conditions :

```
// null if customers is null
int? length = customers?.Length;

// null if customers list is null
Customer firstCustomer = customers?[0];
```

On peut également donner une valeur par défaut, si l'objet parent ou la propriété elle-même sont `null` :

```
// 0 if customers is null
int length = customers?.Length ?? 0;
```

Et évidemment, on peut enchaîner les conditions :

```
// if customers is null, the result is null
int? customerOrdersCount = customers?[0].Orders?.Count();
```

3.4 L'initialisation des dictionnaires

Dans C# 6.0, l'initialisation des dictionnaires se voit ajouter une nouvelle syntaxe, dans laquelle on peut indexer la clé :

```
var numbers = new Dictionary<int, string> {
    [2] = "two",
    [6] = "six",
    [9] = "nine"
};
```

```
var identity = new Dictionary<string, string> {
    ["firstName"] = "John",
    ["LastName"] = "Doe",
    ["BirthPlace"] = "Paris, France"
};
```

3.5 L'initialisation des autopropriétés

Les autopropriétés peuvent maintenant être initialisées de la même manière qu'un champ. Elles sont exécutées dans leur ordre d'écriture dans la classe avant la construction de la classe.

```
class MyClass
{
   string FirstProperty { get; set; } = "First";
   string SecondProperty { get; set; } = "Second";
}
```

On peut également omettre la propriété `set` afin d'en faire une autopropriété en lecture seule.

```
class MyClass
{
   string FirstProperty { get; } = "First";
   string SecondProperty { get; } = "Second";
}
```

3.6 Méthodes « lambda »

Comme pour les conditions ayant une seule opération (appel d'une fonction, retour d'une valeur...), on va pouvoir se passer de quelques accolades lors de l'écriture d'expressions lambda :

```
void Print() => Console.WriteLine(First + " " + Last);
string FullName => $"{FirstName} {LastName}";
```

3.7 L'interpolation de chaînes de caractères

Il est possible d'utiliser une nouvelle syntaxe qui va nous permettre de nous passer de la célèbre méthode `string.Format()` et donc de simplifier la concaténation de chaînes de caractères, avec toujours la possibilité de rajouter des paramètres de formatage :

```
string firstName = "John";
string lastName = "Smith";
int age = 23;
WriteLine($"{firstName} {lastName} is {age:D3} year{(age == 1 ?
"" : "s")} old !");
```

3.8 Filtres pour les exceptions

Supportées dans Visual Basic, désormais intégrées à C#, les exceptions peuvent être greffées de conditions, de filtres :

```
class Program
{
   static void Main(string[] args)
   {
         var httpStatusCode = 404;
         Write("HTTP Error: ");
         try
         {
               throw new Exception(httpStatusCode.ToString());
         }
         catch (Exception ex) when (ex.Message.Equals("400"))
         {
               Write("Bad Request");
         }
         catch (Exception ex) when (ex.Message.Equals("401"))
         {
               Write("Unauthorized");
         }
         catch (Exception ex) when (ex.Message.Equals("402"))
         {
               Write("Payment Required");
         }
         catch (Exception ex) when (ex.Message.Equals("403"))
```

```
            {
                  Write("Forbidden");
            }
            catch (Exception ex) when (ex.Message.Equals("404"))
            {
                  Write("Not Found");
            }
            final
            {
                  ReadLine();
            }
    }
}
```

3.9 Appel des méthodes asynchrones dans les blocs catch

Il est désormais possible d'appeler des méthodes asynchrones, en utilisant le mot-clé `await` dans les blocs `catch` et `finally` :

```
public async void GetContent()
{
   Resource content;
   try
   {
      content = await
FileResource.OpenAsync("myResourceName");
   }
   catch (Exception ex)
   {
      await LogService.Error(ex.Message);
   }
   finally
   {
      if(string.IsNullOrEmpty(content))
         await content.CloseAsync();
   }
}
```

Chapitre 3
Les nouveautés d'ASP.NET Core 1.0

1. Introduction

ASP.NET existe depuis maintenant bien des années, depuis 14 ans pour être précis, et bien des changements ont été effectués sur le framework depuis sa première version. Il faut rappeler une chose sur ASP.NET Core 1 : la nouvelle plateforme web de Microsoft n'est en aucun cas une suite de la version 4.6 du framework que nous connaissions, mais bien un renouveau qui doit marquer une nouvelle ère de la technologie de Microsoft dans le Web moderne.

Certains diront que le framework n'a pas tant changé que cela (surtout la partie MVC), pourtant c'est bien "sous le capot" que les changements ont été les plus profonds, en commençant par le namespace `System.Web` qui n'existe plus. Ensuite, annoncé comme cross-platform, ASP.NET Core 1 est plus modulable qu'il ne l'a été dans les années précédentes. Via ***NuGet*** pour les composants serveurs, puis via ***Grunt*** ou ***Gulp*** pour la partie cliente du site web, le nouveau framework bénéficie également d'un nouveau runtime, appelé ***CoreCLR***, permettant l'exécution d'une application web Microsoft sur Linux ou Mac.

2. Les nouveaux outils open source

ASP.NET Core 1 arrive avec un tout nouveau panel d'outils open source permettant la gestion des nouveaux projets web. Fort heureusement pour le développement, l'ensemble de ces outils est réuni autour d'une seule et même interface en ligne de commande : DOTNET.

2.1 L'environnement d'exécution dotnet

dotnet a été conçu afin de faire fonctionner des applications .NET de manière cross-platform sur Windows, Mac et Linux et ceci sans développer un runtime différent pour chaque plateforme. C'est à la fois un environnement d'exécution et un SDK embarquant ainsi tout ce qui est nécessaire pour le bon fonctionnement des applications web ASP.NET cross-platform.

Totalement orienté ***package-first***, Microsoft a poussé le concept de modularité très loin, permettant même à l'environnement d'exécution d'embarquer, de gérer et de créer de lui-même les packages dont il a besoin, et ceci de manière automatique via NuGet. dotnet est capable de cibler plusieurs frameworks (.NET Core ou le framework .NET Full), et ainsi générer les packages NuGet directement. De plus, dotnet embarque le nouveau moteur d'exécution CoreCLR conçu spécialement pour les problématiques de compatibilité sur les autres plateformes.

dotnet est intégré à Visual Studio 2015 pour offrir une expérience développeur enrichie, mais l'environnement d'exécution est également pilotable via les lignes de commande. Dans un projet ASP.NET Core, il est possible de déclarer des `commands` dans le fichier *project.json* et ainsi piloter son projet avec dotnet en ligne de commande.

```
"tools": {
  "Microsoft.AspNetCore.Razor.Tools": {
    "version": "1.0.0-preview1-final",
    "imports": "portable-net45+win8+dnxcore50"
  },
  "Microsoft.AspNetCore.Server.IISIntegration.Tools": {
    "version": "1.0.0-preview1-final",
    "imports": "portable-net45+win8+dnxcore50"
  },
```

```
    "Microsoft.EntityFrameworkCore.Tools": {
      "version": "1.0.0-preview1-final",
      "imports": [
        "portable-net45+win8+dnxcore50",
        "portable-net45+win8"
      ]
    },
     "Microsoft.Extensions.SecretManager.Tools": {
      "version": "1.0.0-preview1-final",
      "imports": "portable-net45+win8+dnxcore50"
    },
    "Microsoft.VisualStudio.Web.CodeGeneration.Tools": {
      "version": "1.0.0-preview1-final",
      "imports": [
      "portable-net45+win8+dnxcore50",
        "portable-net45+win8"
      ]
     }
  },
```

Les commandes déclarées permettent par exemple de lancer un outil de génération de code, anciennement appelé *scaffolding*. Ce dernier permet de générer par exemple le contrôleur et les vues qui correspondent à un modèle de données bien précis. La commande est utilisable via `dotnet <command>` :

```
dotnet Microsoft.VisualStudio.Web.CodeGeneration.Tools
```

Remarque

Ce genre d'utilitaire a besoin de librairies .NET qui ne sont pas forcément encore migrées vers .NET Core. Pour pallier cela, il suffit d'utiliser la section "imports" et de spécifier les plateformes pour lesquelles il faut importer les librairies. NuGet permet de facilement déterminer les plateformes supplémentaires qu'il faut cibler dans le cas où la librairie est manquante.

Au sein de l'application elle-même, il est possible d'utiliser les services de dotnet via certaines interfaces C# disponibles via injection de dépendances. On retrouve des services comme `IServiceEnvironment` permettant de modifier la configuration de l'environnement d'exécution pendant que l'application elle-même fonctionne.

L'utilitaire `dotnet` contient également une liste de commandes prédéfinies permettant d'effectuer certaines actions sur le projet ASP.NET Core :

- `dotnet new` - initialise un projet C# console simple ;
- `dotnet restore` - restaure les dépendances du projet selon le *project.json* ;
- `dotnet build` - construit l'application .NET Core ;
- `dotnet publish` - publie une application .NET Core ;
- `dotnet run` - lance l'application depuis les sources ;
- `dotnet test` - lance les tests utilisant le *test runner* défini dans le *project.json* ;
- `dotnet pack` - crée un paquet NuGet depuis le code source.

Cet outil supporte ainsi plusieurs processus de lancement de l'application ASP.NET Core. Le premier consiste simplement à restaurer les packages nécessaires à l'application, puis à lancer le projet depuis les sources.

```
dotnet new
dotnet restore
dotnet run
```

Cependant, l'utilitaire permet également de lancer l'application directement depuis une DLL après avoir lancé la génération du projet.

```
dotnet build
dotnet run bin/Debug/netcoreapp1.0/test-app.dll
```

Avec les deux processus ci-dessus, l'outil montre qu'il est capable d'exécuter plusieurs types d'applications :

- Des applications "portables", c'est-à-dire des applications qui dépendent de la version de .NET Core installée sur la machine. Cela veut dire que ce type d'application sera capable de fonctionner sur différentes installations de .NET Core, peu importe les systèmes d'exploitation utilisés. Les applications "portables" permettent également de centraliser les librairies de .NET : elles embarqueront donc uniquement les librairies externes.

– Des applications "autonomes", c'est-à-dire des applications contenant toutes les dépendances dont elles ont besoin pour fonctionner, incluant le runtime .NET Core faisant entièrement partie de l'application. Cela permet de faciliter le déploiement de l'application mais alourdit le package. De plus, il convient à l'application de spécifier la version du runtime à utiliser dans le *project.json*.

Des options de compilation doivent également être insérées dans ce fichier afin que l'utilitaire puisse détecter les points d'entrée de l'application.

```
"compilationOptions": {
    "emitEntryPoint": true
}
```

La commande `dotnet build` va ainsi permettre au code d'être lancé depuis l'extérieur bien que l'application soit encapsulée dans une DLL.

2.2 L'utilitaire dotnet restore

Un projet web ASP.NET Core 1 possède plusieurs dépendances à des packages externes provenant souvent de NuGet. Pour faire fonctionner une application web, il va tout d'abord falloir restaurer les packages nécessaires au bon fonctionnement du projet. C'est une des nouveautés d'ASP.NET Core 1 : le projet embarque uniquement ce dont il a besoin, et donc il a fallu concevoir un outil permettant de restaurer ces dépendances, ceci de manière cross-platform et totalement transparente. dotnet restore permet de faire cette restauration.

Intégré à .NET Core et installé avec dotnet, dotnet restore permet de scruter le projet ASP.NET Core 1 et de récupérer les packages dont il a besoin dans le Cloud. Visual Studio 2015 utilise automatiquement cet utilitaire lorsque les dépendances du projet sont mises à jour. Il est cependant possible de lancer le processus à la main grâce à la commande suivante :

```
> dotnet restore
```

Remarque

Il faut noter toutefois que, dans la console depuis laquelle la commande est lancée, il faut se placer à la racine du projet. En effet, dotnet restore va inspecter le fichier project.json pour identifier les dépendances à récupérer.

Grâce à dotnet restore et à sa simplicité d'utilisation, il est très facile de restaurer les dépendances d'un projet ASP.NET Core, et ceci indépendamment de la plateforme.

3. La structure d'une solution

Une solution ASP.NET Core 1.0 est la base d'un projet web utilisant les technologies Microsoft. Elle permet de déployer rapidement un site et de structurer le code utilisé pour faire fonctionner l'application. Une solution comporte à la fois le code côté serveur et le code côté client, tout en incluant des mécanismes afin de bien séparer les deux parties. Ce chapitre va traiter des différents composants d'une solution ASP.NET Core 1.0 et va expliquer leurs rôles dans la configuration ou le déploiement de l'application web.

3.1 Les fichiers global.json et project.json

Un projet ASP.NET Core 1.0 met en œuvre une toute nouvelle philosophie de conception d'applications web issue de chez Microsoft s'inspirant beaucoup de l'open source. Le nouveau template ressemble à ceci :

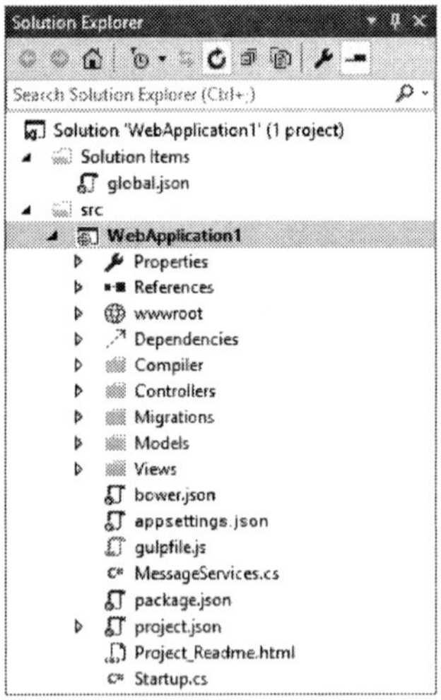

Nouveau template de projet ASP.NET Core.

La première chose que l'on peut remarquer est la disposition des dossiers dans la solution. Tous les projets .NET (application web, librairies...) se trouvent dans un dossier nommé *src*. Typiquement, d'autres dossiers peuvent être insérés comme un dossier nommé *tests*, par exemple, pour des projets de tests (unitaires, fonctionnels...), et le projet contiendra ainsi des éléments globaux agissant au bon fonctionnement de l'application.

Le dernier dossier intéressant ici est le *Solution Items*. Ce dossier comporte un fichier de configuration pour toute la solution qui est le *global.json*.

L'extrait de fichier ci-dessous montre les deux sections utilisées dans le *global.json* :

- **projects** : permet de définir où se situe le code source de l'application. Par défaut, on retrouve le dossier *src*, mais on peut organiser cette section en fonction des éléments que l'on veut inclure dans son contrôleur de code source, par exemple.
- **sdk** : permet de spécifier la version de DNX que l'on veut utiliser. La version s'applique alors à l'ensemble de la solution, et donc à tous les projets inclus dans la solution pour éviter des erreurs de version au niveau du SDK.

```
{
  "projects": [ "src", "test" ],
  "sdk": {
    "version": "1.0.0-rc1-final"
  }
}
```

Remarque

La version indiquée ici est celle de la RC1, mais est susceptible de changer au travers des différentes releases d'ASP.NET Core.

Il existe également des fichiers de configuration propre à chaque projet : c'est le cas du fichier *project.json*. Anciennement *web.config*, on retrouve ici un fichier utilisant le format JSON (*JavaScript Object Notation*, format de données textuelles de plus en plus populaire) permettant de décrire la configuration globale du projet.

Les différentes composantes du fichier sont :

- **version** : permet d'indiquer la version de l'application web.
- **packOptions** : permet d'indiquer plusieurs informations descriptives sur le projet.
- **buildOptions** : regroupe toutes les options de compilation qu'il est possible d'ajouter lors de la compilation de la solution. Dans l'exemple ci-dessous, `emitEntryPoint` indique au compilateur qu'il existe un point d'entrée dans l'application. Ensuite, la section `exclude` permet d'ajouter des fichiers ou des dossiers qui ne seront pas inclus dans la génération. Dans notre exemple, nous évitons d'inclure le dossier *wwwroot* (que nous allons étudier plus tard) car il ne contient que des fichiers statiques, inutile donc de le compiler.
- **dependencies** : présent également sous le nœud **References**, cette section définit toutes les références, à des librairies .NET ou externes, côté serveur. On retrouve ainsi des libraires comme Entity Framework, pour la gestion de la base de données ou encore Microsoft.AspNet.Mvc pour l'utilisation du pattern MVC dans l'application web.

Remarque

*Lorsque vous modifiez cette section, Visual Studio vous aide avec l'autocomplétion. Cela est possible grâce à l'ouverture, de la part de Microsoft, de ses librairies à l'open source qui sont maintenant sur GitHub. De ce fait, vous avez accès à chacune des librairies disponibles sur GitHub qui sont compatibles ASP.NET Core 1.0. Les packages NuGet sont toujours disponibles dans les **dépendances**. D'ailleurs, si une dépendance est ajoutée dans la section dependencies, Visual Studio va automatiquement télécharger le package, et l'inclure dans le projet sous le nœud **References**.*

La première dépendance définie dans l'exemple ci-dessous est le runtime lui-même ! En effet, il sera possible de rapidement changer le runtime de l'application via une simple dépendance.

– **frameworks** : cette section définit quel framework votre projet va cibler. Sur notre exemple, nous ciblons le framework .NET Core (via la section *"netcoreapp1.0":* { }), mais à terme il sera possible de cibler d'autres plateformes. L'intérêt de ces sous-sections est que l'on peut intégrer des dépendances différentes selon le framework. Ainsi, pendant le développement de l'application web, Visual Studio va indiquer automatiquement dans l'infobulle de l'API si cette dernière est disponible dans les différents frameworks qui sont ciblés.

Remarque

L'import ici n'est que temporaire. ASP.NET Core ne supportant pas encore toutes les librairies du .NET Framework classique, certains packages comme Entity Framework ont besoin d'anciennes librairies du framework. Il suffit de spécifier le framework cible dans l'import pour les utiliser.

– **publishOptions** : permet d'indiquer des options pour la publication de l'application web. Ici, l'option est utilisée afin d'ajouter des dossiers ou des fichiers spécifiques lors de la publication.

– **scripts** : cette dernière partie permet de lancer des processus JavaScript afin d'effectuer certaines actions à des moments bien précis. Dans notre exemple, nous lançons nos scripts pendant la phase *prepublish*, c'est-à-dire avant la publication du site sur un serveur. On retrouve d'autres phases telles que *prebuild*, *postbuild*, *prepack*, *postpack*, *prepublish*, *postpublish*, *prerestore*, *postrestore* et *prepare*.

```
{
  "version": "1.0.0-*",
  "buildOptions": {
    "emitEntryPoint": true,
    "compile": {
        "exclude":["wwwroot","node_modules"]
      }
  },

  "packOptions": {
     "tags": [ "blog" ],
     "projectUrl": "http://github.com/mygithub/blog",
     "licenseUrl": "",
     "repository": {
      "type": "git",
```

```
        "url": "git://github.com/ mygithub /blog"
    }

    "dependencies": {
       "Microsoft.NETCore.App": {
         "type": "platform",
         "version": "1.0.0-rc2-*"
       },

      "Microsoft.AspNetCore.IISPlatformHandler": "1.0.0-rc2-final",
      "Microsoft.AspNetCore.Server.Kestrel": "1.0.0-rc2-final"
    },

    "frameworks": {
      "netcoreapp1.0": {
          "imports": [
            "dotnet5.4",
            "portable-net451+win8"
          ]
       }
     },

    "publishOptions": {
       "include": [
         "wwwroot",
         "Views",
         "appsettings.json",
         "web.config"
       ]
     },

    "scripts": {
      "prepublish": [ "npm install", "bower install" ]
    }
}
```

Le fichier *json* est susceptible d'être encore enrichi par d'autres options, mais possède déjà beaucoup de fonctionnalités. La documentation sur GitHub permet d'approfondir le sujet :
https://github.com/aspnet/Home/wiki/Project.json-file

3.2 Les propriétés de l'application web

La structure d'une solution ASP.NET Core 1.0 inclut un projet web unique permettant de poser les premières bases du site. Le chapitre précédent évoquait la possibilité de configurer le projet via le fichier *project.json*, mais il est également possible de configurer le projet via ses propriétés. Pour ce faire, faites un clic droit sur le projet web, puis **Propriétés**. La première page de paramétrage concerne l'application en elle-même. Trois options sont présentes :

- **Espace de noms par défaut** : permet de spécifier l'espace de noms par défaut de l'application web. En général, c'est la racine du projet.
- **Version du SDK DNX de la solution** : permet de spécifier la version du SDK utilisée. Cette option est également dans le fichier *global.json* présenté dans le chapitre précédent.
- **Racine web** : dossier racine du projet web une fois déployé. En général, c'est le dossier *wwwroot* (présenté dans la section suivante), également paramétrable dans le fichier project.json sous l'option **webroot**.

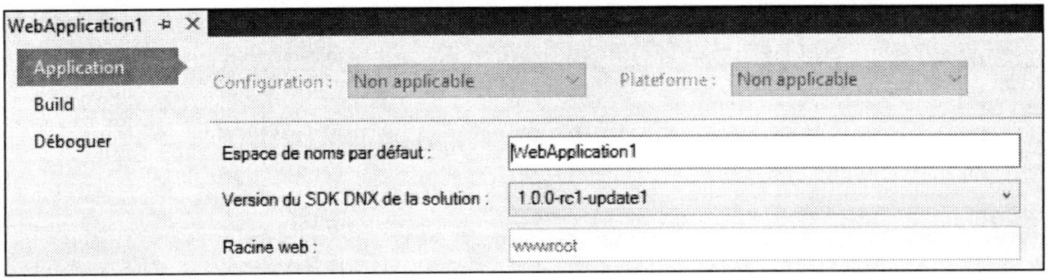

Paramétrage de l'application.

Le deuxième onglet de paramétrage concerne la compilation du projet. Cette page propose plusieurs paramétrages comme :

- **Configuration** : permet de spécifier le mode de compilation du projet, tel que *Debug, Release*...
- **Plateforme** : indique sur quelle plateforme la compilation doit se baser.

De base, la compilation ne produit aucune DLL afin de rendre le tout cross-platform. Cependant, il est possible de spécifier explicitement la génération des packages et des DLL du projet lors de la compilation grâce à la première option **Produire des sorties durant la génération**. La deuxième option intitulée **Compiler TypeScript au moment de la génération** permet à Visual Studio de générer les fichiers TypeScript en fichiers JavaScript directement lors de la génération (cf. chapitre Les ergonomies et comportement côté client - Le langage TypeScript). Dans le cas contraire, la génération doit se faire manuellement.

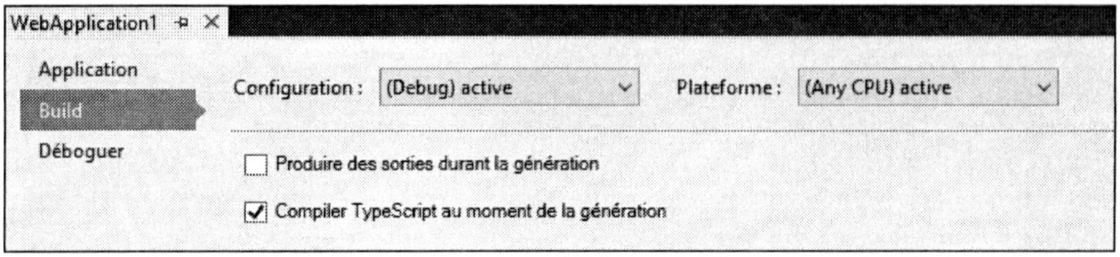

Paramétrage de la compilation.

Le troisième onglet du paramétrage concerne le débogage de l'application. L'écran ci-dessous permet de configurer les options de débogage de l'application. On retrouve des options liées au profil de développement paramétrable suivant les commandes spécifiées dans le fichier *project.json*. Ceci permet de changer facilement d'environnement de développement (développement préproduction, production...) tout en spécifiant une URL de lancement si besoin.

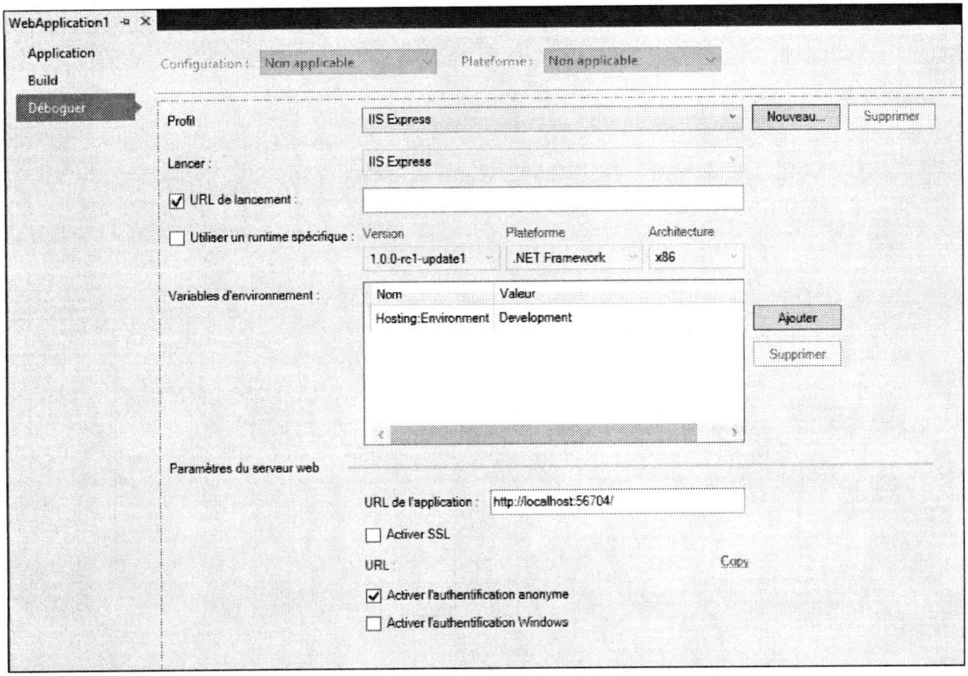

Paramétrage du débogage.

L'utilisation d'un runtime spécifique peut s'avérer utile si le projet nécessite une version du SDK plus stable, ou au contraire plus avancée. Par défaut, cette option reprend la valeur indiquée dans l'onglet **Application**. Les variables d'environnement permettent de définir des valeurs qui seront communes à l'ensemble de la solution. Au sein du template de base fourni par Visual Studio, la variable **Hosting:Environnement** permet de définir sur quel environnement le projet se trouve, modifiant ainsi le comportement de l'application suivant si on se trouve en environnement de production ou de développement.

Le code ci-dessous modifie le paramétrage de l'application uniquement si on se trouve en environnement de production. La méthode `IsDevelopment()` se base sur une variable d'environnement pour déterminer si on est en phase de développement ou non.

```
if (env.IsDevelopment())
{
   app.UseBrowserLink();
   app.UseDeveloperExceptionPage();
   app.UseDatabaseErrorPage();
}
```

La dernière section de cet onglet concerne le paramétrage du serveur web. Plusieurs options sont disponibles :

- **URL de l'application** : permet de définir l'URL permettant à l'utilisateur d'accéder à l'application web.
- **Activer SSL** : permet d'activer SSL (*Secure Socket Layer*, mode sécurisé de connexion aux sites web).
- **Activer l'authentification anonyme** : indique si le visiteur du site web peut accéder au contenu sans authentification particulière.
- **Activer l'authentification Windows** : indique si le visiteur doit s'authentifier via une authentification Windows au préalable.

Les mêmes paramétrages sont disponibles via un fichier de configuration placé sous le nœud **Properties** : c'est le *launchSettings.json*.

```
{
  "iisSettings": {
    "windowsAuthentication": false,
    "anonymousAuthentication": true,
    "iisExpress": {
      "applicationUrl": "http://localhost:28821/",
      "sslPort": 0
    }
  },
  "profiles": {
    "IIS Express": {
      "commandName": "IISExpress",
      "launchBrowser": true,
      "environmentVariables": {
        "Hosting:Environment": "Development"
```

```
      }
    },
    "MonProject": {
      "commandName": "Project",
      "launchBrowser": true,
      "launchUrl": "http://localhost:5000",
      "environmentVariables": {
          "ASPNETCORE_ENVIRONMENT": "Development"
      }
    }
  }
}
```

La dernière section intitulée "*MonProject*" permet d'indiquer au projet d'utiliser la commande `dotnet  run` lors du débogage ainsi que d'autres paramètres aidant au lancement de l'application.

Ce fichier permet de configurer le projet web sans passer par Visual Studio, et permet ainsi la compilation d'un projet ASP.NET Core 1.0 sous d'autres environnements que Windows.

3.3 Le dossier wwwroot

Dans les précédentes versions, la racine du site web était typiquement la racine du projet web de la solution Visual Studio. Cette logique reste très spécifique à ASP.NET, et les ressources statiques comme les images, les styles ou encore les scripts, étaient mélangées avec les autres fichiers ASP.NET, comme les contrôleurs. Cela posait tout d'abord un problème de sécurité, car de ce fait le client pouvait malencontreusement accéder au *web.config* via une requête mal configurée. Ensuite, cette configuration structurelle complexifiait le déploiement sur les serveurs : quels fichiers dois-je déployer ? Comment sécuriser l'accès aux fichiers de déploiement en production et en développement ?

Ce couplage fort ne permettait pas une ouverture à l'open source, et l'équipe en charge du développement d'ASP.NET a dû complètement repenser la structure du projet web afin de simplifier le découpage des éléments du projet au sein de la technologie web de Microsoft. C'est ainsi que le dossier *wwwroot* a été introduit. Pour faire simple, ce dossier est la nouvelle racine du projet du site web, et ne contient que les fichiers statiques du site web.

Remarque

La règle est simple : tout fichier qui ne se trouve pas dans le dossier wwwroot ne sera pas accessible à partir du site web. Il est donc important d'y placer tous les styles (fichiers CSS), tous les scripts, toutes les images, toutes les librairies JavaScript... auxquels vous avez besoin d'accéder dans le site.

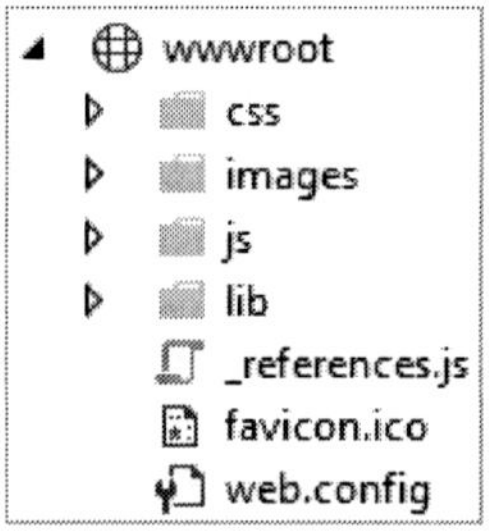

Structure simple du dossier wwwroot.

Cela comporte plusieurs avantages :

- Inutile de créer des règles spéciales pour l'accès aux fichiers du site.
- Découplage entre les fichiers statiques et les fichiers ASP.NET.
- Simplification des déploiements.

Le fichier *web.config* n'a pas totalement disparu des projets web ASP.NET, et se retrouve au final dans ce dossier *wwwroot*.

```
<?xml version="1.0" encoding="utf-8"?>
<configuration>
  <system.webServer>
    <handlers>
      <add
        name="httpPlatformHandler"
        path="*"
        verb="*"
        modules="httpPlatformHandler"
        resourceType="Unspecified"/>
    </handlers>
    <httpPlatform
      processPath="%DNX_PATH%"
      arguments="%DNX_ARGS%"
      stdoutLogEnabled="false"
```

```
        startupTimeLimit="3600"/>
  </system.webServer>
</configuration>
```

Avant la *beta7* d'ASP.NET Core 1.0, le lancement d'un projet web sur IIS se faisait grâce au package *Microsoft.AspNet.Server.IIS* via un composant appelé *Helios*. Ce dernier constituait un second hôte DNX, avant que l'hôte IIS appelé *Kestrel* prenne le dessus lors du lancement de l'application.

Depuis la *beta8*, héberger une application ASP.NET Core 1.0 est possible grâce au module *HttpPlatformHandler* d'IIS configuré via le *web.config* du projet. Étant un module natif d'IIS, cela permet d'unifier et de simplifier l'hébergement sur le serveur.

Remarque

Le module HttpPlatformHandler doit être installé sur votre serveur pour faire fonctionner une application ASP.NET Core 1.0 et n'est utilisable qu'avec IIS 8 ou supérieur.

La documentation est très fournie au sujet des options du module HttpPlatformHandler : http://www.iis.net/learn/extensions/httpplatformhandler/httpplatformhandler-configuration-reference.

Les variables DNX_PATH et DNX_ARGS sont automatiquement replacées par Visual Studio lors du déploiement :

- DNX_PATH devient '*...\approot\web.cmd*' afin de spécifier le processus de démarrage de l'application web (configurable depuis le *project.json*, dans la section *commands*).
- DNX_ARGS concerne les arguments passés au runtime DNX si besoin.

Enfin, on retrouve un fichier intitulé *_references.js* permettant de bénéficier de l'IntelliSense de Visual Studio dans tous les fichiers JavaScript qui sont référencés dans ce fichier. Voici les caractéristiques de ce fichier :

- C'est un fichier global, c'est-à-dire qu'il n'est plus nécessaire d'inclure les mêmes scripts dans chacun des fichiers JavaScript là où le développeur en a besoin, il suffit de les référencer dans le fichier *_references.js* et le tour est joué.
- Les scripts sont inclus via un triple slash.

```
/// <reference path="modernizr-2.6.2.js" />
/// <reference path="jquery-1.10.2.js" />
/// <reference path="bootstrap.js" />
/// <reference path="respond.js" />
```

– Visual Studio ajoute automatiquement les nouveaux scripts dans ce fichier grâce à l'instruction `/// <autosync enabled="true" />` insérée tout en haut du fichier *_references.js*. Dans la même idée, Visual Studio ajoute quelques fonctionnalités qui aident à gérer le fichier d'IntelliSense JavaScript plus facilement.

3.4 Le fichier appsettings.json

ASP.NET Core 1.0 supporte une multitude de moyens pour configurer un projet web. Lorsqu'on parle de configuration, on parle ici de la chaîne de connexion à la base de données, des identifiants administrateur, du niveau de log...

Afin également de s'ouvrir à l'open source, Microsoft a dû inventer un système capable de supporter plusieurs formats afin de satisfaire au plus grand nombre de développeurs. Le *web.config* n'étant donc plus d'actualité, l'équipe en charge du développement d'ASP.NET Core 1.0 a développé une API uniquement destinée à gérer des fichiers de configuration pour le projet : c'est l'API Configuration. Dans cette partie, nous allons simplement explorer un exemple de fichier exploitable par cette API.

Le format le plus utilisé de manière générale pour la configuration d'un projet ASP.NET Core 1.0 est le JSON. C'est ainsi qu'il existe, dans le template Visual Studio de base, un fichier nommé *appsettings.json* permettant de stocker des informations relatives à divers aspects configurables du projet.

```
{
  "Data": {
    "DefaultConnection": {
      "ConnectionString":
"Server=(localdb)\\MSSQLLocalDB;Database=
_CHANGE_ME;Trusted_Connection=True;"
    }
  },
```

```
    "Logging": {
      "IncludeScopes": false,
      "LogLevel": {
        "Default": "Verbose",
        "System": "Information",
        "Microsoft": "Information"
      }
    }
  }
```

Les données sont ordonnées hiérarchiquement, permettant de classer les informations sous la forme d'un arbre. Dans le code, ces informations seront accessibles avec des clés, qui peuvent être composées pour former des chemins : *Data:DefaultConnection:ConnectionString*.

Remarque

Il ne faut jamais stocker des mots de passe ou des données sensibles sur le projet dans les fichiers de configuration, ou même dans le code source. Il en va de même pour les informations de production qui doivent rester en dehors du projet pour éviter ainsi de se retrouver dans le contrôleur de code source.

Chaque catégorie doit comporter un type de donnée bien spécifique. Par exemple, il ne faut pas mélanger les informations relatives à la chaîne de connexion avec les informations relatives aux logs du système. Ceci est très important, notamment lorsque ces informations se retrouvent dans le code sous forme de classe.

Le pattern **Options** permet de stocker et de classer toutes les informations de configuration qui sont spécifiées dans les fichiers tels que *appsettings.json*. Il spécifie simplement que certaines classes sont considérées comme des classes d'options, et peuvent être ainsi injectées dans nos contrôleurs très facilement afin d'accéder aux informations dont l'application a besoin. Ci-dessous un exemple de configuration :

```
"Data": {
    "Option1": "Ceci est une première option",
   "Option2": "Ceci est une deuxième option"
  },
```

Et ici sa représentation en classe grâce au pattern **Options** :

```
public class Data
{
    public string Option1 { get; set; }
    public string Option2 { get; set; }
}
```

Par la suite, une fois que ces options seront créées et renseignées dans un conteneur de services, il sera possible d'utiliser cette classe d'options via l'injection de dépendances dans nos contrôleurs (expliquée dans les chapitres suivants).

```
public class HomeController : Controller
{
    public HomeController(IOptions<MyOptions> optionsAccessor)
    {
        Options = optionsAccessor.Options;
    }

    MyOptions Options { get; }

    public IActionResult Index()
    {
        return View(Options);
    }
}
```

4. La configuration

La notion de configuration est très présente dans les nouveaux projets ASP.NET Core 1. Bien configurer son projet, c'est s'assurer qu'il contient les packages et les informations nécessaires à son bon fonctionnement et ainsi éviter d'embarquer d'autres librairies qui ne sont pas utiles.

Les données de configuration peuvent se trouver dans des fichiers prévus à cet effet, en utilisant des providers par défaut, ou bien le développeur peut créer ses propres providers et ainsi stocker sa configuration en base de données, par exemple. ASP.NET Core propose plusieurs manières de manipuler ces données de configuration, que nous allons explorer dans les parties suivantes.

4.1 Les fichiers de configuration

Dans les versions précédentes, le système de configuration utilisait le namespace `System.Configuration` couplé avec un fichier XML intitulé *web.config* pour stocker les informations de configuration du projet (chaînes de connexion, informations de log ...). Le nouveau système inclus dans ASP.NET Core a été complètement restructuré, proposant un nouveau modèle de configuration basé sur des clés/valeurs accessibles très facilement depuis l'application ou les frameworks utilisés.

```
// Ajout de la clé dans le provider
provider = new MemoryConfigurationProvider();
provider.Add("uneCle", "uneValeur");

var config = new ConfigurationBuilder()
                .Add(provider)
                .Build();

// Récupération de la valeur
string setting2 = config["uneCle"];
```

Les fichiers de configuration inclus dans la solution sont le meilleur moyen pour ASP.NET Core de stocker les informations de configuration. Ils peuvent être aux formats JSON, XML ou INIT, et s'organisent en sections, permettant de hiérarchiser les informations. Chaque format possède son propre provider dans l'API, et il est possible d'ajouter son provider personnel. Il est indispensable de configurer au moins un provider pour que l'API Configuration fonctionne. Par défaut, le template de Visual Studio utilise un fichier au format JSON, intitulé *appsettings.json,* pour stocker les informations de base du projet, comme la connexion à la base de données et la configuration des logs.

```
{
  "Data": {
    "DefaultConnection": {
      "ConnectionString": "myConnectionString"
    }
  },
  "Logging": {
    "IncludeScopes": false,
    "LogLevel": {
      "Default": "Verbose"
```

```
        "System": "Information",
        "Microsoft": "Information"
      }
    }
  }
```

L'équivalent au format XML serait le suivant :

```
<?xml version="1.0" encoding="UTF-8" ?>
   <Data>
      <DefaultConnection>
   <ConnectionString>myConnectionString</ConnectionString>
      </DefaultConnection>
   </Data>
   <Logging>
      <IncludeScopes>false</IncludeScopes>
      <LogLevel>
         <Default>Verbose</Default>
         <System>Information</System>
         <Microsoft>Information</Microsoft>
      </LogLevel>
   </Logging>
```

L'avantage de ce procédé est que les données sont hiérarchisées et accessibles très facilement. Par exemple, pour accéder à la chaîne de connexion, la clé à utiliser sera *Data:DefaultConnection:ConnectionString*.

Une bonne pratique d'utilisation de ces fichiers de configuration est d'utiliser le pattern *Options*, expliqué à la fin de la section Le fichier appsettings.json de ce chapitre, présentant la structure de l'un des fichiers de configuration. Ce pattern permet de facilement utiliser les informations de configuration dans nos contrôleurs et services.

Lors du développement, il est plutôt aisé d'utiliser un fichier de configuration unique pour la connexion à une base de test ou pour augmenter le niveau de log ... Mais dans la plupart des cas on va avoir besoin d'une configuration différente pour l'environnement de production, en spécifiant par exemple un niveau de log différent. Pour ce faire, il suffit de créer un nouveau fichier de configuration intitulé *appsettings.Production.json* et modifier le `Startup` en utilisant simplement la variable `EnvironmentName`.

```
public Startup(IHostingEnvironment env)
{
    // Set up configuration providers.
    var builder = new ConfigurationBuilder()
        .AddJsonFile("appsettings.json")
        .AddJsonFile($"appsettings.{env.EnvironmentName}.json",
optional: true);

    builder.AddEnvironmentVariables();
    Configuration = builder.Build();
}
```

Remarque

L'API permet d'indiquer que ce fichier est optionnel afin de ne pas bloquer l'exécution du site s'il n'existe pas. On pourrait imaginer d'écrire cette configuration plus tard dans le développement du site.

La configuration d'un projet ASP.NET Core est très robuste et permet de gérer un grand nombre de cas particuliers, tout en offrant une ouverture pour les développeurs qui souhaitent inclure leurs propres services de configuration au sein de l'application.

4.2 L'API Configuration

L'API Configuration de base permet de gérer les types de configurations suivants :

- **Format JSON** ;
- **Format INI** ;
- **Format XML** ;
- **InMemory** : configuration créée depuis le code et stockée en mémoire.
- **Variable d'environnement** : variable configurée dans le système depuis `EnvironmentVariable`. L'exemple concret est Azure Websites qui permet de définir facilement des variables pour l'instance du site.
- **Ligne de commande** : l'API va lire les arguments passés par ligne de commande lorsque l'application est lancée.

Ces types de configurations sont accessibles via des méthodes d'extensions importées depuis des paquets NuGet bien spécifiques.

```
"dependencies": {
    "Microsoft.Extensions.Configuration.Abstractions":
"1.0.0-rc1-final",
    "Microsoft.Extensions.Configuration.Json":
"1.0.0-rc1-final",
    "Microsoft.Extensions.Configuration.CommandLine":
"1.0.0-rc1-final",
    "Microsoft.Extensions.Configuration.EnvironmentVariables":
"1.0.0-rc1-final",
    "Microsoft.Extensions.Configuration.Ini": "1.0.0-rc1-final",
    "Microsoft.Extensions.Configuration.Xml": "1.0.0-rc1-final",
    "Microsoft.Extensions.Configuration": "1.0.0-rc1-final"
},
```

L'ensemble de l'API Configuration réside sous l'espace de noms `Microsoft.Extensions.Configuration` et expose ainsi quelques classes et interfaces importantes que nous allons décrire ci-dessous.

La première interface importante est `IConfiguration`. Elle permet de définir l'implémentation générale de la configuration que le développeur utilise dans l'application, et qui représente simplement un indexeur pour les clés/valeurs de la configuration. Les méthodes importantes de l'interface sont les suivantes :

- *GetSection(string key)* : permet de récupérer toute une section de la configuration en fonction de la clé voulue.
- *GetChildren()* : obtient la sous-section immédiate de la configuration contenue dans l'objet `Configuration` courant.

```
    public interface Iconfiguration
    {
        string this[string key] { get; set; }

        IEnumerable<IConfigurationSection> GetChildren();
        IConfigurationSection GetSection(string key);
        IChangeToken GetReloadToken();
    }
```

Ensuite, l'interface `IConfigurationProvider` permet de définir l'implémentation pour l'accès à la source de la configuration (fichier JSON, XML, base de données...), notamment grâce aux méthodes suivantes :

- `TryGet(string key, out string value)` : permet de définir l'implémentation pour récupérer la valeur de la clé spécifiée.
- `Set(string key, string value)` : permet de définir l'implémentation pour appliquer une valeur à une clé particulière.
- `Load()` : charge la configuration en fonction du provider.

```
public interface IconfigurationProvider
    {
        IEnumerable<string> GetChildKeys(IEnumerable<string>
earlierKeys, string parentPath, string delimiter);

        void Load();

        void Set(string key, string value);
        bool TryGet(string key, out string value);
    }
```

L'interface `IConfigurationRoot` permet de représenter la racine de la hiérarchie de la configuration. Elle ne possède qu'une seule méthode qui est `Reload()` et qui permet de recharger la configuration en fonction des providers.

```
public interface IConfigurationRoot : Iconfiguration
    {
        void Reload();
    }
```

Puis, l'interface `IConfigurationSource` fait la jonction entre les providers et les builders grâce à la méthode `Build(IConfigurationBuilder builder)`. En effet, cette interface permet de définir le provider pour une source donnée. Par exemple, si la source était un fichier JSON, il serait possible de créer un provider pour un format JSON provenant du système de fichier, et un provider pour un format JSON provenant d'un WebService. Ensuite, l'interface `IConfigurationBuilder` construirait la configuration sans se soucier de l'implémentation des providers, et en fonction du contexte de l'application on utiliserait tel provider plutôt que l'autre.

L'interface IConfigurationBuilder permet la construction d'un objet de type IConfigurationRoot en fonction de tous les IConfigurationSource ajoutés au builder. Les méthodes importantes sont :

– Add(IConfigurationSource source) : permet l'ajout d'une source de configuration.
– Build() : permet la construction de l'objet Configuration avec les données.

```
public interface IconfigurationBuilder
    {
        Dictionary<string, object> Properties { get; }

        IEnumerable<IConfigurationSource> Sources { get; }

        IConfigurationBuilder Add(IConfigurationSource source);

        IConfigurationRoot Build();
    }
```

Pour finir, l'interface IConfigurationSection permet de récupérer toutes les informations relatives à une section particulière de la configuration.

```
public interface IConfigurationSection : Iconfiguration
{
      string Key { get; }
      string Path { get; }
      string Value { get; set; }
}
```

Le schéma suivant résume l'ensemble des interfaces et des classes à notre disposition dans l'API Configuration de base. Avec ceci, le développeur est maintenant capable de développer ses propres fournisseurs de configuration tout en garantissant une intégration parfaite dans l'API de base. Par convention, on utilise des méthodes d'extensions à l'interface IConfigurationBuilder pour ajouter ses propres providers. Pour résumé, la flexibilité est le maître-mot de ce nouveau modèle de configuration permettant également d'augmenter la modularité et l'unicité des informations de configuration utilisées.

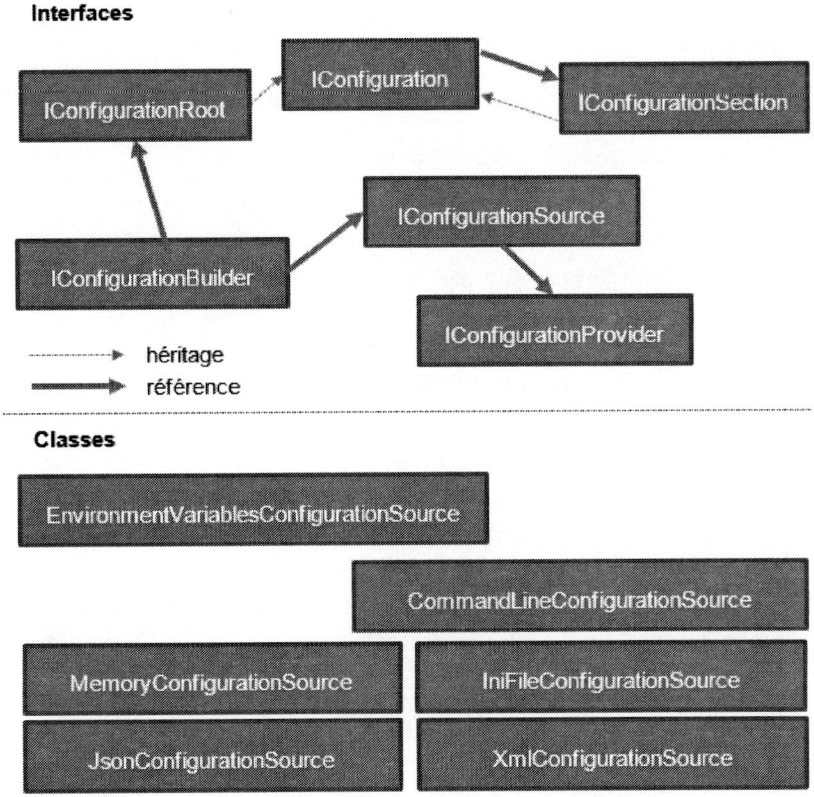

Schéma de l'API Configuration fournie par ASP.NET Core.

4.3 La classe Startup

La classe `Startup` est la classe de lancement unique de chaque application ASP.NET Core. Elle permet d'initialiser l'application en appliquant une certaine configuration suivant différents providers et va également inscrire différents services indispensables au bon fonctionnement de l'application. Le développeur configure ainsi un "pipeline de requête HTTP" qui s'appelle également **Middleware**.

Un middleware va permettre de rassembler des composants qui vont simplement répondre à des demandes bien précises, et ainsi passer la main à d'autres composants pour répondre de manière globale à la demande de l'utilisateur. Ces demandes sont donc chaînées et constituent ainsi le pipeline HTTP de l'application web.

L'exemple le plus concret est celui de l'injection de dépendances. Lorsqu'un contrôleur fait une requête pour demander un service contenu dans le middleware, l'injection de dépendances va tout d'abord chercher un type de service correspondant à la demande, puis va résoudre toutes les dépendances de ce même service en chaînant les instanciations des services sous-jacents. Ceci permet au middleware de répondre en ayant résolu toutes les dépendances possibles de la requête.

La première méthode importante de la classe `Startup` est la méthode `ConfigureServices`. Cette méthode permet de configurer tous les services ainsi que toutes les classes qui vont pouvoir être injectées et utilisées dans toute l'application. Elle est appelée au début du processus de démarrage de l'application, permettant de référencer certains services utilisés par la suite dans le processus pour configurer l'application.

```
public void ConfigureServices(IServiceCollection services)
{
    // Add framework services.
    services.AddEntityFramework()
        .AddSqlServer()
        .AddDbContext<ApplicationDbContext>(options =>
options.UseSqlServer(Configuration["Data:DefaultConnection:
ConnectionString"]));

    services.AddIdentity<ApplicationUser, IdentityRole>()
        .AddEntityFrameworkStores<ApplicationDbContext>()
        .AddDefaultTokenProviders();

    services.AddMvc();

    // Add application services.
    services.AddTransient<IEmailSender, AuthMessageSender>();
    services.AddTransient<ISmsSender, AuthMessageSender>();
}
```

Le code ci-dessus est le code par défaut intégré dans le template de base de Visual . On peut voir un certain nombre des méthodes d'extensions de l'objet `IServiceCollection` passé en paramètre et permettant d'inscrire plusieurs services au middleware. Par exemple, la méthode `AddEntityFrameworkStore` va ajouter les classes `IUserStore` et `IRoleStore` afin de gérer l'authentification depuis Entity Framework. De base, l'interface `IServiceCollection` est vide, et donc pour rajouter un service il faut importer le package NuGet relatif au service voulu.

La deuxième méthode importante est `Configure`. Elle permet d'indiquer à l'application comment elle doit répondre aux requêtes HTTP envoyées par le client. Le paramètre `IApplicationBuilder` est l'objet le plus essentiel ici car il va permettre de configurer le comportement de l'application pour chaque requête. Les autres paramètres `IHostingEnvironment` et `ILoggerFactory` peuvent être optionnels : le système va les injecter automatiquement s'ils sont présents.

```
public void Configure(IApplicationBuilder app,
IHostingEnvironment env, ILoggerFactory loggerFactory)
{

loggerFactory.AddConsole(Configuration.GetSection("Logging"));
    loggerFactory.AddDebug()

    if (env.IsDevelopment())
    {
        app.UseBrowserLink();
        app.UseDeveloperExceptionPage();
        app.UseDatabaseErrorPage();
    }
    else
    {
        app.UseExceptionHandler("/Home/Error");
    }

    app.UseIISPlatformHandler(options =>
options.AuthenticationDescriptions.Clear());

    app.UseStaticFiles();

    app.UseIdentity();
```

```
    // To configure external authentication please see
http://go.microsoft.com/fwlink/?LinkID=532715

    app.UseMvc(routes =>
    {
        routes.MapRoute(
            name: "default",
            template: "{controller=Home}/{action=Index}/{id?}");
    });
}
```

Ici aussi ce sont des méthodes d'extensions qui sont utilisées pour configurer les différentes briques logicielles de l'application. L'exemple le plus probant concerne les routes HTTP. Le template de base de Visual Studio utilise la méthode `UseMvc ()` afin de configurer les routes de l'application.

```
public static class MvcApplicationBuilderExtensions
    {
        public static IApplicationBuilder UseMvc(this
IApplicationBuilder app);

        public static IApplicationBuilder UseMvc(this
IApplicationBuilder app, Action<IRouteBuilder> configureRoutes);

        public static IApplicationBuilder
UseMvcWithDefaultRoute(this IApplicationBuilder app);
}
```

Les services disponibles dans la classe `Startup` sont les suivants :

- **IApplicationBuilder** : permet de construire le pipeline HTTP de l'application.
- **IApplicationEnvironment** : interface regroupant certaines propriétés importantes de l'application comme sa version, son nom, son chemin...
- **IHostingEnvironment** : permet d'accéder à toutes les informations d'hébergement de l'application.
- **ILoggerFactory** : donne accès à un mécanisme de création de journalisation afin de tracer les éventuelles erreurs de l'application.
- **IServiceCollection** : collection de services configurés dans l'application.

La signature de la classe `Startup` finale ressemble à ceci et permet de savoir quel service est utilisable dans quelle partie de la classe :

```
public class Startup
{
    public Startup(IApplicationEnvironment appEnv,
IHostingEnvironment env, ILoggerFactory logger)

    public void ConfigureServices(IServiceCollection services)

    public void Configure(IApplicationBuilder app,
IApplicationEnvironment appEnv, IHostingEnvironment env,
ILoggerFactory loggerFactory)
}
```

Avec cette classe, le développeur est maintenant capable de configurer à sa guise les différentes parties de son application web pour optimiser notamment son empreinte mémoire et minimiser les librairies embarquées lors d'un déploiement. Ce processus devenait nécessaire avec l'arrivée de .NET Core, car dans une logique cloud-first, l'optimisation du déploiement et des performances est primordiale. Pour plus d'informations sur les middlewares, la section Les middlewares du chapitre Les nouveaux mécanismes d'ASP.NET Core est plus complète.

Le démarrage de l'application ne se fait pas tout à fait depuis la classe `Startup` elle-même. Depuis la RC2, le lancement se fait depuis un fichier `Program.cs` qui lance l'hôte web et permet de spécifier une classe `Startup`. Le lancement de l'application se fait ainsi depuis une méthode `Main` classique, comme pour une application console. Le code ci-dessous montre ainsi le lancement d'une application ASP.NET Core simple.

```
var basePath = Directory.GetCurrentDirectory();

using (var host
          = new WebHostBuilder()
          .UseKestrel()
          .UseContentRoot(basePath)
          .UseIISIntegration()
          .UseStartup<Startup>()
           .Build()
           )
      {
          host.Run();
      }
```

5. La gestion des dépendances

Les dépendances d'un projet sont indispensables car elles permettent d'enrichir l'application de nouvelles fonctionnalités qui ne sont pas forcément incluses de base. ASP.NET Core ne déroge pas à la règle, et offre plusieurs outils puissants afin de gérer au mieux les dépendances du projet, qu'elles soient du côté serveur ou du côté client. En effet, les dépendances de chaque côté de l'application ne sont pas les mêmes. Le serveur utilise des dépendances plutôt système et très orientées métier ou base de données, alors que les clients vont plutôt utiliser des librairies graphiques d'UI modernes ou de composants.

5.1 La gestion côté serveur

La politique de Microsoft concernant la gestion des dépendances côté serveur est très simple : elle préconise l'utilisation du gestionnaire de paquets NuGet. La version 3 de NuGet apporte une multitude de nouvelles fonctionnalités importantes qui ont permis de stabiliser le gestionnaire de paquets et le rendre plus utilisable. Ces changements ont notamment été guidés par les différentes remontées de la communauté Microsoft.

Le premier grand changement de NuGet concerne son interface graphique qui a été complètement réécrite. Les éléments notables sont :

- Meilleure intégration du gestionnaire de paquets dans Visual Studio : c'est maintenant un onglet à part entière nous permettant de continuer notre travail à côté.
- NuGet propose maintenant de choisir la version à installer et permet un meilleur contrôle des versions des paquets installés. Cela permet de facilement revenir en arrière si une nouvelle version apporte trop de changements.
- Le gestionnaire permet également de spécifier sur quels répertoires (en ligne ou en local) NuGet récupère les paquets.
- Un indicateur permet de repérer tout de suite et dans n'importe quelle partie de NuGet les paquets qui proposent une mise à jour.
- Le bouton 'Update all' a été retiré de l'ancienne version de NuGet, pour éviter au développeur d'avoir trop de changements bloquants arrivant d'un coup dans le projet.

Avec ASP.NET, la gestion des paquets va plus loin que la simple utilisation de NuGet. Les nouveaux projets intègrent maintenant un nouveau fichier intitulé *project.json* permettant de gérer les dépendances du projet (cf. la section La structure d'une solution pour plus de détails sur la structure du fichier *project.json*). La partie qui nous intéresse ici est *dependencies* : elle permet d'indiquer quel paquet est à télécharger dans le projet ainsi que sa version. Il est possible de spécifier des paquets NuGet, ou alors d'autres projets (inclus dans la solution ou non). L'exemple ci-dessous montre une partie des dépendances d'un projet :

```
"dependencies": {
    "Microsoft.AspNet.Authentication.Cookies": "1.0.0-rc1-final",
    "Microsoft.AspNet.Diagnostics.Entity": "7.0.0-rc1-final",
    "Microsoft.AspNet.Identity.EntityFramework": "3.0.0-rc1-final",
    "Microsoft.AspNet.IISPlatformHandler": "1.0.0-rc1-final",
    "Microsoft.AspNet.Mvc": "6.0.0-rc1-final",
    "Microsoft.AspNet.Mvc.TagHelpers": "6.0.0-rc1-final"
    "MyOtherProject": "1.0.0-*"
  }
```

Remarque

On peut remarquer que Visual Studio 2015 nous aide lorsqu'on modifie ce fichier. Dans un premier temps, Visual Studio va automatiquement rechercher les paquets lors de la sauvegarde du fichier : les références sont ainsi mises à jour. Ensuite, l'IDE nous aide avec de l'autocomplétion pour le nom des paquets et la version.

Avec ce type de management des dépendances de projet, NuGet utilise un dossier partagé permettant de stocker les packages téléchargés se trouvant au chemin suivant : **%userprofile%\.nuget\packages**. Ce dossier permet de partager les paquets entre les différents projets de l'ordinateur, et ainsi ne télécharger qu'une seule fois le paquet sur la machine. Tous les projets .NET vont ainsi référencer des paquets contenus dans ce dossier, permettant aux nouveaux projets de s'initialiser plus vite.

Dans le cadre d'ASP.NET Core, toutes les librairies CoreFX sont maintenant distribuées via NuGet pour ainsi minimiser les dépendances entre les différents paquets. Il est également possible de créer son propre paquet NuGet et cibler **en même temps** plusieurs plateformes (.NET Core, .NET 4.5...). Ce nouveau type de projet se trouve dans **Web > Class Library**.

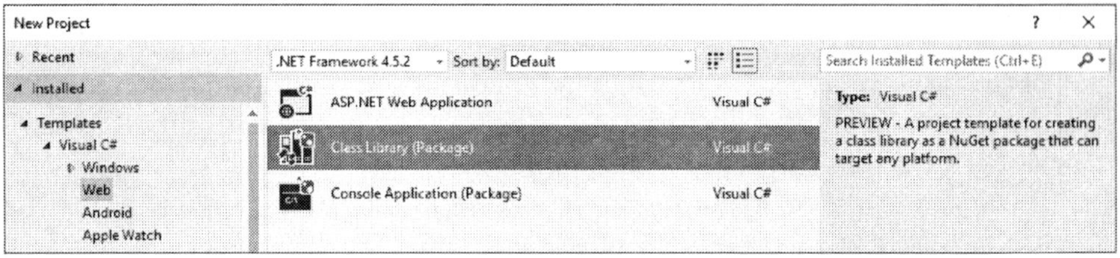

Projet de type Class Library permettant de cibler plusieurs plateformes.

La structure de ce type de projet est très simple. On retrouve une partie **Dependencies** dans le cas où la librairie posséderait des dépendances avec des librairies clientes, puis la partie **References** qui contient les dépendances .NET. Après création du projet, on peut voir que la librairie possède déjà des plateformes cibles qui sont **.NET Framework 4.5.1** et **.NET Platform 5.4**.

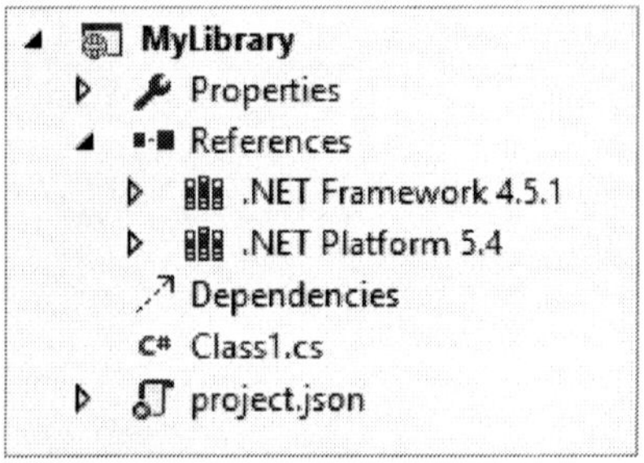

Structure d'une librairie de classe.

Ces dépendances sont définies dans le fichier *project.json* et décrivent la configuration et les propriétés globales de la librairie :

- **version** : permet de déterminer la version du paquet.
- **description** : affiché directement dans NuGet, ce texte pourra donner une idée au client du contenu du paquet.
- **authors** : définit les auteurs du paquet.
- **tags** : permet d'ajouter des mots-clés afin de retrouver plus facilement le paquet dans NuGet.
- **projectUrl** : lien Internet indiquant une URL du projet. Par exemple, cette URL peut pointer vers un dépôt GitHub.

- **licenceUrl** : lien Internet vers la licence du paquet.
- **frameworks** : section permettant d'indiquer les plateformes cibles du paquet. C'est là que ce type de projet prend tout son sens en permettant de créer du code multiplateforme.

```
{
  "version": "1.0.0-*",
  "description": "ClassLibrary1",
  "authors": [ "authors" ],
  "tags": [ ".net", "c#" ],
  "projectUrl": "https://github.com/",
  "licenseUrl": "https://github.com/",

  "frameworks": {
    "net451": { },
    "dotnet5.4": { }
  }
}
```

Avec ce nouveau type de projet et NuGet, il devient très facile de publier et de gérer des paquets NuGet au sein de son projet .NET. Il est cependant important de bien définir une stratégie de sortie de version afin de garantir un processus de mise à jour continue sans toutefois inonder les clients. Typiquement, lors de la phase de développement du paquet, les équipes travaillent avec des versions bêta pour éviter de perdre trop de sorties intermédiaires dans le numéro de version. Ensuite, lorsque le paquet est validé et testé, le numéro de version est vidé de son suffixe **beta** et est incrémenté pour la publication.

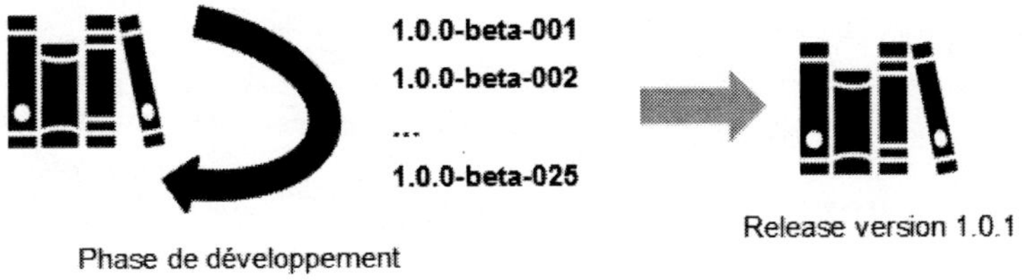

Cycle de sortie de version d'un paquet NuGet.

5.2 La gestion côté client

L'écosystème JavaScript s'est enrichi d'innombrables librairies utilisables côté client, permettant ainsi d'enrichir au maximum les sites web modernes avec des frameworks tels que jQuery, Bootstrap, AngularJS... Les principales difficultés lorsqu'on travaille avec des librairies externes sont les dépendances de cette librairie, et potentiellement les dépendances de ses dépendances, et ainsi de suite... Détecter toutes les dépendances de la librairie et gérer les versions peut rapidement devenir pénible et faire perdre du temps à toute l'équipe de développement.

Aujourd'hui, plusieurs gestionnaires de paquets côté client ont vu le jour pour aider le développeur dans sa tâche quotidienne de gestion des librairies. Cette section va présenter les deux outils les plus populaires du moment : Bower et NPM.

La gestion des librairies clientes d'un projet avec Bower permet d'installer à la fois des frameworks JavaScript, des librairies CSS, des polices et ceci de manière optimisée pour le front-end. Nous parlerons un peu plus loin de cette optimisation.

La liste des paquets se trouve dans le fichier *bower.json*. La partie la plus intéressante de ce fichier est intitulée *dependencies*, et permet de configurer les dépendances clientes de votre projet.

Remarque

Lorsque ce fichier est enregistré, Visual Studio restaure automatiquement les paquets Bower et les enregistre dans un dossier spécifique paramétré dans le fichier .bowerrc. De base il s'agit du dossier wwwroot/lib. Il est également possible de configurer ce fichier via une interface graphique plus poussée en faisant un clic droit sur le projet puis, en choisissant ***Gérer les packages Bower****.*

```
{
  "name": "ASP.NET",
  "private": true,
  "dependencies": {
    "bootstrap": "3.3.5",
    "jquery": "2.1.4",
    "jquery-validation": "1.14.0",
    "jquery-validation-unobtrusive": "3.2.4"
  }
}
```

Exemple de fichier bower.json.

Il est intéressant de notifier que Visual Studio aide le développeur avec une autocomplétion du nom des packages et de la version.

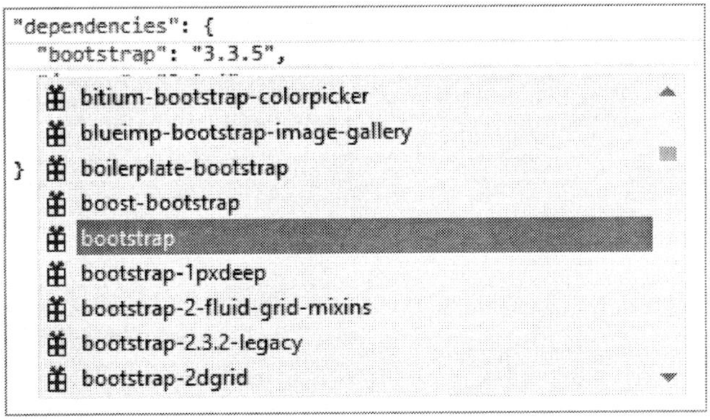

Autocomplétion de Visual Studio pour Bower.

Une fois ce fichier enregistré, les paquets Bower sont téléchargés et utilisables dans notre application web en important les scripts qui nous intéressent.

```
<!DOCTYPE html>
<html>
<head>
        <meta charset="utf-8" />
        <title>Bower Example</title>
        <link href="lib/bootstrap/dist/css/bootstrap.css"
rel="stylesheet" />
</head>
<body>
```

```
        <script src="lib/jquery/dist/jquery.js"></script>
        <script src="lib/bootstrap/dist/js/bootstrap.js"></
script>
</body>
</html>
```

Comme nous l'avons dit précédemment, Bower est un gestionnaire de paquets optimisé front-end, c'est-à-dire qu'il ne charge que le minimum, et c'est au développeur de s'occuper lui-même d'indiquer les dépendances dans le fichier *bower.json*. Heureusement, Bower s'occupe tout de même d'indiquer les dépendances que l'utilisateur doit inscrire dans le fichier. Il gère également les doublons des paquets en garantissant l'unicité de chaque paquet téléchargé, pour éviter ainsi des librairies redondantes. Chaque paquet peut indiquer des versions différentes pour ses dépendances, Bower est capable de détecter les éventuels conflits et incompatibilités au sein du projet.

Grâce à GitHub, Bower est maintenant supporté par un nombre de projets très conséquent, permettant aux développeurs de profiter d'un panel de librairies étendu. Il permet de gagner énormément de temps en simplifiant la recherche, l'ajout, la suppression et la mise à jour des dépendances du projet tout en garantissant le strict minimum.

NPM est un gestionnaire de paquets qui travaille d'une manière bien différente. Issu de Node.js, son utilité première est de gérer le JavaScript qui s'exécute côté serveur, et ainsi les dépendances qui en découlent. Ceci est tout à fait correct, et Node.js va même bien plus loin que cela. Bower par exemple est un paquet NPM mais on retrouve aussi Gulp (gestionnaire de tâches côté serveur) ou encore Yeoman (générateur de projet prêt à être utilisé), ce qui fait de Node.js une vraie plateforme de développement destinée au développeur, un peu comme NuGet.

Remarque

Visual Studio d'ailleurs ne fait que retranscrire les commandes utilisées par ***bower*** *à* ***Node.js*** *pour apporter les aides visuelles, comme l'autocomplétion. La documentation sur l'ensemble des commandes Bower se trouve ici : http://bower.io/docs/api/*

Lors de la création d'un projet ASP.NET Core, on peut remarquer qu'il existe déjà quelques packages NPM installés relatifs à Gulp. Ces packages sont référencés dans un fichier intitulé *package.json* permettant d'identifier les paquets que NPM doit récupérer pour le projet.

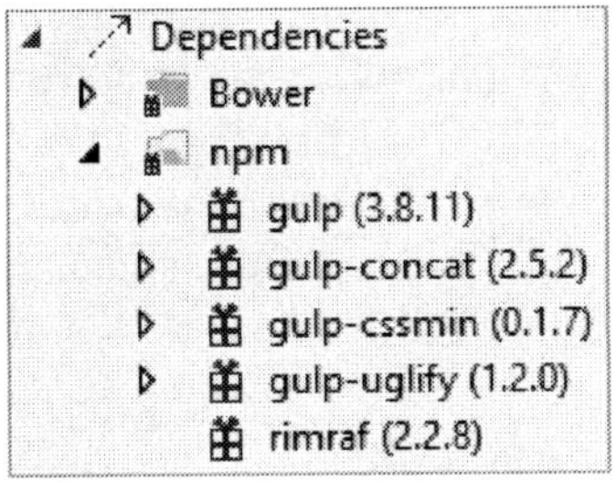

Packages NPM.

```
{
  "name": "ASP.NET",
  "version": "0.0.0",
  "devDependencies": {
    "gulp": "3.8.11",
    "gulp-concat": "2.5.2",
    "gulp-cssmin": "0.1.7",
    "gulp-uglify": "1.2.0",
    "rimraf": "2.2.8"
  }
}
```

Fichier package.json.

La section *devDependencies* permet d'indiquer à NPM quel package il doit télécharger. La gestion des dépendances est bien différente qu'avec Bower. NPM construit un arbre des dépendances (aussi profond que le demandent les librairies, cela peut aller très loin), et va ainsi télécharger chaque dépendance propre à chaque librairie. L'inconvénient ici est la charge de traitement qui est beaucoup plus élevée. Cependant, cela n'oblige pas le développeur à s'occuper des dépendances. Ensuite, l'autre avantage est que chaque librairie utilise ses propres versions de dépendances (plusieurs versions de jQuery peuvent se retrouver dans le projet), ce qui évite d'avoir des conflits.

En conclusion, il est difficile de choisir entre Bower ou NPM, sachant que tous les deux ont des avantages. Malgré tout, utiliser plusieurs gestionnaires de paquets au sein d'un projet peut paraître une mauvaise pratique, et il incombe à l'équipe de se mettre d'accord sur un gestionnaire global et de s'en tenir. Les modules Node.js permettent un panel de fonctionnalités plus étendu, c'est ce gestionnaire qui se démarque un peu plus que les autres en ce moment. Cependant c'est à chacun d'y trouver son compte.

6. La gestion des tâches

Dans les précédentes versions d'ASP.NET, le framework .NET automatisait certaines tâches de manière transparente et sans que le développeur ait à décrire le processus complet de la tâche. C'était notamment le cas pour la minimisation et la concaténation des fichiers JavaScript et CSS. Aujourd'hui, ces "raccourcis" n'existent plus, et le développeur doit s'accommoder de certains outils afin d'écrire lui-même les différents processus dont il a besoin. Ces outils offrent un panel bien plus large de possibilités, comme la compilation de fichiers Typescript ou Less, la copie de fichier, l'installation de librairie externe, la génération de package... Les outils les plus populaires du moment sont Grunt et Gulp, et les sections suivantes vont décrire leurs principales caractéristiques accompagnées de plusieurs exemples pour illustration.

6.1 Les tâches avec Grunt

Grunt est un package *Node.js*, au même titre que Gulp, et est communément décrit comme étant un *JavaScript Task Runner*, c'est-à-dire un outil capable de créer et gérer des tâches automatisées en JavaScript. L'intérêt de ce genre d'outil est multiple. Dans un premier temps, il permet à n'importe quel développeur, avec un minimum de connaissances en JavaScript, de créer ses propres processus de minimisation, compilation, déploiement et ainsi de suite en ayant le contrôle total sur ce qu'il se passe. Ensuite, l'automatisation de ces tâches permet de s'assurer que chaque processus est exécuté au bon moment et toujours de la même manière. Enfin, les *JavaScript Task Runner* sont aujourd'hui très répandus dans le développement web front-end, et bénéficient ainsi d'une communauté importante et grandissant chaque jour un peu plus. Les possibilités offertes par ce genre d'outil peuvent être étendues à l'infini.

Concrètement, Grunt est simplement un package NPM et la commande pour l'installer est la suivante :

```
$ npm install grunt --save-dev
```

Rien de plus simple, l'option `--save-dev` permet de rajouter *grunt* dans le fichier **package.json** du projet web.

Remarque

*Visual Studio aide le développeur une nouvelle fois s'il souhaite modifier directement le fichier **package.json** avec l'autocomplétion et la restauration automatique des packages lors de l'enregistrement du fichier.*

Afin d'utiliser Grunt, il faut maintenant créer un fichier **gruntfile.js** qui va définir toutes les tâches utilisables dans le projet.

```
module.exports = function(grunt) {

  // Configuration de Grunt
  grunt.initConfig({})

  // Définition des tâches Grunt
  grunt.registerTask('default', '')

}
```

Grunt est toujours divisé en deux parties :

- La première partie concerne la configuration des tâches, avec les options et les processus à mettre en place en fonction du plug-in utilisé.
- La seconde partie concerne l'enregistrement de ces tâches sous des alias. Ce sont ces alias qui vont être utilisés ensuite pour lancer les tâches.

Remarque

Plusieurs tâches peuvent être regroupées sous un seul alias, c'est là toute la puissance de ce genre d'outil. On pourrait imaginer plusieurs tâches, par exemple, capables de compiler du LESS en CSS puis les concaténer dans un seul fichier, regroupées sous un seul alias.

Afin d'effectuer les tâches citées ci-dessus, Grunt a besoin de plug-ins, qui ne sont rien de plus que d'autres packages NPM téléchargeables dans le projet. Prenons comme exemple la compilation de fichiers LESS en CSS. La première des choses à faire est d'installer le plug-in correspondant (une rapide recherche Google permet de trouver le bon package).

```
$ npm install grunt-contrib-sass --save-dev
```

Ceci va installer le package *grunt-contrib-sass* dans le dossier *node_modules*, qui va ainsi être disponible pour Grunt. Il suffit ensuite de modifier le fichier *gruntfile.js* pour utiliser le nouveau plug-in.

```
module.exports = function(grunt) {

  grunt.initConfig({
    sass: {                                   // Nom de la tâche
      dist: {                                 // Nom de la sous-tâche
        options: {                            // Options
          style: 'expanded'
        },
        files: {                              // Liste des fichiers
          'main.css': 'main.scss',            // 'dest': 'source'
          'widgets.css': 'widgets.scss'
        }
      }
    }
  })

  // Import du package
  grunt.loadNpmTasks('grunt-contrib-sass')

  // Redéfinition de la tâche `default`
  grunt.registerTask('default', ['sass:dist'])
}
```

L'utilisation de Grunt se fait en trois étapes bien distinctes :

- **Définition des tâches** : dans l'exemple ci-dessus, on définit une première tâche, *sass* puis une sous-tâche *dist* contenant les différentes options et configurations de la tâche. L'intérêt des tâches et sous-tâches est de pouvoir définir des tâches utilisables en production et d'autres tâches utilisables pendant la phase de développement.
- **Chargement des plug-ins** : on charge ensuite les packages dont nous avons besoin pour faire fonctionner les tâches.
- **Définition des alias** : on associe les tâches à des alias.

Remarque

Le but de cette section n'est pas de rentrer dans le détail du plug-in ***grunt-contrib-sass*** *mais de voir et de comprendre le fonctionnement général de Grunt. Chaque plug-in comporte une documentation web bien complète de chacune des options et ne fera pas l'objet d'un chapitre.*

Visual Studio permet une meilleure visualisation des tâches Grunt. Pour ceci, il suffit de faire clic droit sur le fichier **gruntfile.js**, puis **Task Runner Explorer.**

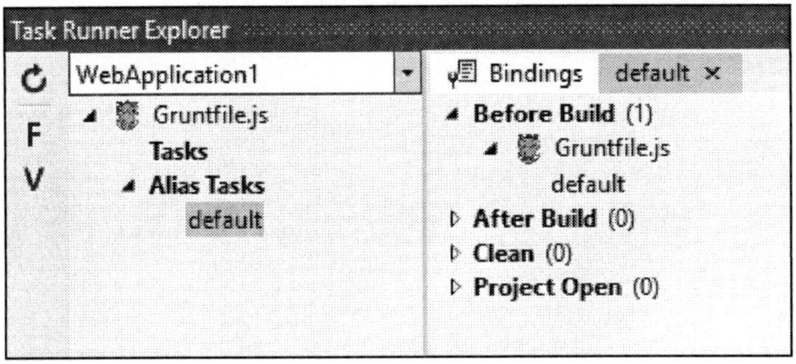

Explorateur de tâches de Visual Studio pour Grunt.

Cet outil permet de lancer les tâches et de les planifier automatiquement en fonction de plusieurs événements de Visual Studio :

- **Before Build** : exécution avant la build (projet ou solution) ;
- **After Build** : lancement de la tâche après la build ;
- **Clean** : exécution après un *clean* du projet ou de la solution ;
- **Project Open** : lancement de la tâche lors de l'ouverture du projet.

Une console est intégrée à l'outil permettant de détecter si des erreurs sont intervenues pendant l'exécution de la tâche.

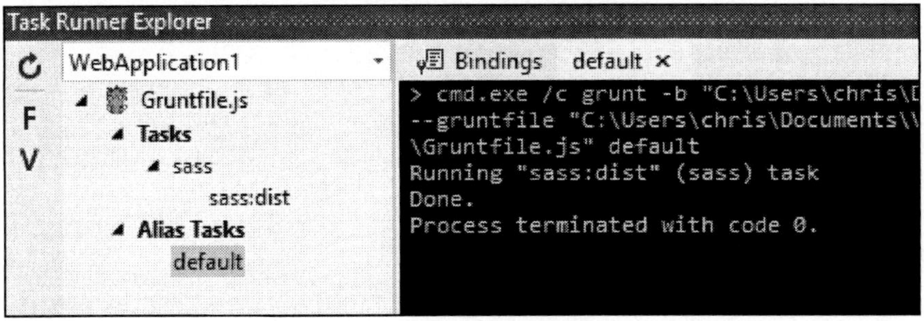

Console JavaScript pour l'exécution des tâches.

Remarque

Pour effectuer la compilation de fichiers SCSS en CSS, vous aurez besoin de Ruby et Sass : http://sass-lang.com/install

Avec ceci, le développeur est capable de créer une multitude de tâches afin de répondre à ses différents besoins en termes de compilation, concaténation, minimisation de fichier... Les plug-ins les plus populaires pour Grunt sont :

- **grunt-contrib-clean** : suppression de fichier ou de répertoire ;
- **grunt-contrib-jshint** : vérification de la qualité du code JavaScript ;
- **grunt-contrib-concat** : concaténation de fichier ;
- **grunt-contrib-uglify** : minimisation de fichier JavaScript ;
- **grunt-contrib-watch** : surveillance de fichier.

6.2 Les tâches avec Gulp

La section ci-dessus a montré comment manipuler Grunt afin de créer et de gérer ses propres tâches JavaScript dans un projet ASP.NET Core. Cependant, ce n'est pas le seul *JavaScript Task Runner* populaire dans la communauté : il existe également Gulp.

Le grand défaut de Grunt est qu'il travaille en lisant et en écrivant dans des fichiers (un fichier par tâche) de telle manière que les performances sont impactées. Les tâches sont ainsi cloisonnées et ne peuvent être exécutées que les unes après les autres alors qu'il serait intéressant de paralléliser les tâches.

Gulp propose une méthode de travail différente de Grunt : il considère les tâches comme étant des sortes de "middleware" en utilisant au maximum les streams NodeJS. Le but est de considérer une tâche Gulp comme étant la succession d'opérations spécifiques sur des fichiers. Les étapes d'une tâche Gulp sont les suivantes :

- Création d'un flux d'objets qui représentent les fichiers à traiter ;
- Utilisation de ce flux sur différentes tâches (utilisation de la méthode `pipe()`);
- Enregistrement du résultat dans un ou plusieurs fichiers (utilisation de la méthode `dest()`).

Chaque objet (donc un fichier) est passé de manière asynchrone dans l'enchaînement des tâches et contient les infos suivantes : chemin du fichier, répertoire courant et contenu du fichier. Le contenu peut être nul, être un **Buffer** ou un **ReadableStream**. Le plus souvent, Gulp fournit un Buffer.

Prenons comme exemple la succession de tâches ci-dessous :

– Supprimer le mot "ASP" dans une phrase ;

– Ne conserver que les 500 premières lignes.

Grunt fera que chaque étape nécessite un fichier écrit. De plus, les tâches sont exécutées de manière séquentielle, ce qui peut potentiellement saturer le CPU et/ou la mémoire. Gulp passe chaque fichier aux tâches de manière asynchrone, ce qui veut dire que théoriquement le premier fichier commence à être traité alors que tous les fichiers n'ont pas encore été chargés par Gulp. De plus, une tâche effectuée en dernier peut influencer sur la précédente tâche. Dans l'exemple ci-dessus, quel est l'intérêt de supprimer le mot "ASP" dans tout le fichier sachant qu'on ne conserve que les 500 premières lignes ? En fermant le flux après les 500 lignes, l'événement sera transmis aux tâches parentes, et ainsi de suite, économisant ainsi des ressources. Enfin, Gulp permet d'optimiser les ressources puisque les streams sont asynchrones. Nous pouvons facilement imaginer une tâche d'écriture sur le disque (temps CPU) qui opère en même temps qu'une tâche de traitement de données (temps mémoire).

La configuration d'une tâche `watch` est un très bon exemple afin d'illustrer l'utilisation de Gulp. La méthode `watch` est très utilisée dans ce domaine afin de "surveiller" des fichiers. Une tâche `watch` va permettre de lancer une autre tâche lorsque le ou les fichiers surveillés ont été modifiés. Ce genre de processus permet facilement de compiler des fichiers SCSS à la volée. Une tâche `watch` va opérer en arrière-plan afin de vérifier la modification des fichiers.

Comme pour Grunt, Gulp est un package NPM installable depuis le fichier *package.json*.

```
"devDependencies": {
    "gulp": "3.8.11",
    "gulp-ruby-sass": "2.0.6"
  }
```

Il suffit ensuite de charger et d'utiliser ces plug-ins dans un fichier *gulpfile.js*.

```
var gulp = require('gulp');
var sass = require('gulp-ruby-sass');

gulp.task('styles', function () {
    gulp.src('scss/**/*.scss')
        .pipe(sass().on('error', sass.logError))
        .pipe(gulp.dest('./css/'))
});

//Watch task
gulp.task('default', function () {
    gulp.watch('scss/**/*.scss', ['styles']);
});
```

Le code ci-dessus est simple :

- Chargement préalable des plug-ins requis pour effectuer les tâches.
- Définition des tâches. Trois méthodes sont importantes ici. La première est `gulp.src` permettant d'indiquer quels fichiers sont à traiter (un pattern à base d'étoile est utilisable pour sélectionner plusieurs fichiers). Ensuite, `.pipe()` permet d'indiquer une étape dans la tâche, c'est ici que vont s'effectuer les traitements. Dans le cas ci-dessus, l'étape consiste à compiler les fichiers SCSS. On pourrait imaginer d'autres étapes comme la concaténation ou la minimisation. Ensuite, la méthode `gulp.dist()` permet d'écrire le résultat dans un fichier ou un dossier de destination.
- Définition d'une tâche `watch` qui va exécuter la tâche `styles` lorsqu'un fichier sera modifié.

Visual Studio est capable de reconnaître les tâches enregistrées dans le fichier *gulpfile.js*, et permet de les utiliser de la même manière qu'avec Grunt, c'est-à-dire de les programmer sur divers événements de Visual Studio (ouverture du projet, nettoyage du projet ou après/avant la build). L'IDE permet également de lancer directement la tâche dans une console. Le lancement de la tâche se fait exactement de la même manière qu'avec Grunt.

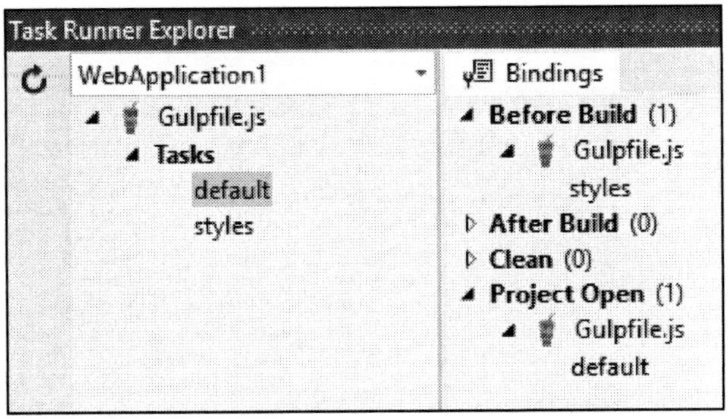

Explorateur de tâches de Visual Studio pour Gulp.

Les plug-ins Gulp les plus populaires sont :

- **gulp-util** : ensemble d'utilitaires pour Gulp comme par exemple la journalisation, la coloration de la console… ;
- **gulp-clean** : suppression de dossiers ;
- **gulp-concat** : concaténation de plusieurs fichiers entre eux ;
- **gulp-uglify** : minimisation de fichiers ;
- **gulp-rename** : renommage de fichiers ;
- **gulp-filesize** : mesure de la taille des fichiers traités ;
- **gulp-less** : compilation de fichiers LESS en CSS ;
- **gulp-changed** : surveillance de fichiers (à la manière de *watch*).

La gestion des dépendances côté client est ainsi essentielle afin de faciliter la vie des développeurs au quotidien, et Gulp (ou Grunt) est là afin d'aider à l'automatisation des tâches. La communauté grandit de jour en jour afin de proposer des plug-ins de plus en plus riches au travers du gestionnaire de paquets NPM.

Chapitre 4
Les modèles avec Entity Framework Core

1. Introduction

Depuis toujours, le développeur a besoin de lire les données d'une base, écrire des enregistrements, supprimer des lignes, gérer des transactions, mettre à jour des données utilisateurs... Le framework .NET dispose depuis ses tout débuts d'une API permettant de communiquer avec une base de données et d'envoyer des requêtes à cette dernière. Cependant, cela peut vite devenir fastidieux et non-maintenable. En effet, les erreurs de frappe sont courantes, et la gestion de toutes les requêtes SQL peut vite devenir une usine à gaz.

Microsoft développe depuis des années maintenant une brique logicielle permettant de faciliter l'accès à une base de données : Entity Framework. Ce framework est un ORM (*Object-Relational Mapping*), c'est-à-dire un outil qui permet de travailler avec des objets C# plutôt qu'avec des requêtes en dur. Le développeur va ainsi gérer, requêter, ajouter ou supprimer des objets via l'ORM, et ce dernier va automatiquement s'occuper de traduire les opérations via des requêtes SQL.

La dernière version d'Entity Framework, la version Core, est une réécriture complète des anciennes versions. Ce choix a été opéré dans le but d'améliorer tout d'abord les performances de traitement de l'ORM, car ces dernières ne sont pas toujours optimisées. Ensuite, il était important pour les équipes de Microsoft de rendre le framework plus modulaire, plus ouvert, plus facilement maintenable et enfin de rapprocher le modèle objet de l'application avec le modèle de la base de données. Nous allons analyser toutes ces facettes d'Entity Framework Core dans les sections suivantes.

2. Les différents providers de base de données

Tout d'abord, avant d'utiliser un ORM, il est important de savoir quel type de base de données il supporte. Entity Framework Core étant tout jeune, il ne supporte que les bases SQL Server et SQLite pour l'instant (avril 2016). Il supporte également les bases dites *in-memory*, c'est-à-dire stockées en mémoire, mais ce genre de base de données est plutôt utilisé pour effectuer des tests. Le but du projet est de couvrir à terme un maximum de bases de données. Dans le cadre des providers de base de données, les namespaces importants sont :

- **Microsoft.EntityFrameworkCore.SqlServer** : ensemble de classes pour gérer l'accès à une base de données MySQL ;
- **Microsoft.EntityFrameworkCore.SqlServer.Design** : classes utilitaires pour SQL Server ;
- **Microsoft.EntityFrameworkCore.Sqlite** : ensemble de classes permettant de gérer une base SQLite ;
- **Microsoft.EntityFrameworkCore.Sqlite.Designer** : classes utilitaires pour SQLite ;
- **Microsoft.EntityFrameworkCore.InMemory** : ensemble de classes permettant de gérer une base en mémoire.

L'accès aux bases de données est devenu bien plus modulaire qu'avant, et permet ainsi d'embarquer, dans les applications web, uniquement ce dont le développeur a besoin. De plus, avec une architecture découplée, il sera bien plus facile par la suite d'ajouter de nouveaux providers pour d'autres types de bases de données (MySQL, Oracle...), ce qui était bien plus compliqué dans les précédentes versions.

L'équipe de Microsoft en charge de la réécriture du framework a bien gardé cette notion de modularité en tête tout en proposant un outil performant pour les développeurs. Concernant le moteur à proprement parler d'Entity Framework Core, il se compose des namespaces suivants :

- **Microsoft.EntityFrameworkCore** : ensemble de classes parmi les plus importantes du framework. On y retrouve les classes d'accès aux données, de construction des requêtes, de gestion des changements des entités...
- **Microsoft.EntityFrameworkCore.Relational** : ensemble de classes permettant de gérer les entités et les relations entre elles. Le namespace principal expose un set de méthode d'extensions intitulées ***Fluent API*** permettant de construire les relations entre les objets par le code. Nous allons ainsi "mapper" les objets avec les entités. Ce sujet est traité dans l'une des sections suivantes.
- **Microsoft.EntityFrameworkCore.Relational.Design** : ensemble de classes utilitaires permettant de gérer (sous forme d'objets) les relations au sein de la base de données.
- **Microsoft.EntityFrameworkCore.Commands** : ensemble d'outils et de classes permettant de gérer les migrations, d'un point de vue des lignes de commande ou des classes C# qui effectuent les actions sur la base de données.
- **Microsoft.EntityFrameworkCore.Tools** : se décompose en plusieurs namespaces autour des outils annexes d'Entity Framework, comme notamment la gestion des migrations.

Chacun de ces namespaces importants est accompagné d'un projet de tests permettant à l'équipe de Microsoft de s'assurer que le framework reste stable au fil des versions.

Concernant SQL Server, le framework injecte un bon nombre de services de bas niveau dans le conteneur de services afin de faire fonctionner la communication entre la base et le code de l'application. L'injection de ces services est visible depuis la méthode d'extension `AddEntityFrameworkSqlServer`. Les services les plus importants sont les suivants :

- **ISqlServerConnection** : gestion de la connexion à la base SQL Server.
- **SqlServerDatabaseCreator** : création de la base de données.
- **SqlServerMigrationsSqlGenerator** : gestion des requêtes SQL de migrations envoyées à la base de données (modification d'une colonne par exemple).
- **SqlServerHistoryRepository** : gestion des historiques des migrations.
- **SqlServerTypeMapper** : mappage des types SQL Server avec les types C#.
- **SqlServerModelSource** : gestion, création et validation des modèles objets représentant la base de données.
- **SqlServerAnnotationProvider** : exposition des métadonnées relatives aux entités : clé étrangère, clé primaire, modèle de données. Par exemple, pour une propriété (au sens C#, donc colonne au sens d'une base de données), les métadonnées concerneront le nom de la colonne, le type, la valeur par défaut...
- **SqlServerDatabaseProviderServices** : exposition d'une multitude de services relatifs à SQL Server (dont certains cités ci-dessus). Cette classe rassemble et expose l'équivalent d'une vingtaine de services rien que pour SQL Server.

Le nombre de services exposés et enregistrés par Entity Framework pour SQL Server dépasse bien largement ceux cités ci-dessus, mais constitue une importance moindre dans le cadre du présent ouvrage. Au total, c'est plus d'une cinquantaine de services et de classes qui sont injectés dans le conteneur de services pour gérer les fonctionnalités d'accès à la base, de migration, de mapping entre les classes et les tables et bien plus encore.

L'avantage de passer par l'injection de dépendances est que ce procédé laisse l'ouverture au développeur de surcharger n'importe quel service s'il en a besoin. Le découpage des services lui permet de s'approcher au plus près des processus métier d'Entity Framework et permet de modifier un comportement précis sans forcément remettre en cause toute l'architecture de l'API.

Le provider SQLite est également conçu de la même manière, et tous les providers futurs seront développés de la même manière.

A contrario, cela complexifie grandement la compréhension du framework. Imaginons un développeur désirant rajouter une méthode de mapping entre ses objets et ses tables, ou même modifier le comportement de génération des requêtes SQL, la détection du bon service est fastidieuse. De plus, le framework étant encore en cours de développement, les services peuvent changer d'ici la sortie finale d'Entity Framework Core.

Remarque

Notre conseil est qu'avant toute surcharge, il faut bien analyser les différentes parties du framework afin d'identifier précisément le service à surcharger. L'important ensuite est de le tester au moyen de tests unitaires, puis de l'injecter dans un contexte plus réel afin de vérifier son bon comportement dans la mécanique d'Entity Framework.

3. Les migrations

Avant de parler de migration, il est important de comprendre pourquoi Entity Framework Core ne supporte plus les **Database Project** et les **EDMX**. Ce type de projet permettait de construire un modèle relationnel, dans Visual Studio, en fonction des besoins du projet. Ce modèle était ensuite appliqué à la base de données, et dans un même temps les classes C# constituant les modèles étaient générées et tout de suite utilisables par le développeur.

Sur le papier, ce processus semble profitable à la propreté du projet, mais il n'en est rien. Il devient même contre-productif dans le cadre d'un projet très conséquent (lorsqu'on atteint la centaine de modèles). En effet, ce genre de procédé utilise un fichier XML comme référence afin de gérer le modèle de base de données, et son utilisation devient problématique quand il est partagé dans une équipe de développement car les modifications deviennent trop lourdes à gérer pour le gestionnaire de code source. Le projet est ainsi susceptible de perdre des informations sur le modèle de données, ce qui n'est pas acceptable dans un contexte professionnel.

La solution choisie par l'équipe de Microsoft est d'arrêter purement et simplement le support de ce type de projet. À la place, les experts de l'équipe préconisent l'utilisation d'une approche **Code First**. Déjà intégrée dans le framework depuis la version 4.1, cette approche est centrée autour des classes C# que les développeurs auront créées dans le projet. Le but de ces classes est de représenter la base de données sous forme de modèle objet compréhensible ensuite par l'ORM, qui sera capable d'interpréter automatiquement les mappings, les clés étrangères... L'utilisation d'attributs est également possible afin d'aider l'ORM à mieux s'en sortir, ou pour spécifier des mappings bien spécifiques, mais ce n'est pas l'objet de cette section.

L'avantage de cette approche est sa simplicité de mise en œuvre et de maintenance : votre projet contient juste des classes C#, et rien de plus. C'est l'ORM qui se charge ensuite du reste. Cette approche est d'autant plus appréciée des développeurs qui en général, sont plus habitués à manipuler un modèle objet plutôt qu'un modèle de base de données. Il reste cependant une interrogation : comment appliquer les changements du modèle à la base de données. La réponse se trouve dans les migrations.

Les migrations d'Entity Framework Code First ont subi des modifications colossales. Alors que les concepts de base et les étapes de migration restent les mêmes, le processus de traitement est devenu bien plus propre et gagne en simplicité, fonctionnant ainsi bien mieux avec un contrôleur de code source. Les magies qui opéraient auparavant n'existent plus, et il est important aujourd'hui de raisonner uniquement en termes de migration. La méthode `CreateDatabaseIfNotExists` n'a plus lieu d'être, et a été remplacée par des méthodes bien plus scalables comme `EnsureDeleted` ou `EnsureCreated`, utilisables bien plus facilement dans des tests unitaires. De base, Entity Framework Core fonctionne grâce à des migrations, et la commande suivante permet d'installer le package nécessaire si besoin :

```
install-package entityframework.commands -pre
```

Remarque

En version RC2 et supérieure, il suffit d'ajouter l'outil via le project.json.

```
"tools": {
    "Microsoft.EntityFrameworkCore.Tools": {
        "version": "1.0.0-preview1-final",
        "imports": [
            "portable-net45+win8+dnxcore50",
            "portable-net45+win8"
        ]
    }
}
```

Les commandes disponibles sont :

- **Add-Migration** : ajoute une nouvelle migration.
- **Remove-Migration** : supprime la dernière migration.
- **Scaffold-DbContext** : génère un `DbContext` et les classes d'entités en fonction de la base de données spécifiée. Cela permet de faire du reverse engineering et de générer le modèle à partir de la base de données.
- **Script-Migration** : génère un script SQL pour la migration.
- **Update-Database** : met à jour la base de données à partir d'une migration spécifique.
- **Use-DbContext** : place le `DbContext` par défaut à utiliser.

Chaque commande possède également ses propres options. Nous n'allons pas énumérer toutes les options de toutes les commandes, mais prenons l'exemple de `Update-Database`. Cette commande possède les options suivantes :

- **-Migration <String>** : spécifie la migration cible.
- **-Context <String>** : spécifie le `DbContext` à utiliser.
- **-Project <String>** : spécifie le projet à utiliser pour la migration. Par défaut, c'est le projet courant.
- **-StartupProject <String>** : spécifie le projet "startup" à utiliser.

Les options permettent de spécialiser les commandes qui sont lancées pour les migrations. Depuis le début du projet Entity Framework Core, ces commandes ont été enrichies de plusieurs fonctionnalités, et risquent encore de subir des modifications en fonction des besoins futurs.

Lorsqu'un développeur utilise le système de migrations via la commande `Add-Migration`, un historique de migration est créé et l'API recherche certaines informations dans cet historique lui permettant de créer la nouvelle migration. Précédemment, ces migrations étaient stockées en base de données dans une table intitulée *_MigrationHistory*. Aujourd'hui, Entity Framework Core va créer ses fichiers de migrations classiques (dans le dossier *Migrations*), mais va également enregistrer un snapshot de l'état du modèle actuel. Les migrations ressemblent au code suivant :

```
public partial class newColumnInTable : Migration
  {
    protected override void Up(MigrationBuilder migrationBuilder)
    {
      migrationBuilder.AddColumn<string>(
        name: "MyProperty",
        table: "MyTable",
        nullable: true);
    }
     protected override void Down(MigrationBuilder migrationBuilder)
    {
      migrationBuilder.DropColumn(name: "MyProperty", table:
"MyTable");
     }
  }
```

Les migrations comportent toujours une partie **Up** (pour quand la migration est appliquée à la base), et une partie **Down** (pour quand la migration est retirée de la base). Le snapshot est alors enrichi d'une nouvelle propriété :

```
modelBuilder.Entity("EF7.Domain.MyTable", b =>
  {
    b.Property<int>("Id")
      .ValueGeneratedOnAdd();
    b.Property<string>("MyProperty");
    b.Property<string>("Name");
    b.HasKey("Id");
  });
```

Avec une description d'un modèle complet disponible directement dans le projet, Entity Framework n'a pas besoin de faire un aller-retour à la base de données afin de récupérer l'historique. De plus, ce procédé fonctionne bien mieux avec un contrôleur de code source, puisque les migrations et le snapshot sont archivés et disponibles tout de suite pour l'ensemble des membres de l'équipe. La table *_MigrationHistory* ne contient maintenant que l'ID du processus de migration et la version de l'Entity Framework qui l'a créée.

Entity Framework Core permet d'accumuler les migrations, c'est-à-dire que le développeur peut créer plusieurs migrations à la suite, et les appliquer seulement à la fin sur la base de données. Cependant, cela peut poser problème lorsque le développeur s'est trompé et aimerait supprimer la dernière migration. Dans ce cas, la règle est simple : ne jamais supprimer le fichier de migration à la main. L'équipe d'Entity Framework a intégré une nouvelle commande : `Remove-Migration`. Elle permet de supprimer la dernière migration, puis de mettre à jour le snapshot du modèle. Cette solution est la plus propre et permet d'assurer que votre modèle est toujours synchronisé avec votre base de données. Dans le cas de l'annulation de plusieurs migrations, le mieux est de les supprimer les unes après les autres, dans l'ordre inverse de création des migrations. Prenons deux cas de migrations créées (*Migration2.cs*) et qui sont devenus indésirables, et partons du principe qu'une première migration (*Migration1.cs*) a déjà été appliquée à la base. Le premier cas suppose qu'`Update-Database` n'a pas encore été appliqué à la base de données. La commande `Remove-Migration` va :

- Vérifier que `Migration2` n'est pas dans la table d'historique.
- Supprimer *Migration2.cs*.
- Mettre à jour le snapshot du modèle.

Le deuxième cas va supposer que la commande `Update-Database` a déjà été appliquée à la base de données. Il faut alors exécuter les commandes `Update-Database Migration1` puis `Remove-Migration`, ce qui va exécuter les actions suivantes :

- Exécuter la méthode `Drop` de `Migration2`.
- Supprimer `Migration2` de la table d'historique.
- Supprimer *Migration2.cs*.
- Mettre à jour le snapshot.

Avec ceci, le développeur est capable de gérer ses migrations tout en conservant la synchronisation entre son modèle et sa base de données.

Il est également tout à fait possible que la base de données existe déjà, et qu'il suffise simplement de créer les modèles à partir de la base : c'est ce qu'on appelle le "reverse engineering". À ce sujet, Entity Framework Core fournit une commande *scaffolding* permettant justement de faire le processus inverse de migration (génération des entités à partir de la base de données) : `Scaffold-DbContext`.

```
Scaffold-DbContext [-Connection] <String> [-Provider] <String>
                   [-OutputDirectory <String>] [-ContextClassName <String>]
                   [-Tables <String>] [-DataAnnotations] [-Project <String>]
                   [<CommonParameters>]
```

Commande et options permettant de créer les modèles depuis une base.

Il suffit alors d'utiliser les options en fonction des différents besoins du développeur. La commande suivante va créer les modèles depuis une base locale SQL Server et va placer les classes nouvellement créées dans le dossier *testRE* :

```
Scaffold-DbContext
   -Connection "Server = (localdb)\mssqllocaldb; Database=EF7DB;"
   -Provider entityframework.sqlserver
   -OutputDirectory "testRE"
```

Le résultat produit ainsi une succession de classes utilisable ainsi dans l'application web comme modèle de données pour communiquer avec la base de données.

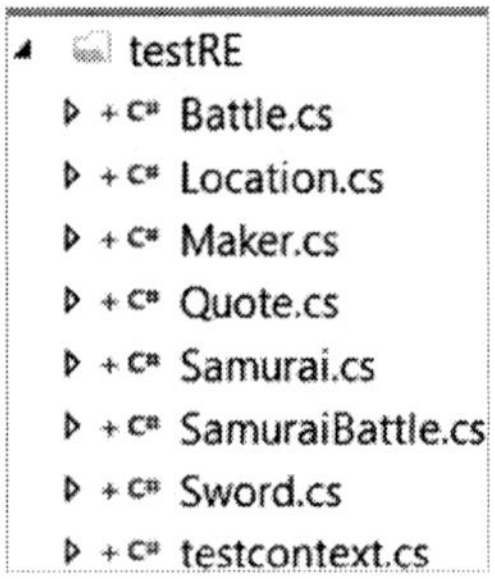

Aperçu des modèles créés.

Le dernier point important à propos des migrations depuis Entity Framework Core est l'utilisation des commandes avec l'environnement d'exécution dotnet.

Remarque

Avec Visual Studio 2015, les commandes ci-dessous sont exécutables directement dans le module 'Console de Gestionnaire de Packages'.

Via la console, il faut s'assurer d'être dans le dossier du projet qui contient le modèle. La console vous aide avec l'autocomplétion, car de base elle se trouve dans le projet web. Suivant le découpage du projet, il est possible que vous ne soyez pas dans le bon. La commande `dotnet ef migrations --help` permet d'avoir plus d'informations sur les sous-commandes des migrations disponibles dans dotnet :

```
Usage: dotnet ef migrations [options] [command]
Options:
  -h|--help     Show help information
  -v|--verbose  Enable verbose output
Commands:
  add     Add a new migration
  list    List the migrations
  remove  Remove the last migration
  script  Generate a SQL script from migrations
```

Descriptif des commandes dotnet liées aux migrations.

Par exemple, la commande suivante va créer la migration `PremiereMigration` :

```
dotnet ef migrations add PremiereMigration
```

Les actions effectuées derrière cette commande sont les mêmes que celles décrites plus haut, et comportent également les mêmes options. La seule différence réside dans le fait que l'exécution de la commande est répertoriée dans la console et non dans un fichier. Il faut spécifier explicitement un paramètre de sortie pour envoyer le script dans un fichier.

D'un point de vue global, il est clair que les migrations apportent une vraie plus-value au projet et à la gestion du modèle de données. L'outil est très fourni, et permet d'effectuer bon nombre d'actions, comme la suppression de migration ou le reverse engineering, tout ceci couplé avec une meilleure gestion à partir du contrôleur de code source.

4. L'API Fluent

L'approche Code First est un excellent moyen de concevoir un modèle de données à la fois maintenable et flexible. Cependant, il existe forcément des cas dans un projet où le mapping doit être explicite plutôt qu'implicite.

Remarque

Entity Framework Core applique de base un mapping par convention, c'est-à-dire qu'une entité "`Blog`" va donner une table "Blog" en base de données. Il en est de même pour les propriétés : un champ "Name" donnera une colonne "`Name`", et ainsi de suite. L'intérêt est que le développeur peut ainsi construire le mapping entre un modèle et une base de données très rapidement.

Il existe deux possibilités pour déclarer un mapping spécifique :

– Les annotations

– L'API Fluent

Nous allons nous concentrer uniquement sur l'API Fluent dans ce chapitre car c'est la partie d'Entity Framework qui a subi le plus de changements.

L'API Fluent permet de coder les relations entre les entités. Cela veut dire que le développeur va utiliser des méthodes d'extensions, fournies par le framework, pour mapper le modèle à la base de données et définir les clés primaires, clés étrangères... L'API est contenue dans le namespace `EntityFrameworkCore.Relational`.

Prenons un exemple simple qui consiste à mapper une entité à une table qui ne porte pas le même nom. Dans un premier temps, il faut savoir que le mapping s'effectue dans un `DbContext`, et précisément dans la méthode `OnModelCreating`. Cette méthode reçoit un objet de type `ModelBuilder`, et c'est cet objet qui va permettre d'agir sur le mapping.

```
class MyContext : DbContext
    {
        public DbSet<Blog> Blogs { get; set; }

        protected override void OnModelCreating(ModelBuilder
modelBuilder)
        {
            modelBuilder.Entity<Blog>()
```

```
                .ToTable("blogs");
        }
    }

    public class Blog
    {
        public int BlogId { get; set; }
        public string Url { get; set; }
    }
```

L'exemple ci-dessus montre l'utilisation de la méthode d'extension ToTable afin de définir un mapping différent que celui défini par convention. Avec ce code, Entity Framework sait maintenant que la table "blogs" doit être mappée à l'entité "Blog".

On retrouve différents points d'entrées importants avec la méthode Entity<T>(). Cette dernière nous renvoie un objet de type EntityTypeBuilder<T> donnant accès au développeur à une multitude d'API permettant de concevoir son mapping.

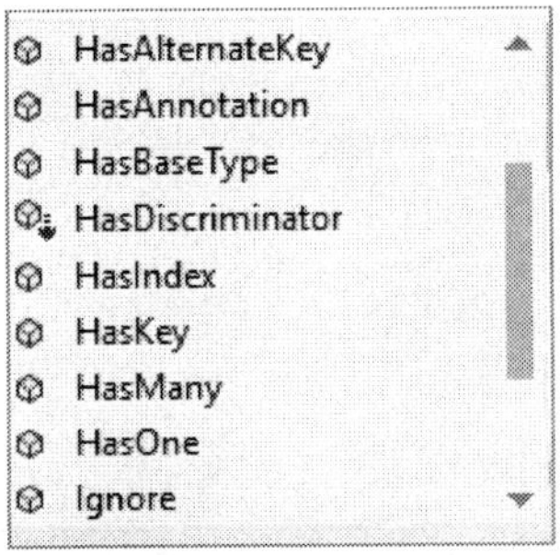

Aperçu des possibilités offertes par l'API.

La définition des clés primaires est une fonctionnalité très intéressante d'Entity Framework Core. Elle donne le droit de spécifier une autre clé primaire que celle définie par convention. L'API Fluent permet par exemple de configurer le nom de la contrainte, ou même de spécifier une clé primaire sur deux propriétés.

```
    class MyContext : DbContext
    {
        public DbSet<Blog> Blogs { get; set; }
```

```
        protected override void OnModelCreating(ModelBuilder
modelBuilder)
        {
            modelBuilder.Entity<Blog>()
                .HasKey(b => new { b.BlogId, b.Url })
                .HasName("PrimaryKey_BlogId");
        }
    }

    public class Blog
    {
        public int BlogId { get; set; }
        public string Url { get; set; }
    }
```

L'exemple ci-dessus montre toute l'utilité des objets anonymes en C# afin de spécifier une clé primaire à deux colonnes. Par convention, les contraintes de clés primaires sont nommées ainsi : *PK_<type name>*. Le renommage de la contrainte permet par exemple de mieux concorder avec les conventions de nommage de l'équipe de développement.

Entity Framework Core permet également de définir les relations entre les entités. Pour décrire ces relations, plusieurs termes sont utilisés dans le jargon du framework :

- **Entité dépendante** : entité qui contient la propriété de clé étrangère. Souvent référencée comme étant l'entité enfant.
- **Entité principale** : entité qui contient la clé primaire de la relation. Souvent référencée comme étant l'entité parent de la relation.
- **Clé étrangère** : propriété de l'entité dépendante, qui définit la valeur de la clé primaire de l'autre entité engagée dans la relation.
- **Clé primaire** : propriété qui définit de manière unique l'entité.
- **Propriété de navigation** : propriété définie sur l'entité principale et/ou sur l'entité dépendante, permettant de faire référence à l'autre entité engagée dans la relation.
- **Propriété de navigation de collection** : propriété de navigation qui référence plusieurs entités engagées dans la même relation.
- **Propriété de navigation de référence** : propriété de navigation faisant référence à une seule entité.

- **Propriété de navigation inverse** : désigne simplement l'autre propriété de navigation dans l'autre entité engagée dans la relation.

Si nous prenons l'exemple d'un blog contenant plusieurs posts avec deux entités `Blog` et `Post`, nous avons :

- **Post** est l'entité dépendante ;
- **Blog** est l'entité principale ;
- **Post.BlogId** est la clé étrangère ;
- **Blog.BlogId** est la clé primaire ;
- **Post.Blog** est la propriété de navigation de référence ;
- **Blog.Posts** est la propriété de navigation de collection ;
- **Post.Blog** est la propriété de navigation inverse.

L'exemple de code ci-dessous illustre cette relation :

```
public class Blog
    {
        public int BlogId { get; set; }
        public string Url { get; set; }

        public List<Post> Posts { get; set; }
    }

    public class Post
    {
        public int PostId { get; set; }
        public string Title { get; set; }
        public string Content { get; set; }

        public int BlogId { get; set; }
        public Blog Blog { get; set; }
    }
```

Avec l'API Fluent, il est important de commencer par identifier les propriétés de navigation qui vont définir la relation. Les méthodes HasOne et HasMany sont les premières méthodes à utiliser. Il suffit ensuite de chaîner les appels avec WithOne ou WithMany afin de définir la propriété de navigation inverse. Les méthodes HasOne/WithOne définissent uniquement des propriétés de navigation de référence, alors que les méthodes HasMany/WithMany définissent des propriétés de navigation de collection.

Pour définir la relation entre Blog et Post, il existe deux possibilités. La première consiste, à partir de Post, de définir la propriété de navigation de référence qui est Post.Blog, puis de définir la propriété de navigation inverse, qui est la propriété de navigation de collection Blog.Posts.

```
void OnModelCreating(ModelBuilder modelBuilder)
{
    modelBuilder.Entity<Post>()
        .HasOne(p => p.Blog)
        .WithMany(b => b.Posts);
}
```

La seconde façon d'écrire cette relation serait de partir de l'entité Blog et de définir d'abord la propriété de navigation de collection Blog.Posts, puis de définir la propriété inverse qui est Post.Blog.

```
void OnModelCreating(ModelBuilder modelBuilder)
{
    modelBuilder.Entity<Blog>()
        .HasMany(b => b.Posts)
        .WithOne(p => p.Blog);
}
```

Remarque

Dans ce genre de cas, nous conseillons de commencer par la propriété principale (donc ici le deuxième exemple) car c'est ce qui paraît le plus naturel pour la lecture du code.

Les méthodes `WithOne` et `WithMany` ont une surcharge sans paramètre, permettant d'indiquer qu'il n'y a pas de propriété de navigation inverse. Mais l'API Fluent ne s'arrête pas là car elle permet de chaîner encore des appels pour que le développeur puisse paramétrer toujours plus la relation. Par exemple, l'API permet de définir directement les clés primaires et les clés étrangères de la relation.

L'exemple ci-dessous montre la relation entre une entité `Car` et une entité `RecordOfSale`. Les propriétés ne sont absolument pas conventionnées, mais l'API permet tout de même de définir les relations de manière intuitive.

```
void OnModelCreating(ModelBuilder modelBuilder)
{
    modelBuilder.Entity<RecordOfSale>()
        .HasOne(s => s.Car)
        .WithMany(c => c.SaleHistory)
        .HasForeignKey(s => s.CarLicensePlate)
        .HasPrincipalKey(c => c.LicensePlate);
}
```

Le dernier point intéressant de l'API Fluent concerne les index. En effet, Entity Framework Core permet de déclarer des index sur les entités de manière élégante. Il suffit d'appeler la méthode `HasIndex` et d'indiquer la ou les propriétés à indexer. L'exemple ci-dessous montre l'utilisation de la méthode.

```
class MyContext : DbContext
    {
        public DbSet<Person> People { get; set; }

        protected override void OnModelCreating(ModelBuilder
modelBuilder)
        {
            modelBuilder.Entity<Person>()
                .HasIndex(p => new { p.FirstName, p.LastName });
        }
    }

    public class Person
    {
        public int PersonId { get; set; }
        public string FirstName { get; set; }
        public string LastName { get; set; }
    }
```

L'API Fluent est ainsi un excellent moyen de configurer au plus près le mapping des entités avec la base de données et les relations entre elles. Les méthodes exposées sont également très parlantes pour le développeur, et permettent une meilleure lecture du code, améliorant ainsi sa maintenabilité.

5. L'intégration d'Entity Framework Core

Entity Framework Core offre au développeur un système de configuration poussé lui permettant de personnaliser ses `DbContext` de manière extensible. En effet, ce sont les différents *providers* qui vont venir rajouter leurs propres options au système de configuration de base. Dans l'exemple de SQLite, c'est le namespace `Microsoft.EntityFrameworkCore.Sqlite` qui va venir rajouter la méthode `UseSqlite` afin de configurer l'accès à la base SQLite.

```
services.AddEntityFramework()
    .AddSqlite()
    .AddDbContext<BloggingContext>(options =>
        options.UseSqlite("Filename=./blog.db"));
```

L'appel de cette méthode se fait dans la classe `Startup`, qui va ainsi contenir toute la configuration du contexte d'accès à la base de données pour chacun des appels. Ensuite, la méthode `AddDbContext` va simplement enregistrer le `DbContext` comme étant un service utilisable dans toute l'application via l'injection de dépendances.

Les contrôleurs sont un bon exemple d'utilisation du `DbContext`. L'injection de dépendances permet d'injecter ce service dans le constructeur, et ainsi rendre disponible l'accès à la base de données dans toutes les actions du contrôleur.

```
public MyController(BloggingContext context)
```

Remarque

Cette technique s'avère utile dans la plupart des cas, mais n'est pas vraiment une bonne pratique. Injecter le `DbContext` directement dans le contrôleur ne le rend pas vraiment testable, et garder le code métier au sein du contrôleur n'est pas une bonne solution. Le mieux est d'exporter le `DbContext` dans des classes de "services" injectables et le code métier qui va avec, augmentant ainsi la testabilité de votre code.

La testabilité d'un DbContext est également sujet à débat car on pourrait croire que cette classe est très liée à l'ORM. Cette section propose un moyen simple de définir ses DbContext tout en conservant la testabilité du service.

Commençons par un service simple de gestion de blog. Ce dernier va permettre d'effectuer diverses actions sur une collection de blogs, puis va donner accès à une méthode de sauvegarde des modifications et d'ajout de blog.

```
public interface IbloggingRepository
{
    IQueryable<Blog> Blogs { get; }

    void Add(Blog blog);
    void SaveBlogChanges();
}
```

Remarque

L'interface IQueryable ici permet d'exposer des opérations plus complètes de filtrage et de recherche dans la sélection, en utilisant notamment les méthodes du namespace `System.Linq` intitulées `Where`, `Max`, `Min`, `Select`...

Nous allons ensuite créer un contexte qui va implémenter cette interface en utilisant les fonctionnalités d'Entity Framework Core.

```
public class BloggingContext : DbContext, IbloggingRepository
{
    public IQueryable<Blog> Blogs
    {
        get { return this.Set<Blog>(); }
    }

    public void Add(Blog blog)
    {
        this.Set<Blog>().Add(blog);

    public void SaveBlogChanges()
    {
        this.SaveChanges();
    }
}
```

Ce service a les caractéristiques suivantes :

- La collection Blogs est exposée via un Set<Blog>() permettant ainsi d'utiliser toute la puissance du *lazy loading*, et de charger les informations seulement à la demande.
- La méthode Add est implémentée en utilisant également la méthode Set<Blog>() exposant ainsi un objet de type DbSet implémentant lui-même les méthodes d'ajout en base.
- La méthode SaveBlogChanges() utilise la méthode SaveChanges() fournie par la classe DbContext pour sauvegarder les données.

Pour utiliser ce service, il suffit au final de l'injecter dans notre conteneur de services afin de le récupérer ensuite dans nos contrôleurs ou dans d'autres classes de services qui déclare notre interface en dépendance.

```
public void ConfigureServices(IServiceCollection services)
{
    services.AddScoped<IBloggingRepository, BloggingContext>();
}
```

L'abstraction de notre objet Dbcontext permet dans un premier temps de mieux rendre le code de l'application transparent. Peu importe comment les services accèdent aux données, tant qu'ils respectent un certain contrat avec nos classes d'accès aux données le code compilera toujours, et c'est l'injection de dépendances qui va s'occuper de trouver l'implémentation qui va bien.

Ensuite, la testabilité des services dépendants de nos classes d'accès aux données est rendue bien meilleure, car il suffit de simuler via une classe de test notre interface en utilisant par exemple une liste en mémoire, et la remplir avec des données de test pour tester rapidement les services. Le code ci-dessous expose un exemple d'implémentation de l'interface afin d'effectuer des tests.

```
    public class BloggingTest : IbloggingRepository
    {
        private IList<Blog> blogsList;

        public IQueryable<Blog> Blogs
        {
            get { return this.blogsList.AsQueryable(); }
        }
```

```
        public void Add(Blog blog)
        {
            this.blogsList.Add(blog);
        }

        public void SaveBlogChanges()
        {
            // Return nothing
        }
    }
```

Les tests sont ainsi bien plus faciles à écrire en utilisant des données en mémoire. Le but de ce genre de méthodologie n'est pas forcément de savoir d'où viennent les données, mais de tester les services pour savoir s'ils font bien le travail qu'on leur demande.

```
        [Fact]
        public void TestBlogging()
        {
            var blogRepo = new BloggingTest {
                blogsList = new List<Blog> {
                    new Blog { Name = "FirstBlog" },
                    new Blog { Name = "SecondBlog" }
                }
            };

            var service = new MyService(blogRepo);

            //Do tests
        }
```

Remarque

Si le service possède des dépendances profondes dues à l'injection de dépendances, il est souvent utile d'abstraire rapidement les dépendances afin de mieux tester les services.

D'une manière générale, abstraire le plus possible les services est une bonne chose car cela permet d'être très modulaire sur l'implémentation et de définir un niveau acceptable de "simulacre" pour les tests. Entity Framework Core ne déroge pas à la règle puisque dans la plupart des cas les services ont besoin de données pour travailler.

6. La validation des modèles

Lorsqu'un utilisateur manipule l'application web afin de créer ou modifier un enregistrement, le formulaire utilisé va indiquer à l'utilisateur certaines informations de formatage afin d'assurer le bon traitement des données créées ou modifiées. Les exemples sont nombreux :

- Le formatage correct d'un e-mail ou d'une date ;
- Le caractère obligatoire de la donnée ;
- L'application de certaines contraintes de taille (pour une chaîne de caractères), de complexité (pour un mot de passe) et bien d'autres.

Ces contraintes doivent être respectées pour prévenir des potentielles failles de sécurité et vérifier que les données respectent bien certaines règles avant d'être insérées en base de données. Avec un modèle MVC, la validation peut se faire à la fois côté client (avec jQuery par exemple) et côté serveur (avec du C#).

Le framework .NET a abstrait toute cette mécanique de validation au travers d'attributs de validation. Ces derniers s'appliquent sur les modèles objets C# de l'application, ils embarquent de la logique métier afin de réduire la duplication de code et sont interprétables côté client et serveur pour valider les données. Les contraintes peuvent varier, allant de règles simples de champ requis, jusqu'à des patterns de validation plus complexes, comme pour les cartes de crédit, les numéros de téléphone ou les e-mails. L'exemple ci-dessous montre l'application de quelques-uns de ces attributs provenant du namespace `System.ComponentModel.DataAnnotations`.

```
public class Movie
{
    public int Id { get; set; }

    [Required]
    [StringLength(100)]
    public string Title { get; set; }

    [Required]
    [Range(0, 999.99)]
    public float Price { get; set; }
}
```

Les attributs sont très parlants, et permettent d'avoir un modèle facilement maintenable et très descriptif des règles qu'il doit respecter. Ils permettent en plus de personnaliser la règle. Par exemple, l'attribut *Required* possède les propriétés suivantes :

- **AllowEmptyString** : autorise les chaînes vides ;
- **ErrorMessage** : définit un message d'erreur particulier ;
- **ErrorMessageResourceType** : associe un type avec le message d'erreur ;
- **ErrorMessageResourceName** : associe un nom pour le type associé au message d'erreur.

Remarque

Chaque attribut possède ses propres options, et il est bon de savoir que les règles de validation d'un modèle sont facilement personnalisables.

Certains attributs possèdent déjà une logique métier bien particulière en fonction de son type :

- `[CreditCard]` : valide la propriété au format carte de crédit ;
- `[Compare]` : valide deux propriétés selon un modèle prédéfini ;
- `[EmailAdress]` : valide la propriété au format e-mail ;
- `[Phone]` : valide la propriété au format d'un numéro de téléphone ;
- `[Range]` : valide que la propriété est bien incluse dans le rayon indiqué ;
- `[RegularExpression]` : valide que la propriété respecte bien l'expression régulière ;
- `[Required]` : valide que la donnée est bien présente ;
- `[StringLength]` : valide que la propriété respecte la contrainte de longueur de la chaîne ;
- `[Url]` : valide que la propriété est une URL au bon format.

Le framework MVC supporte n'importe quel attribut qui hérite de ValidationAttribute, mais la plupart sont déjà inclus dans la librairie. Pour créer sa propre règle de validation, il suffit d'hériter d'un attribut déjà existant (afin d'étendre les fonctionnalités) ou bien de ValidationAttribute pour recréer sa propre règle.

Pour vérifier ensuite que le modèle est bien valide dans les contrôleurs, il suffit d'utiliser la méthode ModelState.IsValid. S'il ne l'est pas, il suffit de renvoyer une erreur avec le ModelState, et ainsi la vue va afficher au bon endroit les erreurs relevées sur le modèle. Par exemple, si l'e-mail n'est pas au bon format, l'erreur sera affichée près de la zone de saisie correspondante.

```
[HttpPut("{id}")]
public IActionResult Put(int id, [FromBody]Box box)
{
    if(id == 0)
    {
      return HttpNotFound(box);
   }

    if (!ModelState.IsValid)
    {
        return HttpBadRequest(ModelState);
     }
     else
     {
      return Ok(box);
    }
}
```

Remarque

Ce processus fonctionne notamment grâce au templating côté serveur et au moteur Razor qui permettent d'afficher un formulaire depuis un modèle de données.

Afin de traiter certains cas plus complexes, le développeur a la possibilité de créer ses propres règles de validation en héritant de ValidationAttribute. Cette classe expose sous la forme de la méthode IsValid, un point d'entrée unique pour traiter la validation.

```
public virtual bool IsValid(object value);
```

La méthode reçoit en paramètre la valeur de la propriété. Le développeur codifie ainsi ses propres règles de validation pour vérifier que la valeur est conforme, puis renvoie un booléen représentant le résultat de la validation. Une autre version de cette méthode est disponible et permet de recevoir plus d'informations en entrée (un contexte de validation), mais aussi de renvoyer plus d'informations pour l'erreur (un résultat de validation) :

```
protected virtual ValidationResult IsValid(
                          object value,
                          ValidationContext validationContext);
```

Prenons l'exemple d'un stock. L'utilisateur qui introduit un nouveau produit dans le stock va intégrer une quantité qui définit la disponibilité et le type de ce produit. Par souci d'optimisation et de place dans l'entrepôt, l'entreprise ne veut pas que l'utilisateur indique une quantité supérieure à 10 unités pour les produits de type "Encombrant". Le modèle de `Product` est le suivant (pour simplifier, la propriété `type` est une chaîne de caractères, mais il est plutôt conseillé d'utiliser une énumération dans ce cas) :

```
    public class Product
    {
        public int Id { get; set; }
        public int Amount { get; set; }
        public string Type { get; set; }
    }
```

Il suffit ensuite de créer notre propre attribut qui effectuera les opérations suivantes :

- Récupération de l'objet courant ;
- Test du type ;
- Vérification de la quantité indiquée.

Si la quantité dépasse la valeur maximale pour un produit encombrant, l'attribut retourne une erreur indiquant la raison du refus de la validation de l'objet. Dans l'autre cas, l'attribut retourne une valeur indiquant que la validation est correcte. Le framework va ainsi passer sur tous les attributs de l'objet.

```
public class MaxAmountAttribute : ValidationAttribute
{
    private int _maxAmount
    public MaxAmountAttribute(int maxAmount)
    {
        this._maxAmount = maxAmount;
    }

    protected override ValidationResult IsValid(object value,
ValidationContext validationContext)

    {
        Product product = validationContext.ObjectInstance as
Product;

        if(product.Type == "Encombrant" && (int)value >
this._maxAmount)
        {
            return new ValidationResult(
                 $"Ce nouveau produit encombrant est présent en
trop grande quantité. Maximum : {this._maxAmount}");
        }

        return ValidationResult.Success;
    }
}
```

L'attribut peut ainsi s'utiliser sur la propriété de notre modèle.

```
    public class Product
    {
        public int Id { get; set; }

        [MaxAmount(10)]
        public int Amount { get; set; }
        public string Type { get; set; }
    }
```

Concernant la validation côté client, il est souvent utile pour le développeur d'exécuter sa validation sur le navigateur afin d'éviter des allers-retours inutiles entre le client et le serveur tant que le modèle n'est pas valide. Pour ce faire, jQuery propose un excellent système de validation cliente en intégrant quelques librairies dans l'application web :

```
<script src="~/lib/jquery/jquery.js"></script>
<script src="~/lib/jquery-validation/dist/jquery.validate.js"></script>
<script src="~/lib/jquery-validation-unobtrusive/jquery.validate.unobtrusive.js"></script>
```

Scripts à intégrer afin d'effectuer une validation côté client.

Le framework MVC utilise les attributs de validation en corrélation avec les métadonnées du modèle pour valider les données et afficher les messages d'erreurs en JavaScript. De manière très schématique, lorsque le développeur utilisera les `Tag Helpers` ou les `HTML helpers`, le moteur de rendu va transformer ces informations en `data-attributes HTML 5`, permettant à jQuery ensuite de travailler ces derniers. Par exemple, l'attribut `[Required]` va générer un attribut `data-val-required`, et s'il y a une erreur, le JavaScript va générer une balise <span> avec l'erreur adéquate.

```
<div class="col-md-10">
   <input asp-for="ReleaseDate" class="form-control" />
   <span asp-validation-for="ReleaseDate" class="text-danger" />
</div>
```

L'utilisation des `Tag Helpers` dans l'exemple ci-dessus va permettre de générer le code HTML 5 suivant :

```
<div class="col-md-10">
  <input class="form-control"
         type="datetime"
         data-val="true"
         data-val-required="The ReleaseDate field is required."
         id="ReleaseDate" name="ReleaseDate" value="" />
  <span  class="text-danger field-validation-valid"
         data-valmsg-for="ReleaseDate"
         data-valmsg-replace="true" />
</div>
```

Les attributs mis en valeur dans l'exemple de code ci-dessus ont été générés à partir des règles indiquées dans le modèle sur le serveur. Avec ceci, le formulaire n'est pas envoyé au serveur tant que tous les champs ne sont pas conformes aux règles.

Concernant les attributs personnalisés, le développeur doit indiquer un peu plus d'informations pour que le JavaScript et le moteur de rendu puissent s'en sortir. SI nous prenons notre attribut `[MaxAmount]`, il faut rajouter l'interface `IClientModelValidator` et implémenter la méthode `GetClientValidationRules`. Cette dernière va permettre au moteur de rendu de créer un attribut jQuery particulier pour notre attribut.

```
public IEnumerable<ModelClientValidationRule>
GetClientValidationRules(ClientModelValidationContexte context)
        {
          yield return new ModelClientValidationRule("maxamount",
                $"Ce nouveau produit encombrant est présent en
trop grande quantité. Maximum : {this._maxAmount}");
        }
```

Le code ci-dessus va permettre de générer un attribut HTML 5 personnalisé intitulé `data-val-maxamount` contenant le message d'erreur indiqué.

```
<input class="form-control"
       type="number"
       data-val="true"
       data-val-maxamount="Ce nouveau produit est présent en
trop grande quantité. Maximum : 10"
       data-val-required="Le champ traduction est requis."
       id="Amount"
       name="Amount" value="">
```

Pour finir, il faut spécifier à jQuery comment valider ce nouvel attribut, car pour le moment il ne connaît pas `data-val-maxamount`. Pour ce faire, il suffit de rajouter une méthode `maxamount` à l'objet `validator` de jQuery.

```
$(function () {
    jQuery.validator.addMethod('maxamount',
    function (value, element, params) {
            // custom validation code
        return false;
    }, '');
```

```
    jQuery.validator.unobtrusive.adapters.add('maxamount',
    function (options) {
        options.rules['maxamount'] = {};
        options.messages['maxamount'] = options.message;
    });
}(jQuery));
```

À présent, jQuery est capable de reconnaître ce nouvel attribut HTML5 et de le traiter suivant les règles de validation indiquées en JavaScript. Avec ce système, le développeur dispose d'une API côté serveur afin de valider les données entrantes dans le système, mais il dispose également d'une méthodologie côté client afin de valider les données avant même qu'elles ne soient envoyées.

Le framework est également capable de faire de la validation à distance. Par exemple, le client a besoin de vérifier qu'une adresse e-mail n'est pas déjà utilisée. L'attribut `[Remote]` permet alors d'indiquer une action et un contrôleur qui vont être appelés lorsque le client aura besoin de valider cette propriété.

```
    [Remote(action: "VerifyEmail", controller: "Users")]
    public string Email { get; set; }
```

Il suffit alors au contrôleur de renvoyer un résultat sous format JSON avec l'erreur associée si la condition n'est pas validée.

```
 [AcceptVerbs("Get", "Post")]
 public IActionResult VerifyEmail(string email)
 {
     if (!this.userRepo.VerifyEmail())
     {
         return Json(data: string.Format("Email déjà
utilisé.", email));
     }

     return Json(data: true);
 }
```

Avec tout ceci, le développeur possède les outils pour effectuer sa validation des données, à la fois côté serveur et sur le navigateur. Les avantages de ces techniques sont multiples :

- Conception d'un modèle très verbeux et sans code métier ;
- Séparation du modèle et de la logique de validation ;
- Interprétation des métadonnées du modèle côté client ;
- Validation côté client **avant** envoi au serveur ;
- Validation à distance si on a besoin d'accéder à la base.

Chapitre 5
Le framework MVC 6

1. Introduction

Le pattern MVC est une architecture réputée pour sa solidité et sa modularité depuis maintenant bien des années. Le principe de ce design pattern est très clair : améliorer la séparation du code afin d'accroître la maintenance et la testabilité de chacun des morceaux de l'application.

La première version d'ASP.NET MVC est apparue en 2009, proposant l'utilisation de ce pattern sous la forme d'un framework intégralement intégré au framework .NET. Au fil des évolutions de .NET, le framework MVC a évolué, proposant toujours plus de fonctionnalités visant à aider le développeur au quotidien : package des fichiers clients, modèle de validation, moteur de rendu Razor (que nous verrons un peu pus loin dans ce chapitre) et ainsi de suite.

ASP.NET Core est une refonte totale du framework, mais en gardant l'essence même du pattern MVC : la séparation des couches applicatives pour une meilleure maintenance. Un développeur ayant fait de l'ASP.NET MVC 4 ou 5 ne sera pas dérouté par ASP.NET Core, et pourra retrouver facilement ses marques. La nouvelle version ajoute même de nouvelles fonctionnalités encore plus intéressantes et bien mieux intégrées à HTML5. Le chapitre précédent a déjà traité un tiers du framework, c'est-à-dire la partie Model, via Entity Framework. Le présent chapitre traitera pour finir avec le MVC de la partie View et de la partie Controller.

2. Les vues

Au sein du modèle MVC, la Vue est un concept très important car c'est la partie qui encapsule les interactions utilisateur et qui permet à ce dernier d'interagir avec le système web. Comme tous les sites Internet, la vue est composée de HTML, mais peut être enrichie de manière dynamique via le serveur, et notamment via le moteur Razor. Ce dernier permet d'exécuter du code côté serveur, générer à la volée du HTML selon les données récupérées, et ensuite renvoyer le résultat. Les vues sont des fichiers au format *cshtml* qui sont stockés par défaut dans le dossier *Views* du projet. Ceci est important dans la cadre de la découverte des vues : lorsqu'une vue est demandée par un contrôleur, les chemins de recherche par défaut sont :

– Views/<NomControleur>/<NomVue>.cshtml ;

– Views/Shared/<NomVue>.cshtml.

Remarque

Il est vivement conseillé de garder cette convention afin de conserver des contrôleurs simples qui renvoient des vues selon un nommage clair et bien défini.

2.1 La syntaxe Razor, les vues dynamiques et fortement typées

Razor comporte une syntaxe permettant d'exécuter du code C# dans une page web. Ce code sera exécuté côté serveur, générera de l'HTML puis le résultat complet sera renvoyé au navigateur pour qu'il l'interprète. La page renvoyée ne doit contenir que du HTML, du CSS ou du JavaScript.

Remarque

Le but de cette partie n'est pas de faire le tour complet de Razor, car ce n'est pas une nouveauté avec ASP.NET Core. Le chapitre traitera des nouveautés de Razor, en particulier pour ASP.NET Core, dans les parties dédiées.

Le symbole clé de Razor est l'arobase, le `@`. C'est ce dernier qui permet de passer du HTML au C#. Razor va ainsi évaluer chaque parcelle de C# écrit dans la page HTML, puis va rendre le résultat sous la forme d'un code HTML. Il est facilement possible de mixer les deux pour créer des pages HTML riches en très peu de code Razor. Le symbole `@` est un symbole réservé, et pour l'échapper il faut mettre le double symbole `@@`.

Lorsque le développeur utilise Razor, il est également capable d'utiliser n'importe quelle classe C# dans son fichier HTML. Il peut même utiliser des API complexes, tant que l'espace de noms est correctement importé. Par exemple, le code ci-dessous affiche la date d'aujourd'hui :

```
<p>@DateTime.Now</p>
```

L'avantage de Razor est qu'il peut s'utiliser différemment selon les besoins du développeur :

- De manière *inline* (comme l'exemple ci-dessus).
- Entre parenthèses, c'est-à-dire que l'expression complète sera évaluée et rendue sous la forme d'un HTML :

```
<p>Semaine dernière: @(DateTime.Now - TimeSpan.FromDays(7))</p>
```

- Par bloc, c'est-à-dire en utilisant les accolades pour former des expressions complexes de calculs au sein de la page :

```
@{
    var joe = new Person("Joe", 33);
 }

<p>Age@(joe.Age)</p>
```

Remarque

Les variables peuvent s'utiliser de manière transparente entre les blocs.

Razor permet également de rajouter un peu de structure dans la page HTML en utilisant des conditions `@if`, `else if`, `else` et `@switch`. Ces dernières s'utilisent comme dans un code C# classique, et permettent ainsi d'afficher des morceaux de code HTML différents en fonction des conditions.

Remarque

Il est inutile d'utiliser le symbole `@` avec les conditions `else if` et `else` : Razor reconnaît automatiquement les blocs depuis le premier `@if`.

Le code suivant montre l'exemple de plusieurs conditions utilisées avec Razor dans une page HTML :

```
@if (value % 2 == 0)
{
    <p>Bravo ! C'est un multiple de 2.</p>
}
else if (value >= 2047)
{
    <p>Cette valeur est bien trop grande.</p>
}
else if (value <= 10 001)
{
    <p>Le seuil n'est pas encore dépassé.</p>
}
else
{
    <p>Valeur non reconnue.</p>
}
```

Il en va de même pour les structures itératives : Razor permet, grâce à C#, d'exécuter des boucles dans une page HTML. Ceci est notamment utile afin d'afficher une liste d'éléments (liste de clients, liste de contacts et ainsi de suite...). Les structures sont `@for`, `@foreach`, `@while` et `@do while`. L'exemple ci-dessous présente la structure `@foreach` affichant une liste de personnes :

```
@{
    var people = new Person[]
    {
          new Person("John", 33),
          new Person("Doe", 41),
    };
}

@foreach (var person in people)
{
    <p>Name: @person.Name</p>
    <p>Age: @person.Age</p>
}
```

Ceci est une manière très élégante d'afficher des données dans la page HTML de manière dynamique. Le grand avantage de Razor est son typage statique des éléments et des données qui sont manipulés dans la page. Le développeur sait à tout moment quel type de donnée il manipule.

Enfin, le framework MVC avec ASP.NET permet de transporter des données du contrôleur jusqu'à la vue. Afin d'utiliser ces données, Razor met à disposition la directive `@model` afin de profiter de toute la puissance du typage statique de C# et d'aider le développeur à utiliser ces données dans la page.

```
@model TypeDuModel
```

Remarque

Évidemment, si le type des données retournées n'est pas le même que celui déclaré via la directive, une erreur surviendra. Il n'est possible d'utiliser qu'un seul modèle à la fois par page.

Il suffit ensuite d'utiliser l'objet de manière classique en C#, profitant par exemple de l'autocomplétion et des erreurs de compilation.

```
<div>@Model.MaPropriete</div>
```

De manière transparente pour le développeur, Razor va en fait générer une classe de page cshtml de type `RazorPage`, qui va contenir tout le code à exécuter pour générer le page HTML finale. Avec la directive `@model`, la classe générée aura comme paramètre générique la classe indiquée via la directive. Par exemple, pour la page de login (intégrée au template de base de Visual Studio), on utilise une classe de modèle intitulée `LoginViewModel`. Pour la page */Account/Login*, la classe générée sera alors du type `RazorPage<LoginViewModel>`.

```
class _Views_Account_Login_cshtml : RazorPage<LoginViewModel>
```

2.2 Les helpers

Dans les précédentes versions d'ASP.NET MVC, le développeur pouvait utiliser les `HTML Helpers` de Razor afin de générer du HTML suivant le modèle de donnée récupéré depuis le contrôleur. Cette technique demandait d'appeler des méthodes C# afin de générer du code HTML, ce qui rendait difficile la personnalisation de l'élément HTML final.

ASP.NET Core intègre un nouveau système de helper qui s'intègre directement au HTML afin de générer de la logique au sein de la page : les Tag Helpers. Ces Tag Helpers permettent d'exécuter du code côté serveur afin de générer du HTML, mais en gardant le standard HTML de vue. Là où, avec le HTML Helper, le développeur utilisait des méthodes C#, les Tag Helpers permettent d'intégrer directement de la logique métier dans les éléments HTML. L'exemple ci-dessous montre la différence entre les deux techniques :

```
// Avec le HTML Helper
@Html.LabelFor(m => m.Email)

// Avec un Tag Helper
<label asp-for="Email"></label>
```

Les Tag Helpers sont bien plus proches du HTML, permettant ainsi de mieux travailler le composant HTML en ajoutant des classes, des id, des validations jQuery et bien plus encore. Afin d'activer les Tag Helpers, il faut les importer dans les vues. Cependant, il est possible d'importer les helpers pour toutes les pages, en les intégrant dans le fichier *_ViewImports.cshtml*.

Remarque

Les fichiers _ViewImports permettent de gérer des imports pour toutes les vues d'un même niveau. Dans le dossier Shared, les imports seront communs à tous les fichiers, sauf si un autre _ViewImports est spécifié à un niveau plus précis dans la hiérarchie des vues.

L'importation des Tag Helpers se fait de la façon suivante via la directive `@addTagHelper` :

```
@addTagHelper *, Microsoft.AspNetCore.Mvc.TagHelpers
```

Remarque

L'espace de noms indiqué ci-dessus permet d'importer la plupart des helpers développés par Microsoft. Si un autre helper particulier a été développé dans le cadre du projet, il suffit de l'importer de la même manière que les helpers classiques (en indiquant l'espace de noms complet), ou bien en utilisant l'annotation '' afin d'importer tous les Tag Helpers d'un espace de noms, ou d'un assembly en particulier.*

Il est possible de supprimer les Tag Helpers dans un fichier (ou un niveau) particulier via la directive `@removeTagHelper`. Le développeur peut également désactiver les Tag Helpers pour un élément HTML en particulier en utilisant la notation '!'.

```
<!span asp-validation-for="Email" class="text-danger"></!span>
```

Remarque

L'IntelliSense de Visual Studio aide grandement le développeur afin de déterminer les Tag Helpers disponibles.

Les Tag Helpers permettent ainsi d'améliorer la lisibilité des vues en restant dans les standards HTML en ce qui concerne leur conception. L'exemple ci-dessous montre la page de connexion du template de base de Visual Studio. Cette page utilise les Tag Helpers pour :

- Générer un formulaire.
- Générer un jeton de validation.
- Générer les champs de saisie et les validations dans le cas où les champs ne sont pas correctement renseignés.

Remarque

Les helpers sont facilement reconnaissables car ils commencent tous par asp-.*

```
<form
   asp-controller="Account"
   asp-action="Login"
   asp-route-returnurl="@ViewData["ReturnUrl"]"
   method="post" class="form-horizontal" role="form">

<h4>Login</h4>
<hr />
<div
   asp-validation-summary="ValidationSummary.All"
   class="text-danger"></div>
<div class="form-group">
   <label asp-for="Email" class="col-md-2 control-label"></label>
   <div class="col-md-10">
      <input asp-for="Email" class="form-control" />
      <span asp-validation-for="Email" class="text-danger"></span>
   </div>
</div>
<div class="form-group">
   <label asp-for="Password" class="col-md-2 control-label"></label>
   <div class="col-md-10">
      <input asp-for="Password" class="form-control" />
      <span asp-validation-for="Password" class="text-danger"></span>
   </div>
</div>
<div class="form-group">
   <div class="col-md-offset-2 col-md-10">
      <div class="checkbox">
         <input asp-for="RememberMe" />
         <label asp-for="RememberMe"></label>
      </div>
   </div>
</div>
<div class="form-group">
   <div class="col-md-offset-2 col-md-10">
      <button type="submit" class="btn btn-default">Log in</button>
   </div>
</div>
<p>
   <a asp-action="Register">Inscription.</a>
</p>
<p>
   <a asp-action="ForgotPassword">Mot de passe oublié ?</a>
</p>

</form>
```

2.3 Les vues partielles et les View Components

Une vue partielle est simplement un morceau de vue qui est stocké dans un autre fichier *.cshtml*. Ce procédé est notamment utile afin de :

- Rendre réutilisables des morceaux de vues.
- Séparer une vue importante en plusieurs petites vues.
- Réduire la duplication de code HTML.

Remarque

Les vues partielles respectent le principe DRY (Don't Repeat Yourself).

La déclaration d'une vue partielle se fait comme une simple vue : il suffit de déclarer le code HTML dans un fichier *.cshtml*. La même vue peut être utilisée à la fois comme vue complète et vue partielle. La seule différence réside dans le mode de rendu de la page : la vue partielle ne sera pas générée via le *_Layout.cshtml*.

Razor permet de construire une vue via plusieurs méthodes :

- La méthode `Partial`, retournant un `IHtmlString`, utilisable directement avec le symbole `@` dans la page.

```
@Html.Partial("PartialPage")
```

- La méthode `PartialAsync`, qui s'utilise de la même manière que la précédente méthode mais de manière asynchrone.

```
@await Html.PartialAsync("PartialPage")
```

- La méthode `RenderPartial` qui envoie directement le flux de sortie de la vue partielle dans la réponse de la requête, et ne produit pas de résultat (pas de sortie de type `IHtmlString`). Du fait de cette contrainte, la méthode s'utilise uniquement dans un bloc Razor.

```
@{
    Html.RenderPartial("AuthorPartial");
}
```

Le processus de découverte des vues partielles est le suivant. Dans l'ordre, le framework :

- Recherche dans le même dossier que la vue principale ;
- Recherche dans le dossier *Shared* ;
- Recherche via le chemin spécifié dans la méthode. Le chemin peut être relatif ou absolu.

L'exemple ci-dessous montre l'utilisation de la méthode `Partial` en précisant un lien relatif puis absolu :

```
// Chemin absolu
@Html.Partial("~/Views/Folder/ViewName.cshtml")
@Html.Partial("/Views/Folder/ViewName.cshtml")

// Chemin relatif
@Html.Partial("../Account/LoginPartial.cshtml")
```

Remarque

Lors de l'utilisation d'un chemin absolue, par défaut la racine est celle du projet, que le développeur utilise ~/ ou /.

Pour finir sur les vues partielles, il est possible d'envoyer des données à une vue partielle. Le deuxième argument de la méthode `Partial` le permet en ce sens. Il est même possible de passer un dictionnaire de valeurs via les autres paramètres de la méthode.

```
@Html.Partial("Partial", monPremierModel, monDeuxiemeModel)
```

Souvent, le développeur a besoin d'exécuter du code métier C# dans sa vue partielle. Pour ce faire, ASP.NET Core intègre un nouveau système intitulé *View Component*. Nous pouvons considérer les view components comme des mini-contrôleurs, avec une classe C# et une vue HTML, permettant d'effectuer des opérations côté serveur (comme une requête à la base de données) afin d'afficher un résultat bien précis.

Afin de créer un view component, le développeur a besoin d'une des conditions suivantes :

- Dériver de la classe `ViewComponent` ;
- Utiliser l'attribut `[ViewComponent]` ;

– Ajouter *ViewComponent* à la fin du nom de la classe.

Enfin, pour que ce composant fonctionne correctement, le développeur a besoin de spécifier la méthode `InvokeAsync`, qui sera appelée lors du rendu de la vue partielle et retournant un `IViewComponentResult`. Lors de l'utilisation d'un composant de ce type, il est important de savoir que :

- Le composant ne récupère pas la requête HTTP en cours.
- Le composant n'utilise pas le mapping des modèles : les paramètres nécessaires au bon déroulement du processus doivent venir de la méthode `InvokeAsync`, et donc de la vue parente du view component.
- Le composant n'est pas accessible directement via une URL.
- Le composant utilise la méthode `View` afin de rendre la page désirée.

Le code ci-dessous donne l'exemple d'un composant simple, acceptant un paramètre d'entrée.

```
public class MyViewComponent: ViewComponent {

 public MyViewComponent () {
  //Initialisation de services si besoin
 }

 public async Task <IViewComponentResult> InvokeAsync(
  string monParam) {

  //Logique métier utilisant le paramètre
  return View(monParam);
 }
}
```

Le composant est alors invocable de la manière suivante dans n'importe quelle vue :

```
@await Component.InvokeAsync("My", new { monParam = "param" })
```

Il est possible de retourner un composant directement depuis un contrôleur via la méthode `ViewComponent` d'un contrôleur.

Remarque

Comme tout autre contrôleur, il est possible d'utiliser l'injection de dépendances dans les composants. Cependant, il n'est pas possible d'utiliser les filtres d'authentification et d'autorisation.

Enfin, il faut bien comprendre la résolution du chemin de la vue d'un composant. Lorsqu'un view component est appelé et va rendre sa vue, le framework va chercher dans les deux chemins suivants :

- Views/<controller >/Components/<view_component >/<view_name>
- Views/Shared/Components/<view_component >/<view_name>

Par défaut, si aucun nom n'est spécifié dans la méthode `View`, le fichier cherché est le *Default.cshtml*.

2.4 L'injection de service

ASP.NET Core permet d'exécuter du code métier, provenant d'un service, directement dans la vue sans forcément passer par un composant. Cela est particulièrement pratique lorsque le développeur a besoin de remplir des éléments HTML, sans forcément avoir besoin des paramètres de la route ou des données postées. Le mot-clé important ici est `@inject` Il faut tout d'abord préciser le type du service à injecter, puis un nom qui permettra de le retrouver dans le reste de la vue.

```
@inject MonService ObjetService
```

Ensuite, il suffit de l'utiliser via Razor à n'importe quel endroit de la page via le symbole `@`.

```
<ul>
     <li>Résultat 1 : @ObjetService.Methode1()</li>
     <li>Résultat 2 : @ObjetService.Methode2()</li>
     <li>Résultat 3 : @ObjetService.Methode3()</li>
</ul>
```

Comme l'injection de dépendances classique, il faut enregistrer les services qui vont être injectés dans la vue via la classe `Startup`.

```
services.AddTransient<MonService>();
```

Et rien de plus. Ce procédé est très simple et permet de s'affranchir des modèles de vues trop complexes, et qui contiennent des données assez éloignées du contexte de la page. Par exemple, pour une page de détail, les données arrivant depuis `@model` doivent correspondre à l'enregistrement en cours de visualisation (un article, un client...). Cependant un service peut être injecté via `@inject` afin de remplir une liste déroulante permettant de changer l'enregistrement en cours de visualisation (afin de ne pas revenir sur la page avec la liste complète). Sans l'injection, cette liste aurait dû se trouver alors dans `@model`. Les services injectables permettent de simplifier les modèles descendant des contrôleurs.

3. Les contrôleurs

Les contrôleurs sont l'un des points essentiels du pattern MVC : ce sont eux qui permettent la validation des données provenant de la vue, qui effectuent les actions nécessaires en fonction de l'appel effectué et qui renvoient les informations au client sur l'état de l'action (succès ou erreur). Il faut voir le contrôleur comme un espace de transition entre les données et la vue. Le contrôleur est là afin d'appeler les bons services, vérifier un certain nombre de choses sur les données, puis gérer la vue correspondant à l'action qui est appelée.

Un contrôleur permet également de définir un groupe d'actions. Ce groupe d'actions est défini via les méthodes que la classe du contrôleur déclare. Cela permet de faire un regroupement logique des actions que peut effectuer le site. Il est important de faire un bon regroupement car cela va définir les URL du site. Par conventions, les contrôleurs ont les caractéristiques suivantes :

– Ils sont contenus dans le dossier *Controllers* à la racine du projet ;
– Ils héritent de `Microsoft.AspNetCore.Controller`.

Remarque

Ces conventions ne sont pas obligatoires. En effet, dans le cadre d'une architecture complexe pour un système d'entreprise évolué, les contrôleurs peuvent être éparpillés dans plusieurs projets et regroupés selon des besoins fonctionnels et non des conventions techniques. La découverte des routes du site se basera notamment sur le nom du contrôleur (toutes les classes se terminant par "Controller") et par l'héritage de la classe `Controller`.

Les sections ci-dessous présentent quelques caractéristiques intéressantes des contrôleurs que le développeur doit connaître.

3.1 Le cycle de vie

Le cycle de vie d'un contrôleur est relativement simple : chaque requête HTTP va venir instancier un contrôleur, puis dès que la réponse est retournée au client, le contrôleur est détruit. Le traitement de la requête HTTP étant un peu plus complexe que cela, le schéma ci-dessous résume bien l'enchaînement des modules du framework MVC :

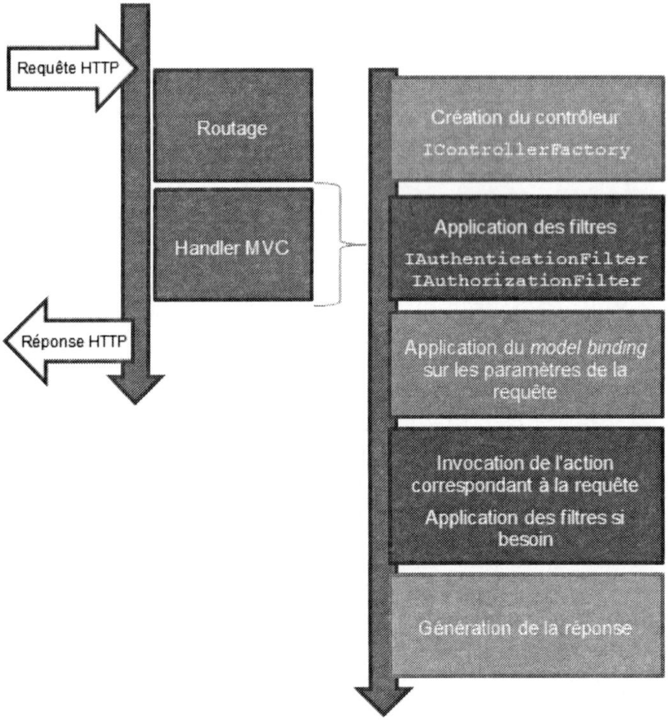

Cycle de vie d'un contrôleur.

Le traitement de la requête HTTP se fait de la manière suivante :

- Suivant les routes définies dans l'application, la requête est redirigée vers un gestionnaire qui va traiter la requête. Le handler utilisé dans la plupart des cas est celui d'MVC, notamment si le développeur utilise la méthode `UseMvc`.
- Le handler MVC va analyser la requête afin de déterminer quel contrôleur il doit instancier. L'analyse se fait suivant l'URL et la route empruntée par la requête. L'instanciation se fait via l'interface `IControllerFactory`.
- Des filtres peuvent apparaître au niveau du contrôleur : c'est à ce moment qu'ils sont appliqués. Ainsi, d'abord les filtres de type `IAuthenticationFilter`, puis les filtres de type `IAuthorizationFilter` sont appliqués.
- Le model binding s'applique ensuite sur les paramètres de la requête, permettant ainsi au développeur de bénéficier des variables indiquées dans l'URL, ou dans le corps de la requête.
- Une fois les variables correctement mappées aux paramètres envoyés, le handler invoque l'action du contrôleur, conformément à la requête HTTP. Des filtres peuvent également s'appliquer à l'action. Les paramètres y sont alors injectés afin que le développeur puisse les traiter dans le corps de l'action. C'est à ce moment précis du processus que s'opère le basculement entre la phase de traitement de la requête et la phase d'écriture de la réponse.
- La réponse est alors écrite via le résultat de l'action de type `IActionResult`.
- À la fin de l'écriture de la réponse, le contrôleur est libéré sous la forme d'un `Controller.Dispose`.

Les étapes sont simples et permettent d'avoir un processus efficace de traitement des requêtes HTTP.

3.2 Les classes Action et ActionResults

La réponse d'un contrôleur passe par l'action qui a été appelée via la requête HTTP. Une action est simplement une méthode du contrôleur qui est déclarée en `public`. Cette dernière est responsable du début du processus de traitement de la requête, de la vérification du modèle reçu via la méthode `ModelState.IsValid`, puis du choix de la vue.

Remarque

Il est important de déporter la majeure partie de la logique métier et des accès à la base de données dans des services injectables dans les contrôleurs. Cela permet un meilleur découpage de l'application, mais améliore également la testabilité du code métier.

Les actions peuvent retourner n'importe quel type d'objet, mais généralement elles vont retourner un objet de type `IActionResult` (ou `Task<IActionResult>` si la méthode effectue des traitements asynchrones). Ce type d'objet permet d'ajouter de la sémantique dans la réponse. Par exemple, lors de la réponse du contrôleur, ce dernier va vouloir faire une redirection, ou renvoyer une erreur HTTP. L'interface `IActionResult` permet d'unifier tous ces types de retours.

Lorsqu'un contrôleur hérite de `Controller`, il a accès à plusieurs méthodes permettant de renvoyer des réponses bien précises. En plus de retourner des objets quelconques, un contrôleur est capable de retourner :

- Des vues HTML via les méthodes `View()` et `PartialView()`.
- Des codes HTTP. Les méthodes `BadRequest()`, `Unauthorized()` et `NotFound()` permettent de retourner des erreurs HTTP dans la réponse.
- Du contenu amélioré dans la réponse via les méthodes `Ok()`, `Created()`, `CreatedAtRoute()` et `CreatesAtAction()`. Ces dernières permettent de rajouter dans la réponse des informations qui peuvent être traitées plus tard, dans la réponse ou via le navigateur.
- Une redirection via les méthodes `Redirect()`, `LocalRedirect()`, `RedirectToAction()` ou `RedirectToRoute()`.

Sinon, un contrôleur peut renvoyer un objet simple. Dans ce cas, ASP.NET Core convertit automatiquement l'objet en format JSON. Le développeur peut spécifier des options pour le formatage de l'objet via la méthode `Json`. Il peut également renvoyer du simple contenu avec la méthode `Content`. Afin d'utiliser d'autres formateurs, il faut les spécifier à MVC dans le `Startup`. Le code ci-dessous montre deux écritures possibles afin d'ajouter un formateur de type XML.

```
// 1ère méthode
services.AddMvc()
        .AddXmlSerializerFormatters();

// 2ème méthode
services.AddMvc(options =>
{
  options.OutputFormatters.Add(new XmlSerializerOutputFormatter());
});
```

Enfin, il est possible de forcer un contrôleur ou une action à produire le résultat dans un format bien particulier. Cela est possible via l'attribut `Produces`. Le code ci-dessous montre l'utilisation de cet attribut sur un contrôleur afin de forcer la réponse au format XML.

```
[Produces("application/json")]
public class MyControler
```

3.3 Les zones

L'organisation générale d'un projet se présente sous la forme suivante :

- Projet
  - Controllers
    - MonController1
    - MonController2
  - Views
    - MonController1
      - MaView1
    - MonController2
      - MaView2

De cette façon, le framework MVC arrive à trouver les contrôleurs et les vues correspondant à la requête HTTP entrante. Cette organisation s'avère toutefois compliquée à maintenir si le projet devient conséquent. Tous les contrôleurs et les vues se retrouveraient dans le même dossier, rendant ainsi difficile la maintenabilité du projet si on décompte plusieurs dizaines de contrôleurs, avec pour chacun entre trois et cinq vues.

La solution se trouve au niveau des **Areas** (ou zones en français).

Les zones permettent de mieux découper la sémantique du projet en découpant le modèle MVC en sous-groupes MVC, regroupant chacun leurs propres contrôleurs, vues et modèles.

Remarque

L'intérêt ici est de découper de manière fonctionnelle le projet, et non plus par modules techniques. Chaque contrôleur et chaque vue seront "rangés" dans les zones fonctionnelles qui correspondent à leurs champs d'action.

Prenons les modules fonctionnels suivants : Client et Contact. La nouvelle organisation du projet se fera donc de la sorte :

```
– Projet
  – Areas
    – Client
      – Controllers
        – HomeController.cs
      – Views
        – Home
          – Index.cshtml
    – Contact
      – Controllers
        – HomeController.cs
      – Views
        – Home
          – Index.cshtml
```

À ce sujet, il est important d'avoir les bonnes pratiques en tête concernant les zones avec ASP.NET Core :

- Un répertoire intitulé *Areas* doit être présent à la racine du projet.
- Les zones doivent contenir des sous-dossiers permettant d'identifier les différents modules fonctionnels du projet. Chacun d'eux va alors contenir un dossier *Controllers* et un dossier *Views* selon le type de fichier.
- Les contrôleurs auront les chemins suivants : */Areas/[area]/Controllers/[controller].cs*.
- Les vues auront également un chemin particulier : */Areas/[area]/Views/[controller]/[action].cshtml*.

Il est toujours possible de partager des vues entre contrôleurs à l'intérieur d'une même zone. Il suffit de créer un dossier *Shared* dans la zone voulue : */Areas/[area]/Views/Shared*. Il est également possible de partager des vues entre toutes les zones via le dossier *Shared* du dossier *Views* placé à la racine du projet : */Views/Shared*.

Afin de faire fonctionner le mécanisme des zones de manière totale, il est nécessaire d'effectuer deux actions supplémentaires :

- Ajouter l'attribut `Area` sur les contrôleurs contenus dans une zone. Cela permet d'identifier chaque contrôleur comme appartenant à une zone particulière. Le framework sera alors capable de retrouver le contrôleur correspondant à la zone demandée.

```
[Area("Client")]
public class HomeController : Controller
{
    // GET: /<controller>/
    public IActionResult Index()
    {
        return View();
    }
}
```

– Enfin, il est nécessaire de créer la route permettant au navigateur d'accéder aux zones nouvellement créées. Cela se fait dans la classe `Startup`, en rajoutant la route via la méthode `MapRoute` de `UseMvc`.

```
app.UseMvc(routes =>
{
  routes.MapRoute(name: "areaRoute",
    template: "{area:exists}/{controller=Home}/{action=Index}");

  routes.MapRoute(
      name: "default",
      template: "{controller=Home}/{action=Index}");
});
```

D'un point de vue du client, ce dernier a simplement besoin d'appeler l'URL de la zone dont il a besoin. Les Tag Helpers permettent également de générer l'URL selon la zone voulue. Le code ci-dessous illustre l'utilisation des helpers via un lien HTML :

```
<a asp-area="Client"
   asp-controller="Home"
   asp-action="Index">
      Liste des clients
</a>
```

Chapitre 6
Les nouveaux mécanismes d'ASP.NET Core

1. Introduction

La nouvelle version d'ASP.NET Core intègre plusieurs nouveaux mécanismes qui permettent aux développeurs de mieux gérer certains aspects de leurs projets. Dans les versions précédentes, lorsque le projet nécessitait l'exposition d'API au travers de l'application web, la brique Web API proposait ses propres API et classes afin d'exposer des services vers l'extérieur. Par exemple, il existait une classe de base `ApiController` pour les API et une classe `Controller` pour les pages de l'application, alors que le fonctionnement d'un contrôleur est toujours le même : récupérer la requête HTTP, traiter les données et renvoyer une réponse.

Il en est de même pour l'accès aux données qui était souvent fastidieux. Le code métier était pollué de plusieurs blocs *using* afin de s'assurer que la connexion à la base de données était bien fermée. Cela est sans conteste une bonne pratique que de fermer la connexion au plus tôt, mais la lisibilité du code subissait les conséquences. ASP.NET Core intègre un nouveau système de dépendances permettant de mieux gérer ce genre de cas, et d'augmenter la maintenabilité du code métier.

Ce chapitre va traiter de quelques nouveautés extrêmement pratiques du framework. Tout d'abord, la prochaine section traitera du sujet de l'injection de dépendances afin de bien gérer les dépendances entre les services d'une application ASP.NET Core. Ensuite, la section suivante traitera des middlewares et de l'importance d'utiliser uniquement ce dont on a besoin. Puis, le chapitre finira par un tour d'horizon concernant les Web API.

2. L'injection de dépendances

L'injection de dépendances d'ASP.NET Core est un ensemble de services et de mécanismes préintégrés au framework afin d'injecter des services dans toute l'application. Dans les versions précédentes, le développeur avait besoin d'un framework externe alors que maintenant ce n'est plus nécessaire.

Le principe de l'injection de dépendances est une technique consistant à coupler faiblement les objets et les classes de services entre elles et leurs dépendances. Au lieu d'instancier directement les services dans les méthodes par l'intermédiaire des constructeurs ou des `using`, la classe va déclarer quelles sont les dépendances dont elle a besoin pour fonctionner. La plupart du temps, la classe va déclarer ses dépendances dans son constructeur : ce procédé est appelé "*constructor injection*", et permet de respecter les bonnes pratiques intitulées *Explicit Dependencies Principle*. Le but étant que la classe expose de manière explicite ses dépendances dans le constructeur.

Cependant, il est important de concevoir sa classe en gardant le principe de DI (*Dependency Injection*) en tête et de garder ses services faiblement couplés avec ses dépendances. Une autre bonne pratique intitulée *Dependency Inversion Principle* énonce une phrase qui résume très bien la philosophie de DI :

"*High level modules should not depend on low level modules; both should depend on abstractions.*"

Cette phrase est très révélatrice de la méthode à adopter lorsqu'on fait de l'injection de services dans les classes : il faut injecter une abstraction de cette classe, et non la classe elle-même. En C#, cela reviendrait à déclarer une interface comme étant une dépendance de la classe. Ce principe de déporter les dépendances dans des interfaces et de fournir des implémentations concrètes est également un exemple du pattern *Strategy Design*.

Lorsqu'un système est conçu pour utiliser l'injection de dépendances, il a besoin d'un conteneur de dépendances pour répertorier tous les services qui sont potentiellement injectables dans des classes. On parlera alors de conteneur d'inversion de contrôle ou de conteneur d'injection de dépendances. L'inversion de contrôle est également une bonne pratique qui inverse la responsabilité de la création de l'instance lors de la résolution des dépendances : c'est le framework qui va décider quelle instance utiliser pour telle dépendance de tel type.

Remarque

L'injection de dépendances rassemble un bon nombre de bonnes pratiques, et elle-même en est déjà une. Nombreux sont les articles faisant l'éloge de ces concepts, mais un article que nous aimerions vous conseiller a particulièrement retenu notre attention :
http://www.martinfowler.com/articles/injection.html

Avec ce genre de conteneur et l'inversion de contrôle, le développeur peut facilement déclarer un arbre complexe de dépendances, et pendant le temps d'exécution le framework va automatiquement résoudre toutes les dépendances, laissant un code déclaratif simple et épuré. En plus de créer les objets qui correspondent aux types déclarés, le conteneur de services gère tout seul le cycle de vie des objets. ASP.NET Core intègre déjà un conteneur de services matérialisé par l'interface *IServiceProvider*, qui est elle-même injectable dans des classes.

Remarque

Nous parlerons souvent de "service" dans ce chapitre, et probablement à d'autres endroits du livre. Ces services représentent simplement des classes qui sont enregistrées dans le conteneur de services, et donc injectables dans d'autres classes de l'application. Nous verrons comment, plus loin dans cette section.

Le conteneur de services est configurable dans la méthode `ConfigureServices` de la classe **Startup**, et doit être configuré uniquement à cet endroit.

```
public void ConfigureServices(IServiceCollection services)
{
     services.AddMvc();
}
```

Dans l'exemple ci-dessus, la méthode `ConfigureServices` configure l'application pour injecter les services liés à MVC. C'est ici que le développeur va injecter d'autres services liés à Entity Framework ou à ASP.NET Identity via les méthodes d'extensions `AddEntityFramework` ou `AddIdentity`. Cependant, et c'est là tout l'intérêt de ce mécanisme, le développeur peut injecter ses propres services.

Dans le template de base d'ASP.NET Core, les services injectés sont les suivants :

```
services.AddTransient<IEmailSender, AuthMessageSender>();
services.AddTransient<ISmsSender, AuthMessageSender>();
```

La méthode `AddTransient` permet de mapper le type `AuthMessageSender` avec l'interface `IEmailSender`. Concrètement, cela veut dire qu'à chaque fois qu'une classe requiert l'interface `IEmailSender`, le conteneur de services va répondre avec une instance de `AuthMessageSender`. Ensuite, la méthode définit également le cycle de vie du service, et il est important de bien choisir la durée de vie de votre service. Doit-il exister tout le temps de la requête HTTP ? Doit-il être instancié uniquement pour la classe qui l'a demandé ? Ou alors doit-il persister pendant toute la durée de vie de l'application ?

Le contrôleur ci-dessous est un exemple simple d'utilisation de l'injection de dépendances. Il déclare un service dans son constructeur, qu'il utilise ensuite dans sa méthode `Index`. L'important à noter ici est que le service est injecté via le constructeur, ce qui est une bonne pratique. **Ne jamais injecter un service via des propriétés injectées directement dans le contrôleur**. Cela peut produire des comportements hasardeux dans certains cas.

```
    public class ProductsController : Controller
    {
        private readonly IProductsRepository _productsRepository;

        public ProductsController(IProductsRepository 
productsRepository)
        {
            _productsRepository = productsRepository;
        }

        // GET: /products/
```

```
        public IActionResult Index()
        {
            return View(this._productsRepository.ListAll());
        }
    }
```

L'interface utilisée est très simple, et permet d'exposer des services de bas niveau pour gérer les produits de l'application.

```
    public interface IproductsRepository
    {
        IEnumerable<Product> ListAll();
        void Add(Product product);
    }
```

Et l'implémentation de cette interface utilise à nouveau l'injection de dépendances pour communiquer avec la base de données, et ainsi effectuer les opérations nécessaires.

```
    public class ProductsRepository : IproductsRepository
    {
        private readonly ApplicationDbContext _dbContext;

        public ProductsRepository(ApplicationDbContext dbContext)
        {
            _dbContext = dbContext;
        }

        public IEnumerable<Product> ListAll()
        {
            return _dbContext.Products.AsEnumerable();
        }

        public void Add(Product character)
        {
            _dbContext.Products.Add(character);
            _dbContext.SaveChanges();
        }
    }
```

Il ne manque plus que l'enregistrement du service dans le conteneur :

```
services.AddScoped<ICharacterRepository, CharacterRepository>();
```

Remarque

L'injection de `ApplicationDbContext` se fait déjà via la méthode d'extension `.AddDbContext<ApplicationDbContext>`.

Ici, `ProductsController` a besoin d'un `ProductsRepository` qui lui-même a besoin d'un `ApplicationDbContext`. Cela crée un arbre de dépendances que le framework sait résoudre automatiquement, à partir du moment où les types sont correctement renseignés dans le conteneur de services. La complexité de résolution des dépendances est à la charge du framework et non plus du développeur.

La deuxième chose importante ici est la transparence totale du code métier se trouvant dans le contrôleur. En effet, ce dernier utilise une interface pour gérer les produits, mais il ne sait rien de l'implémentation. Dans l'exemple ci-dessus, la gestion se fait via la base de données, mais plus tard elle pourrait se faire via des fichiers. Dans ce cas, il suffira simplement de réimplémenter l'interface et fournir la nouvelle implémentation au conteneur de services, mais le code du contrôleur ne changera pas du tout. C'est bien là tout l'intérêt de l'injection de dépendances : le code métier devient totalement transparent pour les consommateurs de ces services qui n'ont pas besoin de se soucier de l'implémentation.

Enfin, la testabilité des classes est bien améliorée grâce à ce mécanisme. Si la classe à tester dépend d'une interface, il suffit de fournir une implémentation simpliste de ce service, et de l'utiliser afin de tester la classe. Si l'on reprend l'exemple ci-dessus, afin de tester le code du contrôleur, il suffirait de réimplémenter l'interface `IProductsRepository` et de fournir ainsi des données fictives plutôt que des données provenant d'une base de données.

Comme indiqué plus haut dans cette section, le choix de la durée de vie des services est important. Le framework fournit quatre moyens d'injecter les services en fonction de la durée de vie choisie :

- **Transient** : une nouvelle instance du service est envoyée à chaque nouvelle demande d'une classe. Cela veut dire que sur une même requête HTTP, le développeur peut se retrouver avec plusieurs instances du même service.
- **Scoped** : le service est créé une fois par requête. C'est le mode le plus utilisé et le plus préconisé, car il permet de ne pas gaspiller des instances inutiles et garantit l'unicité du service pour la requête en cours.

- **Singleton** : l'instance du service est créée la première fois qu'une requête le demande, puis toutes les autres requêtes utiliseront la même instance. Dans ce cas, il est de bonne pratique de laisser le conteneur de services gérer le singleton plutôt que d'implémenter soi-même le pattern.
- **Instance** : permet d'indiquer tout de suite, dans la méthode `ConfigureServices`, l'instance à utiliser pour les requêtes suivantes.

L'application conçue par le développeur doit ainsi concevoir ses services afin d'utiliser au maximum l'injection de dépendances, répondre à plusieurs bonnes pratiques et éviter les anti-patterns tels que :

- **Static cling** : anti-pattern, utilisation des classes et des méthodes déclarées statiques.
- **New is glue** : anti-pattern, utilisation du mot-clé `new` liant fortement le code métier à l'implémentation utilisé.
- **SOLID Principles of Object Oriented Design** : bonne pratique, désigne la volonté de créer un logiciel simple et répondant aux besoins du consommateur.
- **Single Responsability Principle** : bonne pratique, indique qu'il faut créer des services simples et éviter le surplus de dépendances.

Le piège se matérialise souvent avec Entity Framework. En effet, l'objet responsable de la communication avec la base de données est le `DbContext` qui est également injecté dans le conteneur de services. De ce fait, injecter cet objet dans les contrôleurs est très facile, mais n'est pas une bonne pratique car cela lie fortement les contrôleurs à la base de données. Au lieu de cela, il faut plutôt appliquer un pattern *Repository* afin de masquer l'accès aux données.

ASP.NET Core permet également de remplacer son propre conteneur de services par un autre. En effet, la méthode `ConfigureServices` ne renvoie rien à l'origine, mais peut renvoyer un `IServiceProvider`, et ainsi le développeur peut fournir son propre fournisseur de services. Par exemple, Autofac (un autre conteneur de services pour .NET) peut être utilisé comme conteneur de services à la place de celui par défaut.

Pour cela, il suffit d'importer d'abord les paquets NuGet adéquats.

```
"dependencies" : {
  "Autofac": "4.0.0-rc1",
  "Autofac.Extensions.DependencyInjection": "4.0.0-rc1"
},
```

Puis, il faut renvoyer le conteneur de services que l'application va utiliser par la suite dans la méthode `ConfigureServices`.

```
public IServiceProvider ConfigureServices(IServiceCollection
services)
{
  services.AddMvc();
  // add other framework services

  // Add Autofac
  var containerBuilder = new ContainerBuilder();
  containerBuilder.RegisterModule<DefaultModule>();
  containerBuilder.Populate(services);
  var container = containerBuilder.Build();
  return container.Resolve<IServiceProvider>();
}
```

Pour finir, il est important de rappeler les recommandations pour l'injection de dépendances :

- L'utilisation de DI est faite pour les objets avec des dépendances complexes (services, contrôleurs...).
- Ne pas stocker directement des données de l'utilisateur dans le conteneur de services.
- L'API Configuration doit utiliser le pattern *Options* afin d'injecter la configuration dans le conteneur de services.
- Ne pas utiliser les classes statiques.
- Ne pas injecter l'objet `HttpContext`.

Remarque

Évidemment, les points ci-dessus restent des recommandations, et il est possible que certains cas nécessitent de passer outre certaines de ces règles.

Nous vous recommandons fortement d'utiliser l'injection de dépendances pour vos services, et de bien analyser l'architecture de votre application pour tirer profit au maximum de ce mécanisme. Par exemple pour abstraire l'accès aux données, abstraire l'accès à certains services distants...

3. Les middlewares

Les middlewares sont un nouveau concept introduit avec ASP.NET Core faisant partie de la spécification Open Web Interface for .NET (OWIN). Le but d'OWIN est de découpler le serveur et l'application tout en conservant un standard ouvert et afin de stimuler l'écosystème open source .NET Web. Les termes importants définis par OWIN sont :

- **Server** : serveur HTTP qui communique directement avec le client, et qui utilise la sémantique d'OWIN afin d'opérer un certain nombre d'opérations pour traiter la requête.
- **Web Framework** : ensemble de composants, basés sur OWIN et exposant leurs propres objets et services, permettant de faciliter le traitement de la requête. Dans le cadre de ce chapitre, le Web Framework est ASP.NET Core.
- **Web Application** : application web construite sur un Web Framework utilisant des serveurs compatibles OWIN.
- **Middleware** : ensemble de composants par lesquels une requête HTTP va passer afin d'effectuer des traitements particuliers, modifier la route, définir la réponse...
- **Host** : processus dans lequel l'application et le serveur s'exécutent.

Les middlewares sont donc des composants (de manière concrète ce sont des classes C#) qui seront chaînés et qui vont intervenir chacun leur tour sur la requête HTTP. Chaque middleware va ainsi décider s'il laisse passer ou non la requête au middleware suivant en fonction de l'action qu'il vient d'effectuer sur la requête. Un délégué de requête est utilisé pour construire le pipeline de la requête. C'est à chaque middleware de passer la main au suivant via ce délégué de requête, ou bien de court-circuiter le chaînage en fonction du besoin.

La configuration des middlewares s'effectue dans la méthode `Configure` de la classe `Startup` en utilisant les méthodes d'extensions `Run`, `Map` et `Use`.

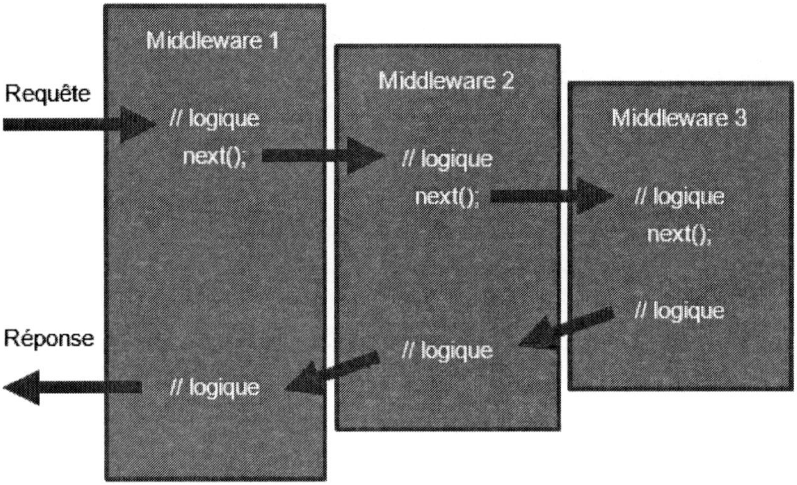

Schéma de l'enchaînement des middlewares.

L'intérêt du court-circuitage de la requête par les middlewares est d'éviter des traitements inutiles. En effet, si l'utilisateur veut accéder à une page qui demande une authentification, et si le middleware détecte que cet utilisateur ne l'est pas, il va automatiquement rediriger l'utilisateur vers la page de connexion sans passer la main aux middlewares suivants.

Dans le template par défaut de Visual Studio 2015, les middlewares préconfigurés sont les suivants :

– Le traitement des erreurs ;

– Le module de reverse proxy HttpPlatformHandler d'IIS ;

– La gestion des fichiers statiques du serveur ;

– ASP.NET Identity ;

– ASP.NET MVC.

L'ordre est extrêmement important car il définit l'ordre pour le chaînage des middlewares. Dans le template de base de Visual Studio, le premier middleware utilisé concerne la gestion des erreurs, car il est important de détecter très tôt les erreurs apparaissant dans le pipeline. Ensuite, on configure le module IIS, puis la gestion de fichiers statiques incluse dans le dossier *wwwroot*.

Cette gestion se fait également assez tôt pour assurer un temps de traitement rapide dans le cas où la requête ne concerne que des fichiers statiques. Ce middleware peut court-circuiter le pipeline dans le cas où le fichier demandé est tout de suite trouvé dans le dossier.

Enfin, on retrouve le middleware concernant la gestion de l'authentification via ASP.Net Identity, et pour finir la gestion des routes MVC, ce qui permet au développeur de se retrouver dans ses contrôleurs à la fin du pipeline.

Remarque

Il est important de noter que le pipeline est à double sens, c'est-à-dire que les middlewares peuvent agir à la fois sur la requête HTTP mais aussi sur la réponse. L'ordre de configuration des middlewares est donc primordial et définit le sens dans lequel la requête puis la réponse sont traitées.

```
public void Configure(IApplicationBuilder app)
{
    if (env.IsDevelopment())
    {
        app.UseBrowserLink();
        app.UseDeveloperExceptionPage();
        app.UseDatabaseErrorPage();
    }
    else
    {
        app.UseExceptionHandler("/Home/Error");
    }

    app.UseIISPlatformHandler();
    app.UseStaticFiles();
    app.UseIdentity();

    app.UseMvc(routes =>
    {
        routes.MapRoute(
            name: "default",
            template: "{controller=Home}/{action=Index}/{id?}");
    });
}
```

La méthode Run définit un middleware terminal dans le pipeline, c'est-à-dire qu'il ne va pas appeler un middleware suivant. En revanche la méthode Use accepte un délégué de méthode qui correspond au middleware suivant. Le code suivant montre comment exécuter du code dans la méthode Use après l'appel au middleware défini par la méthode Run.

```
public void ConfigureLogInline(IApplicationBuilder app,
ILoggerFactory loggerfactory)
{
    var logger = loggerfactory.CreateLogger(_environment);
    app.Use(async (context, next) =>
    {
        logger.LogInformation("Premier appel");
        await next.Invoke();
        logger.LogInformation("Second appel");
    });

    app.Run(async context =>
    {
        await context.Response.WriteAsync("Middleware terminal");
    });
}
```

Le log montrera ainsi la sortie suivante :

```
> Premier appel
> Middleware terminal
> Second appel
```

La troisième méthode importante est Map. Elle permet simplement de mapper un chemin de requête (par exemple */Home/Index*) avec un délégué de requête. Il est aussi possible de rajouter des conditions avec la méthode MapWhen. Le délégué de requête ne va s'exécuter que si la condition est remplie. Cela est pratique si on a besoin d'inspecter la requête avant, en vérifiant par exemple certaines informations contenues dans l'en-tête de la requête.

L'exemple ci-dessous montre l'utilisation de la méthode Map. Si la condition est remplie, toutes les requêtes passeront par la méthode HandleBranch, sinon elles passeront par le middleware terminal défini en dessous.

```
private static void HandleBranch(IApplicationBuilder app)
{
    app.Run(async context =>
    {
        await context.Response.WriteAsync("Branch used.");
    });
}

public void ConfigureMapWhen(IApplicationBuilder app)
{
    app.MapWhen(context => {
        return context.Request.Query.ContainsKey("branch");
    }, HandleBranch);

    app.Run(async context =>
    {
        await context.Response.WriteAsync("Hello from " +
_environment);
    });
}
```

ASP.NET Core comporte déjà quelques middlewares prédéfinis que le développeur peut utiliser à sa guise :

Middleware	Description
Authentication	Support de l'authentification
CORS	Support du *Cross-origin Resource Sharing*, c'est-à-dire la capacité qui ont des ressources restreintes à être requêtées depuis un autre domaine
Diagnostics	Gestion des pages d'erreur et des informations de runtime
Routing	Définition des routes
Session	Support des sessions utilisateurs
Static files	Support des fichiers statiques

Chacun possède ses méthodes d'extensions pour ajouter les services correspondants et le middleware adéquat.

Il est facile pour le développeur de créer son propre middleware dans une classe dédiée. Les seules contraintes sont les suivantes :

- Accepter dans son constructeur un objet de type `RequestDelegate` afin de passer (ou non, en fonction des besoins) la main au middleware suivant.
- Exposer une méthode `Invoke(HttpContext context)` afin qu'ASP.NET Core puisse retrouver le code métier du middleware.

Remarque

ASP.NET Core utilise la réflexion afin de trouver la méthode `Invoke`, il n'y a pas d'interface ou de classe abstraite prévue pour les middlewares. Cependant, le développeur est tout à fait libre d'injecter d'autres services dans le middleware s'il en a besoin ou bien même de court-circuiter la requête.

Le middleware ci-dessous effectue simplement des logs lors de l'envoi de la requête mais aussi lors de la réponse. Tout ce qui se trouve après la méthode `next.Invoke()` se placera dans le sens de la réponse.

```
    public class LoggerMiddleware
    {
        private readonly RequestDelegate _next;
        private readonly ILogger _logger;

        public LoggerMiddleware (RequestDelegate next,
ILoggerFactory loggerFactory)
        {
            _next = next;
            _logger = loggerFactory.CreateLogger< LoggerMiddleware >();
        }

        public async Task Invoke(HttpContext context)
        {
            _logger.LogInformation("Requête demandée : " +
context.Request.Path);
            await _next.Invoke(context);
            _logger.LogInformation("Réponse de la requête");
        }
    }
```

Le logger est ici instancié via injection de dépendances. Il est ensuite de bonne pratique de créer une méthode d'extension pour le middleware afin de l'enregistrer dans le pipeline HTTP.

```
public static class LoggerExtensions
{
    public static IApplicationBuilder UseLoggerMiddleware(this
IApplicationBuilder builder)
    {
        return builder.UseMiddleware<LoggerMiddleware>();
    }
}
```

Au final, ASP.NET Core est très ouvert et permet au développeur de s'intégrer minutieusement dans chaque parcelle du framework pour y déposer son propre code, et ainsi fluidifier au maximum le traitement de la requête. Les middlewares répondent de manière simple et épurée à une problématique de gestion de la requête HTTP dans son ensemble.

4. Les Web API

Le protocole HTTP ne permet pas seulement de renvoyer des pages HTML avec du CSS et du JavaScript, il permet également de construire des API qui exposent des services et des données. Le but de ces API est de rendre accessibles certaines données de votre site, mais aussi que quelqu'un de l'extérieur puisse interagir avec ce site, en insérant par exemple des enregistrements ou en récupérant une liste d'informations. La chose importante à retenir est que ces API permettent d'intégrer des points d'entrée supplémentaires pour le système.

ASP.NET Core a simplifié l'utilisation des API en unifiant le framework. Aujourd'hui, un site web développé avec ASP.NET Core va permettre de renvoyer du HTML et des API tout en conservant le même code de base, et également le même pipeline HTTP.

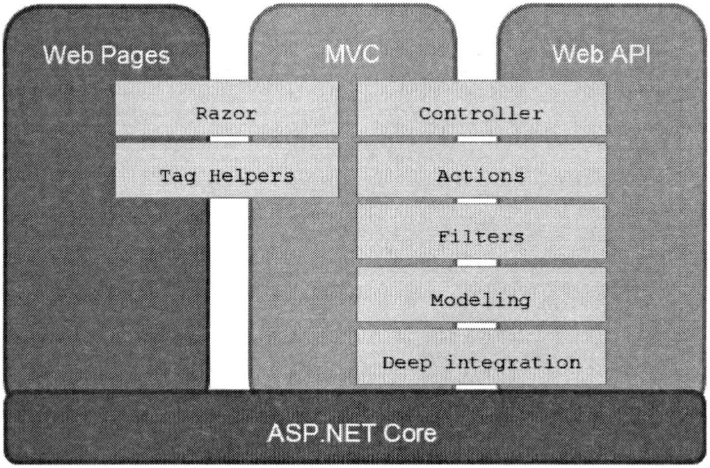

Schéma de l'unification du framework.

De manière concrète, les API sont simplement représentées par des contrôleurs MVC qui possèdent une route bien distincte des autres routes classiques. Cependant, il est nécessaire de bien réfléchir à l'organisation de ces contrôleurs, car leur utilisation n'est pas la même. Un contrôleur Web Pages va répondre suivant un protocole bien précis, qui est */controller/action*, ce sont donc les actions qui dictent quelle vue sera renvoyée.

Pour les contrôleurs API, ces derniers vont répondre selon la méthode HTTP utilisée, c'est-à-dire `GET`, `POST`, `PUT` ou `DELETE`. Par exemple, la réponse de l'API */api/product* ne sera pas la même si la méthode est `GET` ou `PUT`. Il est donc important de concevoir les API autour des méthodes HTTP plutôt qu'autour des actions qu'elles exposent. Évidemment, il est toujours possible d'exposer des routes particulières pour des API en fonction des besoins. Pour rappel, les méthodes importantes sont :

- `GET` : récupération des informations sous forme d'entité (liste ou unique) ;
- `POST` : création de l'entité envoyée vers le serveur ;
- `PUT` : mise à jour et/ou remplacement des données en base ;
- `DELETE` : suppression de l'entité sur le serveur.

Prenons l'exemple d'un ensemble d'API exposant des services relatifs à la gestion de produit. Les API à créer ressembleraient à ceci :

API	Description
`GET` /api/product	Récupération de tous les produits
`GET` /api/product/{id}	Récupération d'un produit selon son ID
`POST` /api/product	Ajout d'un produit
`PUT` /api/product/{id}	Mise à jour d'un produit existant
`DELETE` /api/product/{api}	Suppression d'un produit

La description du corps de la requête et celle du corps de la réponse seraient alors :

API	Corps	Réponse
`GET` /api/product	Rien	Tableau de tous les produits
`GET` /api/product/{id}	Rien	Un produit
`POST` /api/product	Un produit	Un produit
`PUT` /api/product/{id}	Un produit	Rien
`DELETE` /api/product/{api}	Rien	Rien

Les API ci-dessus permettent d'exposer un seul contrôleur avec plusieurs actions qui seront chacune responsable d'une méthode HTTP. Le processus est alors simple à mettre en œuvre :

- Appel d'un contrôleur depuis le client via une requête HTTP. Le client peut être un navigateur, un mobile...
- Communication avec la couche d'accès aux données afin de récupérer les informations nécessaires sous la forme d'un modèle.
- Retour des informations sous la forme d'une requête HTTP comprenant les données demandées.

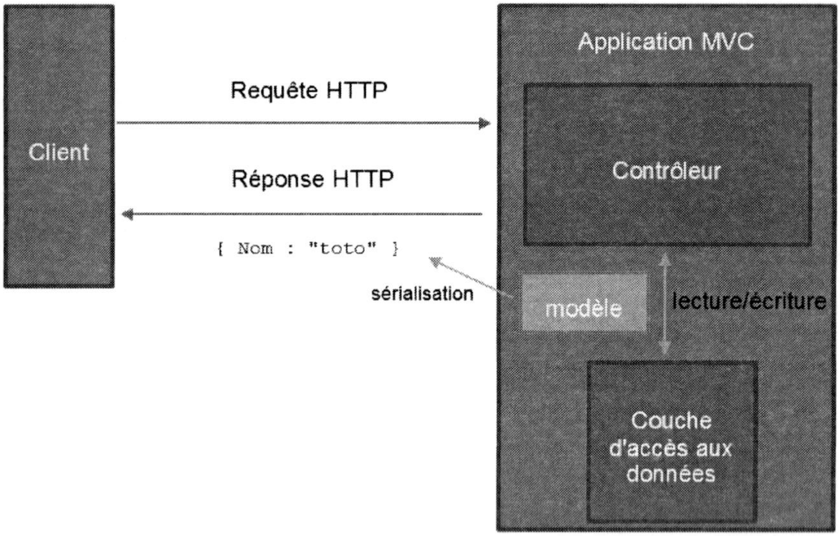

Schéma du processus d'appel d'un contrôleur API.

Il suffit ensuite d'implémenter les différentes méthodes qui vont répondre aux différentes requêtes HTTP. Par exemple, le code suivant permet de récupérer tous les produits, ou le produit qui correspond à un ID en particulier :

```
[HttpGet]
public IEnumerable<Product> GetAll()
{
    return ProductItems.GetAll();
}

[HttpGet("{id}", Name = "GetProduct")]
public IActionResult GetById(string id)
{
    var item = ProductItems.Find(id);
    if (item == null)
    {
        return HttpNotFound();
    }
    return new ObjectResult(item);
}
```

Ces méthodes implémentent les API suivantes :

- **GET** /api/product
- **GET** /api/product/{id}

L'attribut [HttpGet] indique que cette méthode répond à une requête HTTP de type GET. La route pour chaque API est construite de cette manière :

- Récupération du template indiqué dans les attributs de route des contrôleurs, comme par exemple [Route("api/[controller]")].
- Remplacement de [controller] par le nom véritable du contrôleur C# utilisé. Par exemple, si le contrôleur s'intitule ProductController, la route deviendra /api/product (ASP.NET Core n'est pas sensible à la casse).
- Application de l'attribut [HttpGet] à la route. Cet attribut possède des options (paramétrables ou non par le développeur) qui seront appliquées à la route de l'API.

Remarque

Il existe d'autres attributs que [HttpGet] qui sont [HttpPost], [HttpDelete], [HttpHead], [HttpOptions], [HttpPatch], [HttpPut] et qui permettent chacun de définir quelles méthodes de l'API vont répondre à quelle requête HTTP.

Concernant la méthode GetById, la variable {id} n'est qu'un *placeholder* (un élément de substitution) car elle permet de remplacer la variable id de la méthode par la valeur indiquée dans l'URL.

La méthode GetAll retourne un objet managé provenant du modèle défini dans l'application. Le framework MVC va automatiquement sérialiser l'objet en format JSON, écrire le JSON dans le corps de la requête, et être ainsi directement exploitable via le client appelant l'API. Le code de réponse de la requête est 200, ce qui permet d'indiquer qu'aucune exception n'a été levée dans le code du contrôleur.

En revanche, la méthode `GetById` retourne un objet de type `IActionResult` car selon le cas, elle ne renvoie pas toujours un objet managé provenant du modèle :

- Si aucun produit n'a été trouvé, la méthode retourne une erreur 404 grâce à la méthode `HttpNotFound()`.
- Sinon, la méthode retourne un code 200 avec le JSON de la réponse.

Afin de récupérer des objets complexes depuis la requête, il suffit d'utiliser les attributs suivants :

- `[FromUri]` : récupération des informations contenues dans l'URL de la requête ;
- `[FromBody]` : récupération des informations contenues dans le corps de la requête ;
- `[FromForm]` : récupération des informations contenues dans le formulaire de la requête ;
- `[FromQuery]` : récupération des informations contenues dans la requête (l'attribut va regarder partout afin de trouver le paramètre demandé) ;
- `[FromHeader]` : récupération des informations contenues dans l'en-tête de la requête.

Ces attributs sont utilisables dans la signature d'une méthode de l'API afin de récupérer les informations dont on a besoin et de les utiliser directement dans le code de l'API. Pour finir, il est intéressant d'étudier la méthode `Create` afin d'illustrer la récupération des informations complexes de la requête et de renvoyer des réponses conformes aux standards du Web. Dans l'exemple de code ci-dessous, la méthode `CreatedAtRoute` est utilisée afin de renvoyer un code de réponse 201, conforme aux attentes des standards du Web pour une méthode de type `POST`.

```
[HttpPost]
public IActionResult Create([FromBody] ProductItem item)
{
    if (item == null)
        return HttpBadRequest();

    TodoItems.Add(item);
    return CreatedAtRoute("GetProduct", new { controller =
"Product", id = item.Key }, item);
}
```

Remarque

Les contrôleurs s'appuient énormément sur les standards du Web modernes et implémentent déjà des méthodes pour faciliter les traitements. La documentation complète des contrôleurs se trouve ici : https://docs.asp.net/projects/api/en/latest/autoapi/Microsoft/AspNet/Mvc/Controller/index.html.

Avec ceci, le développeur est capable maintenant de traiter des requêtes provenant de clients divers tout en ayant un framework sous-jacent unifié et simplifié. De plus, le framework fournit déjà un bon nombre d'outils afin de gérer au plus près la requête HTTP et d'en extraire les données utiles au traitement de la requête.

Chapitre 7
Les stratégies d'optimisation

1. Introduction

L'optimisation des sites Internet est primordiale afin de garantir une expérience utilisateur optimale et éviter de frustrer ce dernier via des ralentissements intempestifs. Les développeurs ont l'obligation de garder constamment cette problématique de performance en tête, et leurs outils doivent être adaptés à ce besoin.

Le chargement d'une page web consiste simplement en une série de requêtes que le client envoie au serveur afin de récupérer un certain nombre d'éléments (des images, des scripts, des portions de HTML, des feuilles de style CSS et ainsi de suite), permettant alors au navigateur de construire la page que l'utilisateur a demandé. Plus la page demande d'éléments, plus le site mettra du temps à se charger. Il est clair qu'avec une centaine d'allers-retours entre le client et le serveur, le site web ne sera pas le plus rapide de la toile.

Les techniques d'optimisation d'une application web permettent d'accélérer le rendu de la page via :

- La réduction du poids des éléments à télécharger ;
- Limiter le nombre d'éléments à télécharger ;
- Éviter au serveur des requêtes inutiles.

ASP.NET couvrait déjà ce domaine via des mécanismes bien particuliers qui seront rapidement abordés au début de la section suivante. Cependant, ces traitements étant propres à ASP.NET et Microsoft, ils n'étaient plus d'actualité avec l'arrivée d'ASP.NET Core et de son ouverture. D'autres techniques (côtés serveur et client) sont ainsi apparues et seront décrites dans les sections suivantes.

2. L'optimisation côté client

L'approche d'ASP.NET MVC pour la gestion des paquets côté client a toujours été très spécifique à la plateforme de Microsoft. Depuis la version 4 de MVC, un fichier *BundleConfig.cs* a fait son apparition et permettait de gérer facilement les librairies du client. L'effet de cette classe est multiple sur le projet :

- Regroupement de plusieurs fichiers afin que le client n'en télécharge qu'un seul au final ;
- Minification des fichiers (scripts et styles) afin de supprimer les commentaires et les espaces inutiles, permettant la réduction du poids du code à télécharger.

Le code ci-dessous montre un exemple d'une classe `BundleConfig`. Ici on inscrit des fichiers JS (ou CSS) sous des mêmes bundles, qui seront ensuite intégrés dans le *_Layout.cshtml* sous la forme de fichier concaténé et minifié.

```
public class BundleConfig
{
    public static void RegisterBundles(BundleCollection bundles)
    {
        bundles.Add(new ScriptBundle("~/bundles/jquery").Include(
                    "~/Scripts/jquery-{version}.js"));

        bundles.Add(new ScriptBundle("~/bundles/bootstrap").Include(
                  "~/Scripts/bootstrap.js",
                  "~/Scripts/respond.js"));

        bundles.Add(new StyleBundle("~/Content/css").Include(
                  "~/Content/bootstrap.css",
                  "~/Content/site.css"));
    }
}
```

L'utilisation des bundles se fait très simplement via les méthodes `Styles.Render` ou `Scripts.Render`.

```
<head>
    <meta charset="utf-8" />
    <title>Mon application ASP.NET optimisée</title>
    @Styles.Render("~/Content/css")
    @Scripts.Render("~/bundles/jquery")
</head>
```

Cependant, avec la volonté de Microsoft de s'ouvrir à l'open source, ASP.NET Core n'intègre plus ce genre d'outil de concaténation et de minification automatique. Les équipes en charge du développement d'ASP.NET Core poussent les développeurs à utiliser les outils open source déjà bien largement utilisés dans la communauté de développeurs web et faisant aujourd'hui l'unanimité dans ce domaine. D'ailleurs, Visual Studio intègre déjà ces outils afin de faciliter l'expérience du développeur à ce sujet. Ces outils ont déjà été présentés précédemment et sont NPM et Gulp/Grunt.

Remarque

Les exemples suivants utiliseront Gulp, mais il est possible de définir les mêmes tâches avec Grunt.

Gulp est composé de plug-ins qui permettent de créer diverses tâches bien précises. La liste ci-dessous présente ceux qui sont nécessaires afin de remplacer l'ancien système de bundle :

- **Gulp-concat** : concaténation de plusieurs fichiers en un seul ;
- **Gulp-uglify** : minification des scripts JS ;
- **Gulp- cssmin** : minification des feuilles de style CSS.

Le fichier *package.json* ressemble alors à ceci :

```
{
  "devDependencies": {
    "gulp": "3.9.1",
    "gulp-concat": "2.6.0",
    "gulp-cssmin": "0.1.7",
    "gulp-uglify": "1.5.4"
  }
}
```

La tâche que nous allons définir via Gulp dans le fichier *gulpfile.js* fera les actions suivantes :

- Concaténation des scripts JS ;
- Minification du fichier JS nouvellement généré ;
- Minification des feuilles de style CSS.

Tout d'abord, il faut importer les plug-ins nécessaires pour faire fonctionner la tâche. Le script va donc inclure ces plug-ins via la méthode `require()`.

```
var gulp = require("gulp"),
    concat = require("gulp-concat"),
    cssmin = require("gulp-cssmin"),
    uglify = require("gulp-uglify")
```

Afin de rendre le script plus lisible, il est commun de créer des variables qui contiendront les chemins vers les fichiers qui nous intéressent.

```
var webrootFolder = "wwwroot";
var paths = {
    webroot: "./" + webrootFolder + "/"
};

paths.css = paths.webroot + "css/**/*.css";

paths.js = paths.webroot + "js/**/*.js";
paths.minJs = paths.webroot + "js/**/*.min.js";
paths.concatJsDest = paths.webroot + "js/site.min.js";
```

Enfin, le script va définir trois tâches :

- Une tâche de concaténation et de minification des scripts ;
- Une tâche de minification des feuilles de style ;
- Une tâche qui regroupe les deux précédentes tâches.

```
gulp.task("bundleJS", function () {
    gulp.src([paths.js, "!" + paths.minJs], { base: "." })
        .pipe(concat(paths.concatJsDest))
        .pipe(uglify())
        .pipe(gulp.dest("."));
});

gulp.task("bundleCSS", function () {
```

```
    gulp.src(paths.css)
        .pipe(cssmin())
        .pipe(gulp.dest('dist'));
});

gulp.task("bundleAll", function() {
    runSequence('bundleJS', 'bundleCS');
});
```

Remarque

Le plug-in run-sequence permet de lancer plusieurs tâches les unes après les autres.

Via le Task Runner Explorer de Visual Studio, le développeur est capable de lancer ses tâches et de visualiser le résultat obtenu dans la console correspondante.

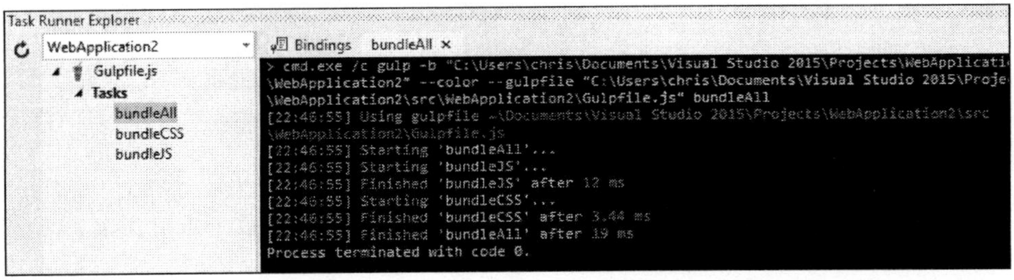

Résultat du processus complet de bundling.

Il ne reste plus qu'à insérer alors le fichier nouvellement généré.

```
<script src="~/js/site.min.js"></script>
```

Remarque

Il est recommandé de lancer cette tâche de manière automatisée après chaque compilation du projet.

Cependant, pendant la phase de développement du projet, il est souvent fastidieux d'avoir des scripts concaténés et minifiés, notamment pour le débogage qui devient ainsi difficile. Le but est alors d'avoir deux fichiers en fonction des environnements d'exécution du projet :

- **Production** : utilisation des fichiers concaténés pour optimiser le site ;
- **Développement** : utilisation des fichiers normaux afin de déboguer rapidement les problèmes.

Avec ASP.NET Core, il est facile de mettre ce processus en place grâce aux variables d'environnement, et notamment grâce à la variable `ASPNETCORE_ENVIRONMENT`. Cette variable peut prendre les valeurs *Development*, *Staging* (préproduction) ou *Production*. Par défaut la valeur est à *Development*.

Remarque

Cette valeur est facilement modifiable : dans ***les paramètres du projet*** *(onglet* ***Debug****) ou bien dans le fichier launchSettings.json. Au sein du code C#, il est possible de tester cette variable via la méthode* `env.IsEnvironment("environmentname")`.

Les Tag Helpers sont alors utilisés afin de choisir quel fichier choisir en fonction de l'environnement d'exécution du projet :

```
<environment names="Development">
    <link rel="stylesheet" href="~/css/site1.css" />
    <link rel="stylesheet" href="~/css/site2.css" />
</environment>
<environment names="Staging,Production">
    <link rel="stylesheet" href="~/css/site.min.css" asp-file-
version="true"/>
</environment>
```

La nouvelle version d'ASP.NET propose au développeur d'utiliser les outils du monde open source pour gérer l'optimisation des paquets clients. Cela lui permet d'être davantage maître des processus qui traitent les scripts et les feuilles de style de son projet, et lui permet également de personnaliser ses traitements à sa guise. Enfin, Visual Studio intègre parfaitement ces nouveaux outils dans l'IDE.

3. L'optimisation côté serveur

La section précédente vient de traiter les optimisations et améliorations que le développeur peut apporter à son site afin de l'optimiser d'un point de vue du client. ASP.NET Core comporte encore d'autres mécanismes afin d'améliorer les performances du système, mais du côté serveur cette fois-ci.

La création d'applications web haute performance est un défi auquel le développeur est de plus en plus confronté, et ceci malgré le grand nombre de demandes traitées par le serveur. De nos jours, une application web doit être réactive, et ASP.NET Core a été conçu afin de faciliter les développements dans ce sens.

Le premier mécanisme à étudier est la gestion d'un cache de page. Dans les précédentes versions d'ASP.NET, il était possible d'ajouter l'attribut `OutputCache` ce qui permettait de mettre en cache la sortie d'une action d'un contrôleur. Le code ci-dessous prévoit de mettre en cache la sortie de l'action `Index` pour 30 secondes.

```
[OutputCache(Duration = 30)] //mise en cache pour 30 secondes
public ActionResult Index()
{
    ViewBag.Message = "Cette page a été mise en cache";

    return View();
}
```

Il était possible de mettre cet attribut sur une action ou sur tout un contrôleur. Le développeur pouvait également déporter des profils de mise en cache dans le fichier *web.config*. La nouvelle version d'ASP.NET ne comportant plus ce fichier, elle permet de configurer des profils de mise en cache dans la classe `Startup` via la classe d'options `MvcOptions`. Le code ci-dessous montre la configuration d'un profil de mise en cache d'une heure :

```
services.Configure<MvcOptions>(options =>
{
    options.CacheProfiles.Add(new CacheProfile() {
         Name = "Cache1Hour",
         Duration = 3600,
         VaryByHeader = "Accept"
    });
});
```

L'utilisation de ce profil se fait ensuite via l'attribut ResponseCache, sur une action ou sur un contrôleur tout entier si besoin :

```
[ResponseCache(CacheProfile="Cache1Hour")]
public string Index()
{
    return DateTime.Now;
}
```

Remarque

Il est possible de paramétrer les mêmes options directement dans l'attribut.

Cette technique s'intitule le *Response Caching*. Elle permet de gérer le cache des actions MVC suivant certains en-têtes contenus dans la requête HTTP. Ces en-têtes définissent comment le client (et potentiellement un proxy entre le client et le serveur) doit garder la réponse en mémoire. Ceci peut facilement réduire le nombre de requêtes qui transitent entre le client et le serveur. Le schéma ci-dessous résume parfaitement le processus qui est opéré en activant cette technique.

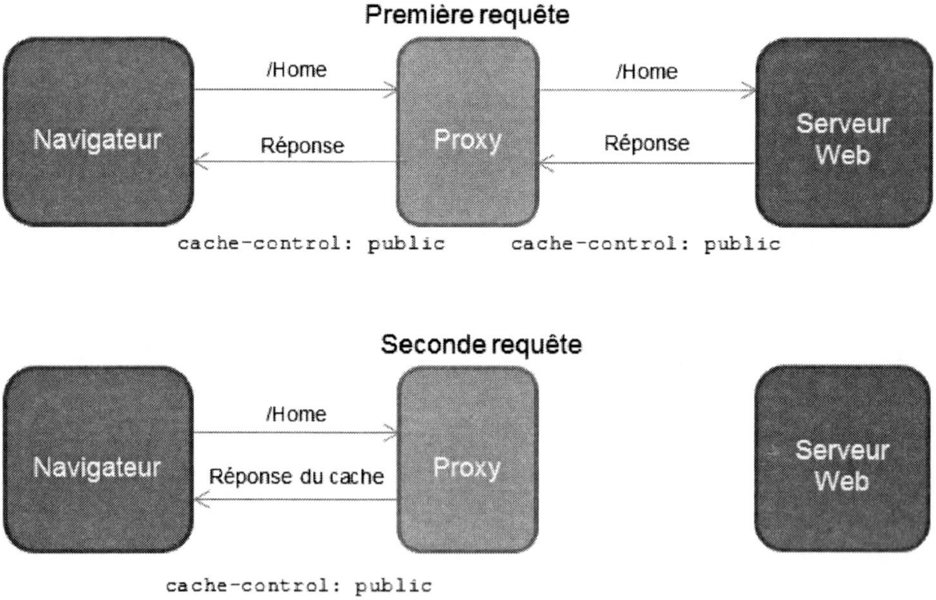

Schéma de processus de mise en cache de la réponse.

Le principal en-tête utilisé est `cache-control`. Les valeurs principales sont :

- **Public** : activation du cache pour la réponse ;
- **Private** : activation du cache mais par utilisateur, et non pas par un cache partagé ;
- **No-cache** : désactivation du cache.

L'attribut est utilisé afin de créer un `ResponseCacheFilter` qui servira à modifier la réponse en fonction des options activées dans l'attribut. Les options paramétrables via l'attribut sont :

- **CacheProfileName** : chaîne de caractères permettant de définir quel profil l'attribut doit charger afin de gérer le cache de la réponse.
- **Duration** : temps, en secondes, pendant lequel la réponse doit rester en cache.
- **Location** : définit la localisation du cache, c'est-à-dire l'endroit où la réponse en cache doit être stockée. Les valeurs possibles sont `Any` (par défaut), `Client` ou `None`. `Any` permet de laisser le choix du stockage au middleware en fonction des besoins.
- **NoStore** : définit si la réponse doit être mise en cache ou non. Cette option est notamment pratique pour les messages d'erreur. En effet, les pages d'erreur ne doivent pas être mises en cache, car à chaque erreur il est nécessaire d'afficher une page d'erreur à jour. Si cette option est active, l'attribut ne prend plus en compte les options `Duration` et `Location`.

Par exemple, le code ci-dessous utilise l'option `NoStore` afin d'éviter la mise en cache de la réponse de l'action `Error`. On peut imaginer un autre attribut `ResponseCache` déjà présent sur le contrôleur englobant, mais celui sur cette action prend le dessus, garantissant ainsi une page d'erreur toujours à jour.

```
[ResponseCache(Location = ResponseCacheLocation.None, NoStore = true)]
public IActionResult Error()
{
    return View();
}
```

Ce code produit le résultat suivant dans les en-têtes HTTP.

```
Cache-Control: no-store,no-cache
Pragma: no-cache
```

- **Order** : définit l'ordre du filtre dans le processus de génération de la réponse HTTP.
- **VaryByHeader** : définit le contenu de l'en-tête `Vary`, permettant d'aider le navigateur à trouver la bonne page mise en cache précédemment. Dans certains cas, le serveur doit dire au navigateur sur quels autres en-têtes le navigateur doit se baser pour trouver la bonne page HTML du cache qu'il doit rendre.

Le développeur possède maintenant un excellent outil afin de gérer des pages en cache entre le navigateur et le serveur web.

Lors du développement de certains algorithmes du site, il est souvent nécessaire de garder en mémoire des objets qui peuvent être réutilisés tels quels pour d'autres requêtes. Pour ce faire, le développeur bénéficie de plusieurs interfaces selon ses besoins. La première interface que nous allons étudier est `IMemoryCache`.

Cette dernière permet au développeur d'utiliser une API de mise en mémoire d'objets divers selon une clé unique. L'implémentation sous-jacente reste simplement un dictionnaire clé/valeur disponible pour toute l'application de manière centralisée et pour toutes les requêtes HTTP : c'est un *singleton*.

Remarque

Le site web ne doit pas se reposer entièrement sur le cache, mais doit simplement l'utiliser s'il est disponible. Les données stockées dans le cache peuvent avoir des durées de vie limitées : le site doit pouvoir continuer de fonctionner sans elles.

Remarque

Le développeur doit écrire son application en intégrant constamment un cache afin d'améliorer les performances de son site.

Avec l'utilisation d'un cache, il est important de conserver uniquement des objets dont l'état ne va pas fluctuer d'une requête à une autre, par exemple une liste d'objets précalculés pour laquelle le développeur sait qu'elle ne changera pas entre deux appels HTTP. Cependant, il ne faut absolument pas stocker des services qui n'ont aucune notion d'état, et encore moins des services d'accès à une base de données. De manière générale également, il faut éviter de stocker des délégués de méthodes ou des lambdas utilisant des variables globales : cela peut rapidement amener à des conflits de ressources entre les requêtes HTTP.

L'ajout d'un cache en mémoire est simple : dans le *project.json*, il faut rajouter la ligne suivante :

```
"Microsoft.Extensions.Caching.Memory": "1.0.0"
```

Dans la classe `Startup`, il faut ensuite rajouter le cache via la méthode d'extension `AddMemoryCache`.

```
public void ConfigureServices(IServiceCollection services)
{
    services.AddMemoryCache();
}
```

Il suffit ensuite d'utiliser l'injection de dépendances afin d'utiliser ce service de mise en cache en mémoire.

```
public MonControleur(IMemoryCache memoryCache)
{
    _memoryCache = memoryCache;
}
```

Les deux méthodes importantes du cache sont :

- `Get` : récupère la valeur selon une clé, sinon retourne la valeur `null`.
- `TryGet` : récupère la valeur et indique en plus, en retour de la méthode, si la clé est présente dans le cache.
- `Set` : ajoute une entrée dans le cache selon la clé spécifiée.
- `Remove` : détruit l'entrée selon la clé spécifiée.

Remarque

Le cache n'a aucune notion des clés utilisées, c'est-à-dire qu'il ne garde pas en mémoire une liste des clés que le client peut ensuite récupérer. Ceci est voulu, et c'est au consommateur de ce service de gérer la liste de ses clés lui-même.

Il est possible de spécifier des options supplémentaires pour le cache via la classe `MemoryCacheEntryOptions` et via les méthodes suivantes :

- `SetSlidingExpiration` : définit si l'expiration du cache est glissante ou non ;
- `SetAbsoluteExpiration` : définit le temps d'expiration du cache ;
- `SetPriority` : définit la priorité d'expiration du cache ;
- `RegisterPostEvictionCallback` : spécifie la méthode qui sera appelée lorsque l'entrée du cache sera détruite.

Les raisons de cette éviction peuvent être les suivantes :

- `None` : aucune raison retrouvée ;
- `Removed` : l'élément a été détruit via la méthode `Remove()` ;
- `Replaced` : l'élément a été remplacé ;
- `Expired` : l'élément a expiré ;
- `TokenExpired` : le jeton d'expiration, sur lequel était relié l'élément, a expiré.

L'ajout d'un jeton d'expiration se fait via la méthode `AddExpirationToken`. L'expiration d'une entrée du cache peut ainsi être gérée via ce jeton et en fonction des besoins du développeur. Cela permet également de gérer l'éviction de plusieurs éléments du cache via un seul jeton d'expiration.

```
new MemoryCacheEntryOptions()
      .AddExpirationToken(new CancellationChangeToken(cts.Token))
```

- `Capacity` : l'élément a été supprimé suite à un processus de gestion de la mémoire automatique.

Le cache en mémoire est un bon outil de sauvegarde de données. Cependant, si le site repose sur une ferme de serveurs, chacun va posséder ses propres objets en mémoire, et le cache ne sera alors pas partagé entre les serveurs. Dans ce cas, il est préférable d'utiliser un cache distribué.

ASP.NET Core permet l'utilisation d'un cache distribué via l'interface `IDistributedCache`. Un cache distribué possède plusieurs avantages :

- Garantir la cohérence des données au travers de tous les serveurs web du site ;
- Garantir la persistance des données en mémoire lorsque le serveur web redémarre ou rencontre un crash inattendu. Ceci est particulièrement utile pour les sessions utilisateurs.

Un cache distribué peut facilement augmenter la réactivité du site. L'interface `IDistributedCache` possède les méthodes suivantes (un cache distribué ne travaille qu'avec des éléments de type `byte[]`) :

- `Set, SetAsync` : ajoute un élément dans le cache suivant la clé spécifiée (chaîne de caractères) ;
- `Get, GetAsync` : récupère l'élément selon la clé spécifiée ;
- `Refresh, RefreshAsync` : rafraîchit un élément du cache selon la clé, et réajuste son expiration glissante si elle a été spécifiée préalablement ;
- `Remove, RemoveAsync` : détruit un élément.

Un cache distribué s'ajoute de la même manière qu'un cache normal, c'est-à-dire via le *project.json*, puis en l'intégrant dans la classe `Startup`. L'injection de dépendances injecte alors automatiquement le bon objet au consommateur.

Le développeur est libre d'implémenter son propre cache distribué, mais le framework possède déjà quelques implémentations de caches distribués.

Remarque

Il existe un cache distribué via Redis pour le stockage du cache en mémoire sur un serveur dédié. La configuration de ce type de cache repose simplement sur de la configuration dans la classe `Startup`. La documentation est bien complète à ce sujet : https://docs.asp.net/en/latest/performance/caching/distributed.html#using-a-redis-distributed-cache.

Cette section va plutôt s'attarder sur un cache distribué via une base de données, afin de montrer également les outils qui sont à la disposition du développeur pour monter ce genre de cache.

Dans un premier temps, le développeur doit créer la table dans la base de données relationnelle qui servira de cache. Ceci est possible via l'outil `dotnet` qui possède une commande `sql-cache`. La commande se lance directement à la racine du projet. L'exemple ci-dessous montre l'utilisation de cet outil pour créer la table nécessaire au cache distribué :

```
C:\DistCacheSample\src\DistCacheSample>dotnet sql-cache create
"Data Source=(localdb)\v11.0;Initial Catalog=DistCache;Integrated
Security=True;" dbo TestCache

info: Microsoft.Extensions.Caching.SqlConfig.Tools.Program[0]
    Table and index were created successfully.
```

Afin d'utiliser cette commande dans le projet, il faut rajouter les outils dans le *project.json* du projet.

```
"tools": {
    "Microsoft.AspNetCore.Server.IISIntegration.Tools": {
      "version": "1.0.0-preview2-final",
      "imports": "portable-net45+win8+dnxcore50"
    },
    "Microsoft.Extensions.Caching.SqlConfig.Tools":
"1.0.0-preview2-final"
  },
```

La commande `donet  sql-cache` va créer la table suivante dans la base demandée :

	Column Name	Data Type	Allow Nulls
▶🔑	Id	nvarchar(900)	☐
	Value	varbinary(MAX)	☐
	ExpiresAtTime	datetimeoffset(7)	☐
	SlidingExpirationInSecon...	bigint	☑
	AbsoluteExpiration	datetimeoffset(7)	☑
			☐

Table créée à partir de l'outil permettant de gérer le cache distribué.

Remarque

La colonne `Value` est de type `varbinary(MAX)` : c'est pour cette raison que le développeur doit traiter des données au format `byte[]`. En effet, cela permet de déléguer le traitement de la sérialisation au consommateur. Tout objet ne pouvant pas être représenté sous la forme d'un tableau de `byte` ne peut pas être mis en cache distribué.

Il suffit ensuite d'indiquer au projet l'emplacement de cette table afin que le cache distribué se base directement sur SQL Server et non plus sur un cache en mémoire (l'implémentation par défaut d'un cache distribué est un cache en mémoire).

```
services.AddDistributedSqlServerCache(options =>
            {
                options.ConnectionString = @"Data
Source=(localdb)\v11.0;Initial Catalog=DistCache;Integrated
Security=True;";
                options.SchemaName = "dbo";
                options.TableName = "TestCache";
            });
```

Cette section a présenté les différents mécanismes d'optimisation d'un site côté serveur. Le développeur est maintenant capable, via diverses méthodes de mise en cache, de garantir un site web plus performant et plus réactif. Il a également à sa disposition des outils afin de garantir l'intégrité des données en cas de crash inattendu du serveur. Le cache est un élément important du développement web, et les développeurs doivent tout de suite le prendre en compte lors de l'écriture du code.

Chapitre 8
Le routage et les erreurs

1. Introduction

Le routage est un sujet très important en développement web. En effet, les routes sont la base de la navigation pour un site web, et pour tout l'Internet de manière générale. Les routes définissent en quelque sorte le chemin que vont pouvoir emprunter les utilisateurs finaux afin de naviguer à travers le site. Ces routes doivent être claires et précises afin de représenter au mieux le contenu de la page.

Le routage consiste simplement à associer une requête HTTP à un gestionnaire de route. Ce gestionnaire va ensuite s'occuper de traiter la route en fonction de son implémentation. Les routes sont définies au démarrage de l'application, et cette section expose plusieurs moyens permettant de configurer les routes. Le routage est également en charge de la génération des liens permettant par exemple des redirections.

Ce chapitre traitera de la problématique du routage et exposera les différentes API responsables du traitement des requêtes HTTP et des routes. Le routage via ASP.NET Core permet de mettre en œuvre une multitude de fonctionnalités qui seront expliquées dans les sections suivantes. Pour finir, le chapitre traitera de la gestion des erreurs et des pages d'exceptions au sein d'un projet ASP.NET Core.

2. La gestion des URL

Le processus de détermination d'une route est simple. En général, une application web ne comporte qu'une seule collection de routes. Afin de déterminer quelle route il faut emprunter selon la requête, le site va parcourir toutes les routes, et via un système de correspondance va déterminer la première route capable de répondre à la requête.

Avec ASP.NET Core, il existe deux composants importants dans la gestion des routes :

- L'interface `IRouter`, qui détermine si la requête correspond à l'une des routes enregistrées dans l'application.
- Le middleware `RouteMiddleware`, qui va lancer l'appel vers le processus de détermination d'une route. Si une route est trouvée, le processus continue vers le composant en charge du traitement de la requête selon la route bien spécifique. Sinon, le middleware continue de chaîner les appels des middlewares.

De manière synthétique, le middleware appelle la méthode `RouteAsync` de `IRouter` sur toutes les routes afin de déterminer laquelle est la plus adaptée. La classe responsable de déterminer si la requête correspond à une route est la classe `TemplateMatcher` via la méthode `TryMatch`.

Remarque

Étant assez complexe, cette section ne traitera pas en détail la méthode `TryMatch` car ce n'est pas l'objet de ce chapitre. Cependant, il est intéressant de scruter rapidement l'enchaînement des opérations qui y sont faites via le code source sur GitHub.

Si l'algorithme détecte une route correspondant à la requête, un handler est affecté au contexte de route HTTP via la propriété `RouteContext.Handler`. Les données relatives à la requête sont stockées dans la propriété `RouteContext.RouteData`. Par la suite, c'est le handler déterminé plus haut qui va prendre le relais afin de traiter la requête.

Remarque

Avec MVC, c'est un handler MVC qui va prendre le relais. Ce dernier va déterminer quel contrôleur instancier et quelle action lancer. On se retrouve alors au point terminal du traitement de la requête par les middlewares. C'est ici que le code du développeur générant la page va être exécuté. Une fois effectuée, la requête devient une réponse et retourne au navigateur en suivant le même cheminement mais dans le sens inverse.

La classe `RouteData` possède d'autres propriétés intéressantes :

- `Values` : valeurs récupérées depuis l'URL et correspondant aux différentes parties définies dans la route ;
- `DataTokens` : données additionnelles provenant de la route ;
- `Routers` : liste des routes qui ont participé à l'acceptation de la requête.

La création d'une route se fait via la classe `Route`, héritant de `IRouter`. Il existe plusieurs méthodes d'extensions permettant de rajouter des routes à la collection :

- `MapRoute` : ajoute la route spécifiée à la collection ;
- `MapGet` : ajoute la route pour la requête HTTP spécifique de type `GET` ;
- `MapPost` : ajoute la route pour la requête HTTP spécifique de type `POST` ;
- `MapPut` : ajoute la route pour la requête HTTP spécifique de type `PUT` ;
- `MapVerb` : ajoute la route pour la requête HTTP avec l'en-tête `Verb` spécifié en paramètre.

L'exemple ci-dessous définit une route simple MVC. Cette route est définie par défaut dans les templates Visual Studio.

```
routes.MapRoute(
    name: "default",
    template: "{controller=Home}/{action=Index}/{id?}");
```

Ce template peut répondre à des requêtes de ce type :

- / ;
- */Home ;*
- */Home/Index ;*

– */Home/About* ;

– */Client* ;

– */Client/Detail/17* ;

Cependant, la requête */Client/Contact/17/18* ne fonctionnera pas. Le système de routage va automatiquement extraire les données de l'URL en séparant l'URL en segments, puis en nommant les valeurs en fonction des paramètres de la route. Par exemple, la route */Client/Detail/17* sera décomposée de la manière suivante :

```
{ controller = Client, action = Detail, id = 17 }
```

Remarque

Le nommage est extrêmement important, car cela permet de retrouver les valeurs plus tard sous les mêmes noms que ceux qui ont été donnés dans la route. Les noms sont indiqués entre les accolades.

Il est possible d'intégrer des contraintes dans la route. Par exemple, l'`id` devrait toujours être un numérique. La route suivante ajoute ainsi cette contrainte.

```
routes.MapRoute(
    name: "default",
    template: "{controller=Home}/{action=Index}/{id:int}");
```

C'est également là que rentre en compte le processus de génération de l'URL. La classe de type `Route` est capable de générer l'URL en fonction des données qu'elle a récupérées de la requête, ceci notamment pour générer une réponse différente de la requête. Par exemple, les données suivantes `{ controller = Home, action = Index }` vont produire l'URL `/`, car la route définit `Home` et `Index` comme valeurs par défaut.

Un autre exemple intéressant est celui-ci :

```
routes.MapRoute(
  name: "blog",
  template: "Blog/{*article}",
  defaults: new { controller = "Blog", action = "Article" });
```

Avec les données suivantes : `{ article = Le-Routage/Partie-1 }` cela va produire l'URL *Blog/Article/Le-Routage/Partie-1*, notamment grâce à l'astérisque présent dans la définition de la route.

Grâce au système de définition des routes, le développeur est capable de construire des routes robustes répondant à toutes les requêtes dont il a besoin. Il est également capable de définir les routes via l'attribut `RouteAttribute`, mais cela demande de le placer sur chaque action du contrôleur, alors que la méthode citée précédemment permet de définir des routes globales à toute l'application.

3. Le middleware et les contraintes

Chaque requête est traitée via un unique middleware de routage intitulé `RouterMiddleware`. Ce dernier va ainsi rediriger la requête vers un handler qui va traiter la requête. Son code est très simple :

```
public async Task Invoke(HttpContext httpContext)
{
    var context = new RouteContext(httpContext);
    context.RouteData.Routers.Add(_router);

    await _router.RouteAsync(context);

    if (context.Handler == null)
    {
        _logger.RequestDidNotMatchRoutes();
        await _next.Invoke(httpContext);
    }
    else
    {
        httpContext.Features[typeof(IRoutingFeature)] = new
RoutingFeature()
        {
            RouteData = context.RouteData,
        };

        await context.Handler(context.HttpContext);
    }
}
```

La première partie du middleware permet la création d'un objet de contexte pour la gestion du routage de type `RouteContext`. C'est cet objet qui va être modifié dans le processus de détermination d'une route, et qui va contenir la suite des opérations (si une route est trouvée) via sa propriété `Handler` de type `RequestDelegate`.

```
var context = new RouteContext(httpContext);
    context.RouteData.Routers.Add(_router);
```

Remarque

L'objet déterminant le routage qui est injecté, symbolisé par la propriété `_router`, est par défaut la classe `Router`, implémentant `IRouter`, qui permet de déterminer la route.

Ensuite, le middleware appelle simplement la méthode `RouteAsync()` permettant de trouver la bonne route pour la requête entrante. Cette dernière va ainsi, pour chaque route enregistrée, vérifier que le template correspond à la requête demandée via la classe `TemplateMatcher`.

```
await _router.RouteAsync(context);
```

À ce moment précis, la classe `Route`, héritant de `RouteBase` pour effectuer la majeure partie du travail, effectue les actions suivantes :

– Détermination de la bonne route à utiliser

```
if (!_matcher.TryMatch(requestPath, context.RouteData.Values))
{
    // Si aucune route trouvée
    return TaskCache.CompletedTask;
}
```

– Vérification des contraintes de la route

```
if (!RouteConstraintMatcher.Match(
                Constraints,
                context.RouteData.Values,
                context.HttpContext,
                this,
                RouteDirection.IncomingRequest,
                _constraintLogger))
        {
        // Si les contraintes ne sont pas respectées
```

```
            return TaskCache.CompletedTask;
        }
```

Si tout est bon, la classe `RouteHandler` (qui est un `IRouter` également) affecte le handler au contexte afin de continuer le traitement vers MVC.

```
public Task RouteAsync(RouteContext context)
{
    context.Handler = _requestDelegate;
    return TaskCache.CompletedTask;
}
```

Après tout ce traitement, le middleware vérifie si un handler a été affecté au contexte. Si oui, le traitement continue vers ce handler, sinon le middleware passe la main au middleware suivant avec une information dans le journal d'événement précisant qu'aucune route n'a été trouvée pour la requête demandée.

```
if (context.Handler == null)
    {
        _logger.RequestDidNotMatchRoutes();
        await _next.Invoke(httpContext);
    }
    else
    {
        httpContext.Features[typeof(IRoutingFeature)] = new
RoutingFeature()
        {
            RouteData = context.RouteData,
        };

        await context.Handler(context.HttpContext);
    }
```

Afin d'utiliser ce middleware, il est nécessaire d'importer les bons packages dans le projet ASP.NET Core, dans le fichier *project.json*.

```
"Microsoft.AspNetCore.Routing": "1.0.0"
```

Puis d'enregistrer les services nécessaires dans la classe `Startup`.

```
public void ConfigureServices(IServiceCollection services)
{
    services.AddRouting();
}
```

Remarque

Via la librairie MVC et la méthode `UseMvc`, le développeur définit le handler par défaut comme étant celui de MVC, mais il peut très bien définir son propre handler pour des traitements particuliers.

Pour ce faire, il doit d'abord créer son handler, puis son propre `RouteBuilder`. La création d'un handler se fait facilement via la classe `RouteHandler` qui accepte un délégué en paramètre de son constructeur. L'exemple ci-dessous récupère simplement les valeurs de la route pour les afficher dans la réponse.

```
var customRouteHandler = new RouteHandler(context =>
    {
        var routeValues = context.GetRouteData().Values;
        return context.Response.WriteAsync(
            $"Valeurs: {string.Join(", ", routeValues)}");
    });
```

Il suffit ensuite de créer le `RouteBuilder` avec le handler, de définir des routes puis de les enregistrer via l'interface `IApplicationBuilder`. Ce procédé permet alors de dire à l'application web qu'elle doit utiliser notre propre gestionnaire de routes. Le code ci-dessous est un exemple de ce procédé.

```
var routeBuilder = new RouteBuilder(app, customRouteHandler);

routeBuilder.MapRoute(
        "Ma Route",
        "customRoute/{variable}/{id:int}");

var routes = routeBuilder.Build();
app.UseRouter(routes);
```

Il est possible aussi de définir un handler particulier pour une route particulière. Ceci est notamment nécessaire lorsque le développeur définit des routes de types `GET`, `POST`, `PUT`, `DELETE` ou `VERB`. Le code ci-dessous définit une route particulière pour une requête GET avec un handler particulier.

```
routeBuilder.MapGet("getMethod/{name}", context =>
    {
        var name = context.GetRouteValue("name");

        // Route handler pour "getMethod/<anything>"
        return context.Response.WriteAsync($"Hey, {name}!");
    });
```

Remarque

Le templating des routes est une chose importante dans le routage d'ASP.NET Core. Le développeur, afin d'éviter de devoir définir une route pour un chemin possible de son site, doit utiliser le templating afin de créer des routes génériques, et ainsi éviter des redondances dans la déclaration de ses routes. Ce dernier est libre de créer autant de routes qu'il en aura besoin, mais il doit bien garder à l'esprit qu'un site possédant beaucoup de définitions de routes peut augmenter la complexité du routage.

Les contraintes de route sont également un outil permettant au développeur de mieux cibler ses requêtes vers les routes correspondantes. Il est possible d'assigner des contraintes au paramètre au niveau du type, et d'indiquer alors que telle variable doit être une date, ou bien un nombre. Le tableau ci-dessous récapitule les contraintes de type simple. Les exemples sont directement issus de la documentation officielle :

Contrainte	Exemple	Exemple de valeur
`int`	`{id:int}`	123
`bool`	`{active:bool}`	true
`datetime`	`{dob:datetime}`	2016-01-01
`decimal`	`{price:decimal}`	49.99
`double`	`{weight:double}`	4.234
`float`	`{weight:float}`	3.14
`guid`	`{id:guid}`	7342570B-<snip>
`long`	`{ticks:long}`	123456789

Il est ensuite possible d'appliquer ces contraintes de longueur sur un nombre ou des contraintes de longueur de chaîne de caractères sur les valeurs entrées dans l'URL.

Contrainte	Exemple	Exemple de valeur
`minlength(value)`	`{username:minlength(5)}`	steve
`maxlength(value)`	`{filename:maxlength(8)}`	somefile

Contrainte	Exemple	Exemple de valeur
`length(min,max)`	`{filename:length(4,16)}`	somefile.txt
`min(value)`	`{age:min(18)}`	19
`max(value)`	`{age:max(120)}`	91
`range(min,max)`	`{age:range(18,120)}`	91

Enfin, il est possible d'appliquer certaines contraintes plus précises sur les valeurs d'entrées.

Contrainte	Exemple	Exemple de valeur
`alpha`	`{name:alpha}`	Steve
`regex(expression)`	`{ssn:regex(d{3}-d{2}-d{4})}`	123-45-6789
`required`	`{name:required}`	Steve

ASP.NET Core permet également de définir ses propres contraintes, et de les utiliser dans les routes. Dans ce cas, l'interface importante ici est `IRouteConstraint` et sa méthode est `Match`. Les paramètres d'entrée de cette méthode permettent au développeur d'avoir toutes les informations nécessaires pour faire son traitement. La méthode retourne un booléen afin de déterminer si la contrainte est respectée ou non.

```
 public class CustomConstraint : IrouteConstraint
{
    public bool Match(
        HttpContext httpContext,
        IRouter route,
        string routeKey,
        IDictionary<string, object> values,
        RouteDirection routeDirection)
    {
        // Ma contrainte
    }
}
```

Il suffit ensuite de modifier les options de routage, dans la classe `Startup`, afin d'insérer la contrainte du développeur.

```
services.Configure<RouteOptions>(options =>
  options.ConstraintMap.Add("custom", typeof(CustomConstraint)));
```

Avec ceci, le développeur peut utiliser sa nouvelle contrainte dans le template du routage. L'exemple ci-dessous utilise un attribut avec la contrainte afin de déterminer la route de l'action.

```
[Route("home/about/{id:custom}")]
public IActionResult About(string customid)
{
    // Le code métier
    return View();
}
```

La contrainte est également utilisable dans le templating des routes dans la classe `Startup`.

Remarque

Lors de la vérification des contraintes, les valeurs sont converties selon le type cible, mais uniquement pour vérifier que les contraintes sont respectées et ne sont pas modifiées. L'exemple concret est celui des dates. Les dates sont converties en type `Date` afin de vérifier que le type est juste, mais ne sont pas modifiées selon la localisation du serveur : les valeurs restent telles qu'elles sont dans l'URL.

Les contraintes sont un bon moyen de vérifier que les entrées de l'URL correspondent aux routes que le développeur a défini dans son application. C'est le middleware ensuite qui se charge de vérifier ces contraintes, et de déterminer si la route est la bonne ou non. ASP.NET Core embarque donc un bon nombre d'outils à destination du développeur pour l'aider à définir ses routes. L'important à retenir ici est que le système de routage est extrêmement extensible selon les besoins du développeur.

4. Les pages d'erreur

Les erreurs et les exceptions sont des éléments courants en programmation informatique, et ASP.NET Core ne déroge pas à la règle. Le système n'est jamais à l'abri, et le développeur doit disposer de tous les outils nécessaires afin de gérer au mieux les cas d'erreurs.

Dans un premier temps, il est possible pour le développeur de configurer une page d'exception qui va s'afficher lorsqu'une erreur survient sur le site. Cette page, conçue spécialement pour le débogage et à utiliser uniquement lors de la phase de développement du site, permet de visualiser plusieurs informations utiles afin de cibler le problème. Le code ci-dessous configure cette page dans la classe `Startup`.

```
public void Configure(IApplicationBuilder app,
    IHostingEnvironment env)
{
    if (env.IsDevelopment())
    {
        app.UseDeveloperExceptionPage();
    }
```

Deux choses sont importantes ici :

- Le test permettant de vérifier que l'environnement du système est en développement (modifiable dans les paramètres du projet) ;
- La méthode `UseDeveloperExceptionPage` permettant d'afficher une page d'exception lorsqu'une erreur survient dans le code.

Remarque

Encore une fois, cette page ne doit être utilisée qu'en mode développement, car elle est susceptible d'afficher des informations sensibles sur le site.

Afin de tester cette page, c'est très simple : il suffit de lever une exception dans n'importe quelle partie du code :

```
throw new Exception("Exception triggered!");
```

Lorsque le code lève une exception, le serveur redirige automatiquement vers la page d'erreur, fournissant ainsi plusieurs informations de débogage.

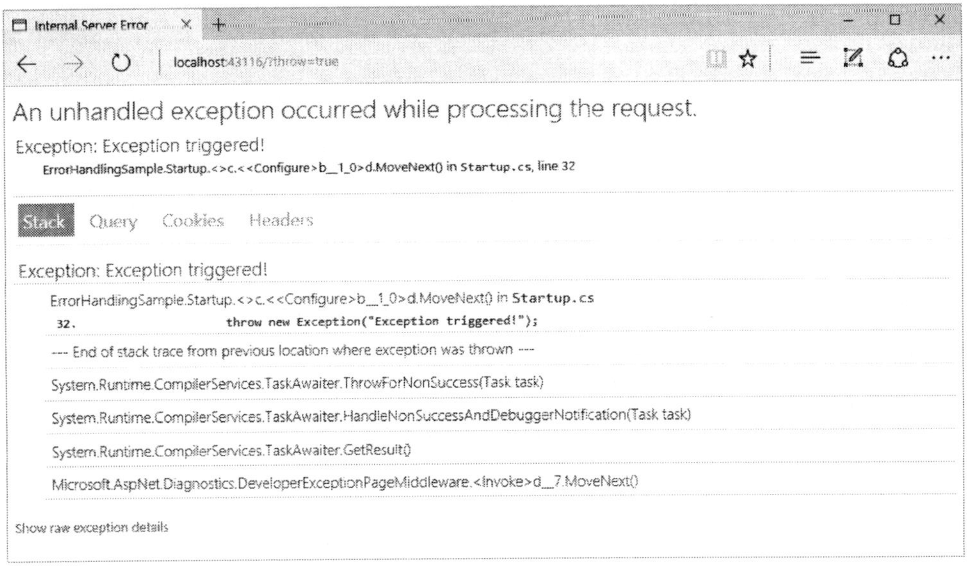

Page d'exception pour les développeurs.

Les informations contenues dans cette page d'exception sont :

- **La pile d'exécution** : affichage de la pile d'exécution du code qui a été appelé, avec un zoom sur la ligne qui a levé l'exception, le fichier qui contient le code, la ligne et ainsi de suite.
- **La requête** : affichage de la requête qui a été envoyée au serveur avec les paramètres de chaîne de caractères de l'URL.
- **Les cookies** : affichage des cookies qui composaient la requête.
- **Les en-têtes** : affichage de tous les en-têtes qui composaient la requête sous la forme d'un tableau Variable/Valeur.

De base, l'application web ne fournit pas de page d'erreur selon les codes HTTP 500 (erreur interne du serveur) ni 404 (non trouvé). Cependant, il est possible de configurer ASP.NET Core pour qu'un middleware le fasse. Ce dernier est `StatusCodePagesMiddleware` et, de base, il affiche simplement un texte avec le code d'erreur retourné. Le code suivant configure le middleware :

```
app.UseStatusCodePages();
```

Le résultat est alors très simple :

Page d'erreur selon le code HTTP retourné.

Cependant, il est possible de personnaliser cette configuration via toute une série de méthodes d'extensions bien pratiques. La première permet simplement de personnaliser le message de retour :

```
app.UseStatusCodePages("text/plain", "Response, code: {0}");
```

La seconde permet de récupérer directement et intégralement l'objet de contexte .NET représentant la requête HTTP, et de modifier ainsi la réponse de manière très libre.

```
app.UseStatusCodePages(context =>
  context.HttpContext.Response.SendAsync("Code : " +
  context.HttpContext.Response.StatusCode, "text/plain"));
```

Deux autres méthodes sont intéressantes :

– `UseStatusCodePagesWithRedirects` : redirige l'utilisateur vers la page indiquée dans la méthode. Le développeur peut utiliser le code HTTP dans l'URL avec le paramètre `{0}`. Le code ci-dessous illustre cette utilisation :

```
app.UseStatusCodePagesWithRedirects("~/errors/{0}");
```

– `UseStatusCodePagesWithReExecute` : permet de réexécuter la requête mais depuis un nouveau chemin. Ici aussi, il est possible d'utiliser le code HTTP de la même manière que pour la précédente méthode :

```
app.UseStatusCodePagesWithReExecute("/errors/{0}");
```

Enfin, le développeur peut désactiver s'il le veut, pour certaines requêtes, le traitement de la page de code HTTP via le code suivant :

```
var feature = context.Features.Get<IStatusCodePagesFeature>();
if (feature!= null)
{
  feature.Enabled = false;
}
```

Lorsque le serveur lève une exception, les règles sont simples :

– Si les en-têtes de réponse n'ont pas encore été générés, le serveur renvoie une erreur 500 (*Internal Server Error*) avec aucun contenu dans le corps de la réponse.
– Si les en-têtes ont été générés et qu'une exception survient, le serveur ferme la connexion avec le client.

Si les exceptions ne sont pas gérées par l'application via le code utilisateur, c'est le serveur qui les gère via les processus cités ci-dessus.

Remarque

Une bonne pratique est de garder une page d'erreur statique afin d'éviter d'autres exceptions dans la page d'erreur elle-même.

Il existe ensuite d'autres méthodes d'extensions, utilisables dans la classe `Startup`, permettant de gérer des erreurs différentes :

– `UseDatabaseErrorPage` : cette méthode, semblable à `UseDeveloperExceptionPage`, permet de récupérer les erreurs relatives à la base de données. Le message d'erreur ressemble alors à ceci :

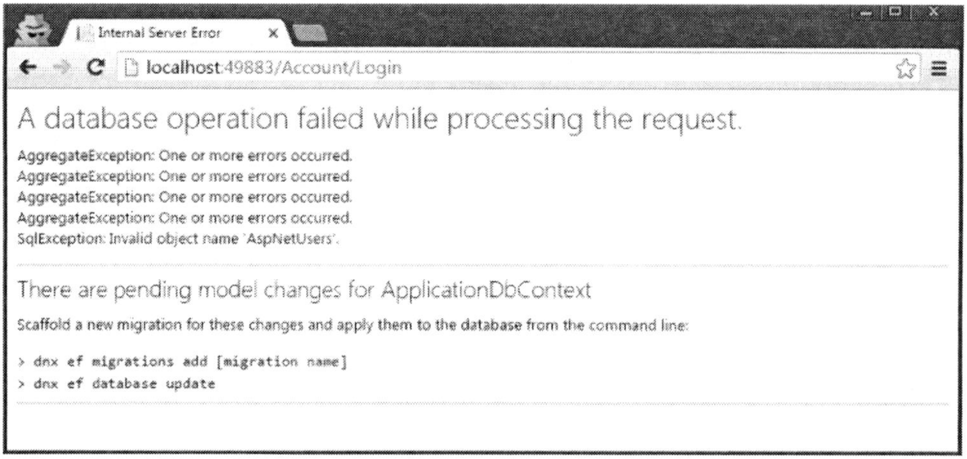

Page d'erreur de base de données.

Remarque

Si `UseDatabaseErrorPage` n'est pas utilisé, la méthode `UseDeveloperExceptionPage` prendra le relais et affichera un message d'erreur, mais moins précis qu'avec la première méthode.

– `UseExceptionHandler` : dans le cadre d'un environnement de production, le but est d'afficher un message d'erreur simple, sans information de débogage. Souvent, cela correspond à un chemin statique du site, par exemple `/Home/Error`. Cette méthode permet de rediriger l'utilisateur vers une page si une erreur est survenue. Le code ci-dessous illustre ce processus :

```
if (env.IsDevelopment())
{
    app.UseBrowserLink();
    app.UseDeveloperExceptionPage();
    app.UseDatabaseErrorPage();
```

```
}
else
{
    app.UseExceptionHandler("/Home/Error");
}
```

Remarque

Pour vérifier que la page `/Home/Error` s'affiche correctement, il suffit de changer la variable d'environnement dans les paramètres du projet.

– `UseElmPage` et `UseElmCapture` : acronyme de *Error Login Middleware*, ce composant était intitulé à l'origine ELMAH (*Error Logging Module and Handlers*). La dernière version a été conçue spécialement pour ASP.NET Core. Il permet de rapidement visualiser les logs produits par le système via l'URL `/elm`. Le code ci-dessous permet d'activer cette fonctionnalité :

```
public void ConfigureServices(IServiceCollection services)
 {
     services.AddElm();
 }
 public void Configure(IApplicationBuilder app)
 {
   /* Autres middleware … */

     if (env.IsDevelopment())
     {
         app.UseElmPage();
         app.UseElmCapture();
     }
     else
     {
         app.UseExceptionHandler("/Home/Error");
     }
```

Remarque

Une nouvelle fois, il est important d'utiliser cette fonctionnalité uniquement en mode développement.

Le résultat est le suivant :

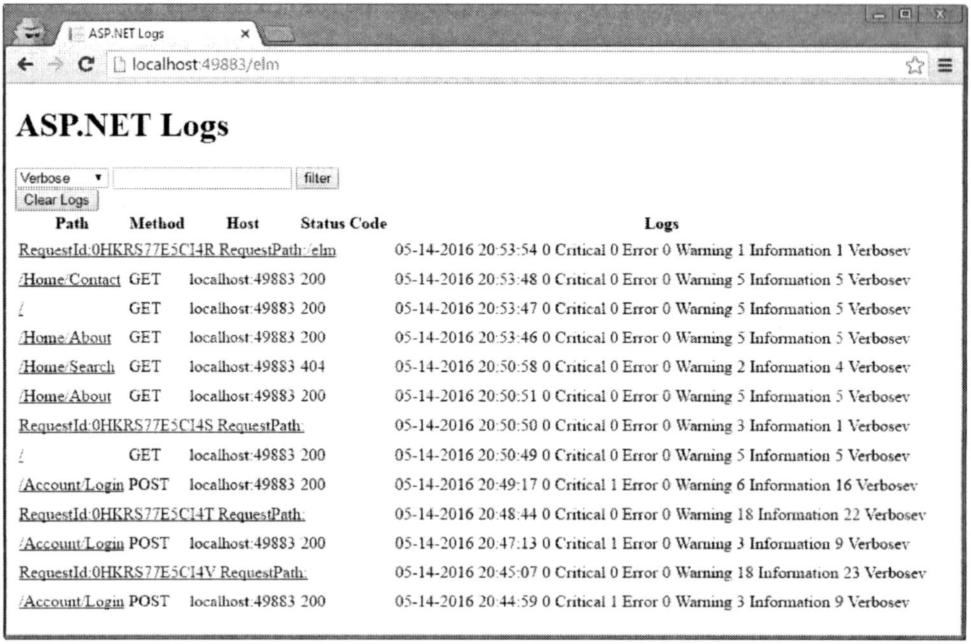

Logs du site via ELM.

Le développeur possède maintenant un bon nombre d'outils afin de plus facilement gérer les erreurs qui peuvent intervenir dans son système. Pour finir, il peut récupérer des erreurs de manière plus précise, juste sur les actions des contrôleurs, via les filtres d'exceptions (*Exceptions Filters*). L'interface à utiliser est `IExceptionFilter`, et il suffit alors d'implémenter la méthode `OnException`. Le code va systématiquement passer par là lorsqu'une exception va survenir dans les contrôleurs MVC. Le code ci-dessous donne un exemple d'implémentation : le filtre récupère l'exception, puis renvoie une erreur 500 au client avec le message de l'erreur.

```
public class GlobalExceptionFilter : IexceptionFilter
{
  private readonly ILogger _logger;

  public GlobalExceptionFilter(ILoggerFactory logger)
  {
    if (logger == null)
    {
      throw new ArgumentNullException(nameof(logger));
    }

    this._logger = logger.CreateLogger("Global Exception");
  }

  public void OnException(ExceptionContext context)
  {
    var response = new ErrorResponse()
               {
                 Message = context.Exception.Message,
                 StackTrace = context.Exception.StackTrace
               };

    context.Result = new ObjectResult(response)
               {
                 StatusCode = 500,
                 DeclaredType = typeof(ErrorResponse)
               };

    this._logger.LogError("Exception", context.Exception);
  }
}
```

ASP.NET Core fournit alors tous les outils nécessaires pour que le développeur puisse récupérer facilement les erreurs, et permet également de bien distinguer la phase de développement de la phase de production. Il est important de ne pas exposer des données de débogage ou de journalisation à l'utilisateur, mais plutôt de lui renvoyer une erreur propre et simple. Les logs doit ensuite permettre au développeur de retrouver l'erreur associée.

Chapitre 9
Les ergonomies et comportements côté client

1. Introduction

Les applications web modernes sont bien plus sophistiquées qu'elles ne pouvaient l'être il y a à peine 5 ou 10 ans. En effet aujourd'hui les sites sont beaux, organisés, impressionnants par leurs animations, parfois tape-à-l'œil et savent retenir toute l'attention de l'utilisateur dans le navigateur. En plus d'être réactifs, ces sites sont responsifs, c'est-à-dire qu'ils s'adaptent à la taille de l'écran.

Avec l'explosion des smartphones et des tablettes, les sites web ont dû se contraindre à trouver des solutions pour adapter leurs contenus à l'écran, afin de garantir la meilleure expérience utilisateur possible, quel que soit le support sur lequel fonctionne le site. Certaines technologies ont été conçues autour de ce problème pour aider le développeur au quotidien.

La navigation de l'utilisateur est également devenue bien plus fluide qu'auparavant avec beaucoup moins de rechargements intempestifs. Cela demande au développeur davantage de compétences front-end et on plus des compétences purement orientées serveur. L'architecture des sites change en permanence, demandant ainsi aux équipes de développement d'être toujours à la pointe en termes de nouveautés.

Ce chapitre traitera essentiellement des quelques techniques, librairies et frameworks côté client permettant au développeur de mieux gérer les problématiques d'aujourd'hui. Quelques sections se focaliseront sur LESS, SASS et Bootstrap pour la gestion des styles, alors que par la suite d'autres sections traiteront plutôt du JavaScript avec plusieurs techniques de gestion du code métier client. Nous verrons également comment toutes ces technologies sont intégrées à l'environnement .NET.

2. La gestion des styles avec LESS et SASS

Les utilisateurs web demandent beaucoup des sites, tant sur le plan du style que de l'expérience utilisateur. Ces contraintes demandent également au développeur d'utiliser des frameworks toujours plus complexes et complets afin de parvenir à un résultat final convaincant. L'organisation du projet est essentielle pour garantir une maintenabilité optimale, et pour le design cela revient à concevoir des feuilles de style CSS à la fois consistantes et lisibles : un nouveau développeur de l'équipe doit pouvoir également s'y retrouver facilement. C'est ainsi que sont nés les outils LESS et SASS, accompagnés de librairies comme Font Awesome.

Les langages LESS et SASS sont des langages de préprocesseur CSS, c'est-à-dire que ce sont des langages qui sont destinés à être compilés en CSS. Ces langages apportent des fonctionnalités supplémentaires au langage CSS de base comme la gestion des variables, l'imbrication des styles pour éviter les répétitions et bien plus encore. L'exemple ci-dessous donne un premier exemple en CSS, puis un deuxième montre, en LESS, comment les styles peuvent être mutualisés :

```
.header {
   color: black;
   font-weight: bold;
   font-size: 18px;
   font-family: Helvetica, Arial, sans-serif;
}

.small-header {
   color: black;
   font-weight: bold;
   font-size: 14px;
   font-family: Helvetica, Arial, sans-serif;
}
```

Le deuxième style reprend la plupart des propriétés du premier style en modifiant juste la police de l'écriture. Pourquoi ne pas mutualiser les styles communs ? Le code ci-dessous montre comment le deuxième style réutilise la classe `header` afin de reprendre ses styles :

```
.header {
   color: black;
   font-weight: bold;
   font-size: 18px;
   font-family: Helvetica, Arial, sans-serif;
}

.small-header {
   .header;
   font-size: 14px;
}
```

Remarque

Visual Studio 2015 aide le développeur dans le design de l'application, et apporte également le support natif de LESS et SASS.

2.1 Le langage LESS

Le LESS est un langage de préprocesseur fonctionnant avec Node.js. Avant toute chose, il est important d'installer le package nécessaire avec NPM.

```
npm install -g less
```

Ensuite, Visual Studio permet d'insérer un fichier à l'extension *.less* (section *Client-side*), identifiant le fichier comme étant un fichier LESS. Visual Studio saura alors reconnaître la syntaxe du langage, et aidera le développeur.

Insertion d'un fichier LESS par Visual Studio.

Ce fichier est maintenant capable de faire du LESS, c'est-à-dire du CSS amélioré. La première fonctionnalité intéressante est l'utilisation des variables, car il est souvent utile de réutiliser des couleurs ou des polices dans plusieurs styles. Le code ci-dessous définit plusieurs variables représentant des couleurs et des polices. Les variables peuvent elles-mêmes utiliser d'autres variables. Les caractéristiques sont les suivantes :

- La syntaxe `@` permet de définir une variable.
- La fonction `spin()` est une fonction LESS permettant d'effectuer une rotation entre 0 et 360 sur une couleur. Dans l'exemple ci-dessous, *spin* est utilisé sur la variable `@base` afin d'avoir la couleur inverse.
- La fonction `lighten()` permet d'avoir une couleur plus claire en fonction d'un certain pourcentage. Il existe également la fonction `darken()`.
- Les variables s'utilisent ensuite comme valeurs pour affecter des propriétés CSS.

```
@base: #663333;
@background: spin(@base, 180);
@lighter: lighten(spin(@base, 5), 10%);
@fontDefault : 'Times New Roman';

body {
        background-color:@background;
        font-family: @fontDefault;
}
.baseColor  {color:@base}
.bgLight    {color:@lighter}
```

Lors de la compilation, les variables seront remplacées par les valeurs, ce qui donnera un fichier CSS plus complet. Dans ce cas, LESS est extrêmement utile pour factoriser les propriétés. Nous allons garder l'exemple ci-dessus et concevoir tout le processus, avec Gulp, afin de compiler ce LESS en CSS.

La première des choses à effectuer est l'ajout du paquet dans le fichier *package.json*, sous la section *devDependencies*. NPM va automatiquement restaurer le package une fois le fichier sauvegardé.

```
"devDependencies": {
                "gulp": "3.8.11",
                "gulp-less": "3.0.2"
        }
```

Ensuite, dans le fichier *gulpfile.js*, il faut rajouter le package LESS, et ensuite rajouter la tâche qui va compiler le fichier LESS en fichier CSS. Les étapes de cette tâche sont :

- Récupération des fichiers LESS ;
- Compilation des fichiers ;
- Création des fichiers CSS à l'endroit désiré.

Le code ci-dessous crée la tâche *less* en reprenant les étapes ci-dessus.

```
var gulp = require("gulp"),
    rimraf = require("rimraf"),
    fs = require("fs"),
    less = require("gulp-less");

gulp.task("less", function () {
        return gulp.src('Styles/main.less')
                .pipe(less())
                .pipe(gulp.dest('wwwroot/css'));
});
```

Remarque

Il est possible d'enregistrer cette tâche suivant différents événements de Visual Studio : après la build, avant la build... La section La gestion des tâches du chapitre Les nouveautés d'ASP.NET Core 1.0 donne plus de détails à ce sujet. Pour LESS, nous conseillons d'inscrire cette tâche avant chaque build, s'assurant ainsi que le site dispose des derniers styles développés.

Le fichier CSS *main.css* résultant contient ainsi les mêmes classes que le fichier LESS, mais avec la valeur des variables en plus.

```
body {
  background-color: #336666;
  font-family: 'Times New Roman'
}
.baseColor {
  color: #663333;
}
.bgLight {
  color: #884a44;
}
```

Ce processus permet d'automatiser la génération des fichiers CSS, tout en garantissant un style épuré grâce au langage CSS. Concernant toutes les possibilités offertes par LESS, la documentation est très bien fournie à ce sujet : http://lesscss.org/. Pour résumer, LESS permet de :

- Rajouter des variables ;
- Exécuter des fonctions mathématiques, de gestion des chaînes de caractères, de gestion des couleurs ;
- Créer des classes abstraites.

2.2 Le langage SASS

Le langage SASS est relativement proche de LESS, mais utilise une syntaxe bien différente. Il est construit avec Ruby (au lieu de JavaScript), et demande ainsi à ce que Ruby soit installer sur sa machine. Une syntaxe spéciale a été développée pour CSS, intitulée SCSS (*Sassy for CSS*) et permettant de mieux intégrer le langage SASS avec le CSS.

Remarque

De base, le SASS n'utilisait que les indentations pour identifier les différents blocs du langage. Afin de mieux s'intégrer à CSS, la version 3 du langage utilise les crochets.

Une fois Ruby installé, il suffit de lancer la commande suivante pour installer SASS :

```
gem install sass
```

L'exemple avec SASS utilisera ce qu'on appelle un *mixin*. Un mixin est simplement une fonction, définissant plusieurs règles CSS suivant les arguments de la fonction et retournant un résultat sous forme de CSS. L'intérêt ici est de pouvoir mutualiser les règles au sein d'un seul bloc réutilisable. Le code ci-dessous utilise un mixin pour définir des bordures arrondies sur tous les navigateurs (la syntaxe change en fonction des navigateurs).

```
@mixin border-radius($radius) {
  -webkit-border-radius: $radius;
         -moz-border-radius: $radius;
          -ms-border-radius: $radius;
                  border-radius: $radius;
}

.box { @include border-radius(10px); }
```

L'utilisation du mixin est simple : il suffit d'utiliser la notation `@include nom-mixin`, puis d'envoyer les arguments nécessaires en fonction du besoin. Il est également possible de créer des mixins sans argument, ils vont alors simplement renvoyer du CSS sans règles particulières. Mais comment cela est-il traduit en CSS ? Les paragraphes suivants définiront la tâche Gulp nécessaire.

Dans un premier temps il faut tout d'abord créer le fichier SCSS qui va contenir notre mixin. Ici aussi, Visual Studio intègre dans ses templates un fichier SCSS, et peut ainsi aider à maintenir une syntaxe correcte pour le langage. Générer un fichier CSS à partir d'un fichier SCSS est sensiblement la même chose que pour du LESS, à savoir :

- Intégrer la dépendance *gulp-sass* dans Gulp ;
- Ajouter le package dans le fichier *gulpfile.js* ;
- Définir la tâche de compilation du fichier SCSS.

```
var gulp = require("gulp"),
        sass = require("gulp-sass");

gulp.task("sass", function () {
        return gulp.src('Styles/main2.scss')
                .pipe(sass())
                .pipe(gulp.dest('wwwroot/css'));
});
```

Au moyen de la tâche Gulp, le développeur est capable de générer du CSS depuis un fichier SASS. Le résultat du code SASS définit plus haut est le suivant :

```
.box {
  -webkit-border-radius: 10px;
  -moz-border-radius: 10px;
  -ms-border-radius: 10px;
  border-radius: 10px; }
```

Il est important de noter que la compilation a simplement remplacé le mixin par le CSS qu'il renvoyait avec l'argument passé en paramètre. Le langage CSS ne connaissant pas les mixins, il est donc naturel que le mixin ne se retrouve pas dans le fichier CSS.

Choisir entre LESS et SASS n'est pas une chose facile, il dépend des préférences de chacun, mais il est essentiel de se mettre d'accord dans l'équipe car ces langages deviennent de plus en plus populaires en développement web. Selon un sondage réalisé récemment sur Twitter, la plupart des développeurs ASP.NET utilisent LESS. Au final, peu importe l'outil choisi, cela reste un bon choix, la bonne pratique est vraisemblablement l'utilisation de l'un de ces outils.

2.3 La librairie Font Awesome

Pour finir, les applications modernes embarquent souvent une multitude d'icônes, et plutôt que de concevoir une image par couleur de l'icône et par taille, il est préférable d'utiliser des polices qui, au lieu de définir du texte, définissent des icônes. C'est le cas de Font Awesome.

Font Awesome est une librairie de plus de 500 icônes scalables et libres d'utilisation. Cette dernière fut d'abord liée à Bootstrap, mais aujourd'hui elle n'a plus aucune dépendance avec des librairies JavaScript.

Remarque

La librairie est accessible via le CDN (Content Delivery Network, bibliothèque de librairies en ligne), mais peut aussi être téléchargée via Bower/NPM, puis copiée dans le dossier wwwroot via une tâche Gulp.

Le code HTML ci-dessous utilise des icônes provenant de la librairie Font Awesome. Les classes utilisées sont les suivantes :

- `fa-ul` et `fa-li` permettent d'aligner correctement les éléments dans la liste ;
- `fa-home` et `fa-cog` désignent les icônes à utiliser.

```
<!DOCTYPE html>
<html>
<head>
        <meta charset="utf-8" />
        <title></title>
        <link href="lib/font-awesome/css/font-awesome.css"
rel="stylesheet" />
</head>
<body>
        <ul class="fa-ul">
                <li><i class="fa-li fa-home"></i> Home</li>
                <li><i class="fa-li fa-cog"></i> Settings</li>
        </ul>
</body>
</html>
```

Le résultat est le suivant :

Utilisation de Font Awesome.

Remarque

La liste de toutes les icônes proposées par Font Awesome se trouve ici : http://fortawesome.github.io/Font-Awesome/icons/.

3. La librairie Bootstrap

Le responsif est devenu aujourd'hui l'une des contraintes fortes du développement web moderne : le client veut que son site fonctionne à la fois sur PC, tablette et smartphone en adaptant au mieux le contenu pour que ce dernier soit toujours lisible et compréhensible sur n'importe quel support.

Bootstrap est la librairie la plus populaire du moment, permettant de construire des applications web responsives. Développé par Twitter et constitué à la fois de CSS et de JavaScript, Bootstrap apporte un bon nombre de fonctionnalités, très simple d'utilisation pour le développeur, afin d'améliorer l'expérience utilisateur. Cette librairie se rapproche même presque d'un framework car elle apporte réellement une méthode de travail et de mise en œuvre pour construire des pages responsives.

Dans un premier temps, il faut installer la librairie au sein du projet via Bower ou NPM. Les commandes suivantes permettent d'effectuer l'installation en fonction du gestionnaire de paquets utilisé :

```
// Pour bower
bower install bootstrap

// Pour NPM
npm install bootstrap
```

Remarque

Dans le template de base ASP.NET Core de Visual Studio, l'IDE intègre déjà Bootstrap dans le projet et le met en œuvre dans les quelques pages du template. Il faut également inclure jQuery afin d'utiliser Bootstrap.

Si bower est utilisé, il suffit simplement d'inclure le CSS dans la page. Si NPM est utilisé, il faut passer par Gulp ou Grunt afin de copier le fichier dans le dossier *wwwroot*.

Le concept principal concerne le placement des éléments au sein de la page. En effet, au lieu d'utiliser les balises `<table>`, Bootstrap propose un système de grille très simple afin de positionner les éléments sur une largeur maximale de 12 colonnes. Ce nombre a été choisi car il permet d'être divisé en 1, 2, 3 ou 4 selon les besoins. Le développeur choisit ensuite combien de colonnes doivent occuper les éléments pour construire sa page. Le schéma ci-dessous résume ce concept en disposant 3 blocs de `<div>` sur 4 colonnes Bootstrap chacun, formant ainsi les 12 colonnes de Bootstrap.

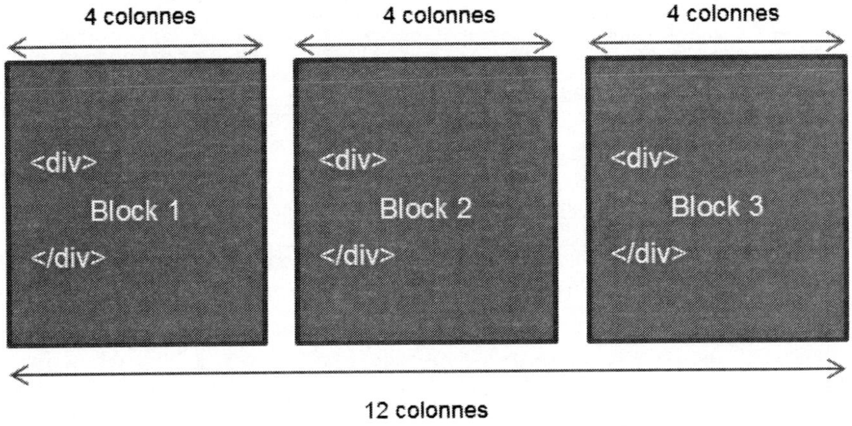

Disposition des colonnes avec Bootstrap.

Afin d'affecter les colonnes aux blocs, il suffit d'utiliser l'une des nombreuses classes que met à disposition Bootstrap pour le développeur. Dans l'exemple ci-dessus, il faudrait utiliser les classes `col-md-4` sur les trois blocs afin de les disposer en trois colonnes ("`md`" correspond à medium, c'est-à-dire la taille standard pour un ordinateur). Cette classe est déclinée en 12 classes différentes, allant de `col-md-1` à `col-md-12`. Il suffit ensuite d'attribuer une classe à chaque bloc en fonction de la taille que doit prendre le bloc.

Dans le même esprit que `col-md-*`, il existe trois autres classes permettant d'aligner les éléments mais sur des tailles d'écrans différentes. Le tableau ci-dessous récapitule les différentes classes utilisables :

Préfixe CSS	Support	Largeur
`col-xs-*`	Téléphone	< 768px
`col-sm-*`	Tablette	>= 768px
`col-md-*`	Ordinateur	>= 992px
`col-lg-*`	Plus grand qu'un PC (une télévision par exemple)	>= 1200px

Chaque préfixe est associé à une tranche de taille d'écran, cela veut dire qu'un bloc peut avoir plusieurs tailles selon la largeur de l'écran. Si nous reprenons l'exemple des trois blocs ci-dessus : avec la classe `col-md-4`, ces blocs prendront effectivement trois colonnes **tant que la taille de l'écran sera au-dessus de 992px** (même au-dessus de 1200px pour la dernière tranche). Si l'écran est plus petit, tous les blocs passeront sur une colonne car aucune classe `col-sm-*` n'est définie sur les blocs. Pour conserver les trois colonnes, il faut aussi rajouter `col-sm-4` sur tous les blocs, et ainsi de suite pour les autres tranches d'écrans.

Remarque

En dessous de 992px, les blocs passeraient en une colonne car pour les tranches plus petites que celles définies par les classes CSS de nos blocs (`col-sm-*` et `col-xs-*` dans notre cas), la classe par défaut est `col-sm-12` et `col-xs-12`, donc nos blocs prendraient chacun toute la largeur de la page. Ainsi, ils seraient disposés l'un en dessous de l'autre, et non plus l'un à côté de l'autre.

Le schéma ci-dessous montre comment sont disposés les blocs lorsque la taille de l'écran est au-dessus de 992px, puis lorsque la taille passe en dessous.

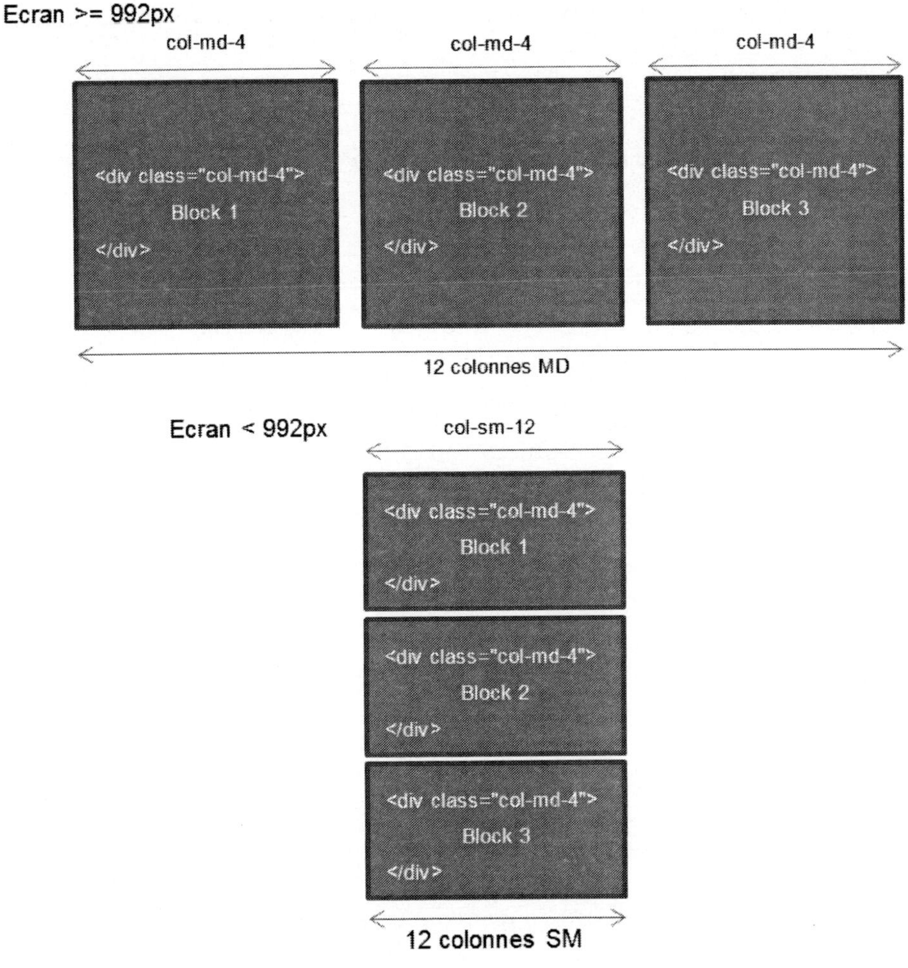

Schéma représentant la disposition des éléments en fonction de la taille de l'écran.

Remarque

Astuce : il faut toujours regrouper les blocs qui forment une ligne complète dans des `<div class="row">`, et l'ensemble des lignes dans un seul bloc `<div class="container">`.

Avec toutes les classes disponibles via Bootstrap, le développeur est capable de concevoir 48 combinaisons possibles pour chaque bloc. La librairie ne s'arrête pas là et permet encore bien des choses comme des décalages de blocs : la documentation est bien complète : https://getbootstrap.com/examples/grid/.

Bootstrap fournit un moyen très élégant d'intégrer des menus de navigation responsifs accessibles selon n'importe quelle taille d'écran. Tout se base sur des classes CSS définissant les règles pour tous les types de menus. L'exemple de code ci-dessous utilise les classes suivantes :

- `navbar`, `nav`, `navbar-header`, `container` et `navbar-nav` définissent la disposition générale du menu et des éléments constituant le menu.
- `navbar-inverse` définit la couleur du menu (ici on utilise les couleurs inverses du site afin de faire ressortir le menu).
- `navbar-fixed-top` définit le type de menu à utiliser.
- `navbar-toggle` définit le bouton à utiliser pour afficher le menu lorsqu'il n'y a plus assez de place pour l'afficher entièrement. De base, c'est un bouton avec trois tirets à l'intérieur (communément appelé aussi "*hamburger menu*").
- `navbar-collapse` définit le contenu du menu. Bootstrap gère automatiquement son affichage en fonction de la taille d'écran.
- `navbar-right` définit que ces éléments en particulier sont placés à droite du menu.

Automatiquement, Bootstrap va cacher le menu, et faire apparaître un bouton afin d'afficher le menu lorsqu'il n'y a pas assez de place sur l'écran.

```
<div class="navbar navbar-inverse navbar-fixed-top">
  <div class="container">
      <div class="navbar-header">
          <button type="button"
                  class="navbar-toggle"
                  data-toggle="collapse"
                  data-target=".navbar-collapse">
              <span class="sr-only">Toggle navigation</span>
              <span class="icon-bar"></span>
              <span class="icon-bar"></span>
              <span class="icon-bar"></span>
          </button>
```

```
            <a>Application name</a>
        </div>
        <div class="navbar-collapse collapse">
            <ul class="nav navbar-nav">
                <li><a>Home</a></li>
                <li><a>About</a></li>
                <li><a>Contact</a></li>
            </ul>
            <ul class="nav navbar-nav navbar-right">
                <li><a>Register</a></li>
                <li><a>Log in</a></li>
            </ul>
        </div>
    </div>
</div>
```

Le template de base de Visual Studio permet d'apprécier les deux rendus différents en fonction de la taille de l'écran.

Le menu est complet lorsqu'il y a assez de place.

Le menu est accessible via un bouton en haut à droite pour les téléphones.

Bootstrap n'est pas qu'un système de grille et de menus, c'est également un ensemble très fourni de styles prédéfinis et utilisables tels quels dans l'application. Par exemple, il est souvent utile d'afficher un message à l'utilisateur pour l'informer qu'un traitement s'est bien passé, ou dans le cas contraire que le traitement a connu une erreur. Les classes suivantes définissent ainsi des styles prédéfinis pour gérer ces cas :

- `alert-success` pour les messages de succès ;
- `alert-info` pour les simples informations ;
- `alert-warning` pour les alertes ;
- `alert-danger` pour les messages d'erreur.

Le code CSS est très simple. La classe `alert` définit les marges et la disposition générale du message, alors que les classes `alert-*` définissent les couleurs.

```
.alert {
  padding: 15px;
  margin-bottom: 20px;
  border: 1px solid transparent;
  border-radius: 4px;
}

.alert-danger {
  color: #a94442;
  background-color: #f2dede;
  border-color: #ebccd1;
}
```

Remarque

Il faut noter qu'avec l'installation de Bootstrap, il y a deux fichiers CSS qui sont intégrés au projet. Le premier est bootstrap.css qui définit le style général du site, et le deuxième est bootstrap-theme.css, il définit le thème du site. Avec ceci, il est très facile de passer d'un thème à un autre, et le développeur doit plutôt modifier le fichier boostrap-theme afin de construire son propre thème. Cependant, le fichier bootstrap-theme est optionnel, car le fichier bootstrap embarque déjà un thème minimaliste. Il est tout de même conseillé de conserver la séparation pour une meilleure lisibilité du code.

Pour finir, Bootstrap intègre également une API JavaScript afin d'amener encore un peu plus de dynamisme dans les pages web. Cette dernière permet notamment d'afficher des fenêtres modales, faire des transitions, créer des onglets avec des transitions différentes, et ainsi de suite. L'exemple ci-dessous définit une fenêtre modale très simple avec les caractéristiques suivantes :

- `modal`, `modal-dialog`, `modal-content` afin de définir la structure générale de la modale ;
- `modal-header`, `modal-title`, `modal-body` et `modal-footer` afin de définir les différentes parties de la modale ;
- `fade` afin de définir la transition à utiliser lors de l'apparition/disparition de la modale ;
- L'en-tête définit un bouton pour fermer la modale ;
- Le pied de page définit deux boutons l'un pour fermer la modale et l'autre est prévu pour d'effectuer une action particulière.

```
<div class="modal fade" tabindex="-1" role="dialog">
  <div class="modal-dialog">
    <div class="modal-content">
      <div class="modal-header">
        <button type="button"
                class="close"
                data-dismiss="modal"
                aria-label="Fermer">
          <span aria-hidden="true">Fermer</span>
        </button>
        <h4 class="modal-title">Mon titre</h4>
      </div>
      <div class="modal-body">
        <p>Le corps</p>
      </div>
      <div class="modal-footer">
        <button type="button"
                class="btn btn-default"
                data-dismiss="modal">Fermer</button>
        <button type="button"
                class="btn btn-primary">Sauvegarder</button>
      </div>
    </div><!-- /.modal-content -->
  </div><!-- /.modal-dialog -->
</div><!-- /.modal -->
```

Il y a deux manières d'ouvrir cette modale :

- Via `data-attributes`, permettant d'écrire uniquement du HTML ;
- Via JavaScript avec une fonction provenant de l'API Bootstrap.

```
// Solution purement HTML via les data-attributes
<button type="button"
        data-toggle="modal"
        data-target="#myModal">
    Launch modal
</button>

// Solution en JavaScript
$('#myModal').modal(options)
```

Remarque

La documentation sur l'API est très bien fournie et propose plusieurs options utilisables afin d'ajouter encore plus de dynamisme dans les contrôles Bootstrap utilisés : http://getbootstrap.com/javascript.

Pour conclure, Bootstrap est une excellente librairie permettant de construire des pages à la fois responsives et dynamiques, apportant en plus des styles prêts à utiliser et vraiment bien construits. Le développeur n'a plus qu'à installer la librairie et commencer à l'utiliser selon les principes évoqués ci-dessus.

4. Le framework Knockout.js

De nombreux frameworks et librairies JavaScript sont apparus au fil des années afin de manipuler des données étroitement liées à la vue. Le but est de déplacer le travail du développeur : il n'a plus besoin d'agir sur la vue directement, mais simplement sur des données qui, à travers le framework ou la librairie, vont automatiquement mettre à jour la vue. Les applications modernes d'aujourd'hui (web ou non d'ailleurs) utilisent de plus en plus ce procédé afin d'augmenter la maintenabilité du projet, car il est bien plus facile de détecter des erreurs dans des algorithmes de manipulation de données plutôt que dans des algorithmes de manipulation de vues. D'un point de vue du code, ce dernier devient plus lisible et compréhensible par quelqu'un de l'extérieur.

Le framework Knockout.js permet justement de mettre en œuvre ce procédé en JavaScript, opérant ainsi des actions de mise à jour de la vue en fonction des données du côté client, sans rechargement de la page. Ce genre de librairie est particulièrement pratique avec des pages et des interfaces utilisateurs complexes nécessitant beaucoup de code JavaScript. Le principe est simple : le framework va mapper des éléments de l'interface graphique avec des propriétés d'un modèle de données définies dans un objet JavaScript. La communication peut se faire dans les deux sens, c'est-à-dire qu'il est possible de mettre à jour la donnée depuis la vue, et de mettre à jour la vue en modifiant la donnée dans le code.

D'un point de vue conceptuel, Knockout.js permet de mettre en œuvre le pattern Model-View-ViewModel (MVVM). Ce pattern permet de facilement séparer les couches visuelle et modélisation de la partie code métier pur. Le "ViewModel" va ainsi être cet objet de mapping entre les propriétés JavaScript et la vue. Les concepts importants abordés dans cette partie seront les `Observables` et le Bindings.

Remarque

Cette partie ne traitera pas du modèle MVVM et se focalisera uniquement sur Knockout.js. L'article suivant explique très bien le concept : http://www.docdoku.com/blog/2015/02/17/architecturer-ses-applications-js-pattern-mvvm/.

Knockout.js se télécharge via bower ou NPM, exactement comme toutes les autres librairies côté client. Il est donc possible de laisser bower installer le package ou d'utiliser NPM, puis Gulp ou Grunt afin de copier la librairie. Le code ci-dessous utilise le fichier *package.json* pour installer le package.

```
{
  "name": "ASP.NET",
  "version": "0.0.0",
  "dependencies": {
    "knockout": "^3.4.0"
  },
  "devDependencies": {
    "gulp": "3.8.11",
  }
}
```

Une fois copié dans le dossier *wwwroot*, il suffit d'intégrer la librairie comme n'importe quel autre fichier JavaScript. Knockout.js possède sa propre syntaxe de mapping entre la vue et l'objet JavaScript et offre une multitude de solutions pour manipuler la vue depuis les données (affichage de texte, masque d'éléments, ajout de classe dynamique...). Le code ci-dessous est un exemple d'utilisation de Knockout.js : il permet simplement d'afficher une propriété texte provenant du code JavaScript dans une balise `<span>`. Les points importants à noter sont les suivants :

- La balise `span` utilise l'attribut `data-bind` afin d'indiquer à Knockout.js qu'à cet endroit un mapping doit se faire. L'attribut indique que le mapping est de type "`text`" ce qui affiche simplement la valeur de la propriété `auteur`.
- Un script initialise un objet JavaScript avec une seule propriété possédant la valeur "Steve Smith". Knockout est ensuite utilisé afin de mapper cet objet JavaScript à la vue courante via la méthode `ko.applyBindings(viewModel)`.

```
<body>
  <h1>Some Article</h1>
  <p>
    By <span data-bind="text: auteur"></span>
  </p>
  <script type="text/javascript">
    var viewModel = {
      auteur: 'Steve Smith'
    };
    ko.applyBindings(viewModel);
  </script>
</body>
```

Cependant, le code ci-dessus ne fait qu'afficher la propriété `auteur` dans la balise `<span>` : le lien ne se fait que la première fois à l'affichage de la vue, cela veut dire que chaque modification de la propriété n'entraînera pas la mise à jour de la vue. Afin d'activer le mécanisme de mise à jour, il faut utiliser les `observables`.

JavaScript ne sait pas exécuter du code lors de l'affectation d'une valeur à une propriété : il n'y a pas réellement de `getter` ou `setter` comme en C#. La solution est donc de définir la propriété comme étant une fonction, et ainsi d'activer les mécanismes de mise à jour lorsque la fonction est appelée, donc quand la propriété est affectée. Le code du *ViewModel* change alors un peu pour utiliser la méthode `ko.observable("value")`.

```
var viewModel = {
  auteur: ko.observable('Steve Smith')
};
ko.applyBindings(viewModel);
```

Tous les changements de cette propriété, que ce soit dans la vue ou dans le code, seront répercutés à l'autre entité impliquée dans le mapping, et ceci de manière automatique.

Il est également possible de modifier d'autres propriétés de l'élément où se situe le mapping. Par exemple, il est possible de mapper l'attribut `src` d'un hyperlien afin de le rendre plus dynamique. Une fonctionnalité très intéressante est de pouvoir cacher/montrer des éléments depuis une variable. L'exemple ci-dessous montre l'utilisation du mapping visible : il permet d'utiliser une valeur booléenne depuis l'objet JavaScript afin d'afficher ou cacher rapidement un bloc HTML entier.

```
<div data-bind="visible: afficheMessage">
    Ce message s'affiche si " afficheMessage " est vrai.
</div>

<script type="text/javascript">
    var viewModel = {
        afficheMessage: ko.observable(true) // Message visible
    };
    viewModel.afficheMessage (false); // ... caché
    viewModel.afficheMessage (true); // ... visible à nouveau
</script>
```

Remarque

Il est important de noter comment on affecte une valeur à une propriété de type ***observable****. Nous avons indiqué plus haut que les observables étaient des fonctions : afin de modifier la propriété, il faut l'utiliser comme si c'était une fonction et passer la nouvelle valeur dans la fonction caractérisant la propriété. Il en va de même pour récupérer l'information.*

Knockout.js supporte également le mapping d'événement entre un élément du DOM et une fonction de l'objet JavaScript. L'exemple de code ci-dessous montre comment combiner les mapping afin d'avoir une meilleure interaction entre la vue et le code métier :

- L'événement `click` compte le nombre de fois où l'utilisateur clique sur le bouton et stocke l'information dans la variable `nombreDeClick` ;
- Dans le même temps, lorsque la propriété est mise à jour, la vue se met à jour afin d'afficher le nombre de clics en temps réel.

```
<div>
    Vous avez cliquez <span data-bind="text: nombreDeClick ">
</span> fois
    <button data-bind="click: incrementClick">Click ici</button>
</div>

<script type="text/javascript">
    var viewModel = {
        nombreDeClick : ko.observable(0),
        incrementClick: function() {
            var previousCount = this. NombreDeClick();
            this.nombreDeClick(previousCount + 1);
        }
    };
</script>
```

Dans beaucoup de cas, le développeur voudra afficher une liste, un tableau ou une table des matières. L'intérêt de Knockout.js ici est de pouvoir stocker et manipuler une liste d'objet puis de l'afficher dans la vue de manière automatique suivant un template bien défini. La librairie supporte les conditions et les itérations également. L'exemple ci-dessous utilise le mapping `foreach` afin d'afficher une liste de personnes stockées dans l'objet JavaScript.

```
<table>
    <thead>
        <tr><th>Nom</th><th>Prénom</th></tr>
    </thead>
    <tbody data-bind="foreach: personnes ">
        <tr>
            <td data-bind="text: nom "></td>
            <td data-bind="text: prenom "></td>
        </tr>
```

```
    </tbody>
</table>

<script type="text/javascript">
    ko.applyBindings({
        personnes:
            { nom: 'Bert', prenom: 'Bertington' },
            { nom: 'Charles', prenom: 'Charlesforth' },
            { nom: 'Denise', prenom: 'Dentiste' }
        ]
    });
</script>
```

Cette technique permet de construire très facilement des tableaux très personnalisables. De plus, chaque modification opérée sur la liste mettra à jour automatiquement la vue, comme l'ajout d'un nouvel enregistrement.

```
self.addPersonne = function() {
  self.personnes.push(new{ nom: 'Sam', prenom: Smith });
}
```

Remarque

Il en va de même pour les objets à l'intérieur du tableau : si le développeur modifie une propriété de l'objet, la vue se mettra à jour à partir du moment où la propriété est un observable, et vice versa si la modification vient de la vue.

Knockout.js permet de travailler avec des données au format JSON. En effet, si les propriétés étaient des fonctions, il serait difficile d'envoyer les données à travers un appel Ajax : les données ne ressembleraient à rien. Knockout.js embarque un système capable de transformer rapidement un observable en objet JavaScript simple, sans mapping, ou en chaîne de caractères au format JSON.

```
// Transformation d'un objet JavaScript mappé vers un JSON
var jsonData = ko.toJSON(viewModel);

// Transformation d'un objet JavaScript mappé vers un objet JS
var plainJs = ko.toJS(viewModel);
```

Pour finir, Knockout.js apporte une manière élégante de travailler la vue HTML depuis les données JavaScript. La syntaxe de mapping est relativement simple et permet à un développeur de rapidement construire sa vue dynamiquement. ASP.NET Core prend toute sa place avec Knockout.js dans le sens ou la technologie de Microsoft pourrait simplement fournir les données au client Knockout.js afin que ce dernier s'occupe simplement de restituer la vue et la rendre vivante dans le navigateur.

5. La communication en temps réel avec SignalR

ASP.NET SignalR est une technologie à destination des développeurs ASP.NET afin de concevoir des applications web intégrant des fonctionnalités d'interaction en temps réel entre le client et le serveur. Concrètement, cela veut dire que le serveur est capable de communiquer avec les clients et d'envoyer des informations de manière instantanée sans rafraîchissement de la page.

Les nouvelles API HTML5 sont intégrées à SignalR afin de bénéficier de la technologie WebSockets qui permet une communication de manière rapide et efficace. Le développeur n'a donc aucunement besoin de coder lui-même un système de transport entre le client et le serveur : SignalR le fait automatiquement. Cependant, les WebSockets ne sont supportés que depuis HTML 5, et donc uniquement via des navigateurs récents. Heureusement, SignalR sait revenir à d'anciennes technologies s'il le faut. Les différents modes de transports sont les suivants :

- **WebSocket** (si le serveur et le navigateur le supportent) : ouverture d'un canal de communication persistant et full-duplex (communication bidirectionnelle simultanée) entre le serveur et le client.
- **Server Sent Events** : système de mise à jour du client depuis le serveur (non supporté par Internet Explorer).
- **Forever Frame** (uniquement pour Internet Explorer) : envoi continuel par le serveur d'un script qui sera exécuté du côté client par la suite, impliquant une connexion unidirectionnelle du serveur vers le client. L'inversion est possible en ouvrant une nouvelle connexion dans le sens inverse.

- **Ajax long polling** : création d'une requête vers le serveur restant ouverte tant que le serveur n'a pas répondu. Lors de la réponse, une nouvelle requête est immédiatement recréée.

SignalR passe par plusieurs étapes afin de définir quel mode de transport il doit utiliser :

- Si le navigateur est Internet Explorer 8, le *Long Polling* (attente passive d'une réponse) est utilisé.
- Si le paramètre JSONP est configuré lors de l'initialisation de la connexion, le Long Polling est utilisé.
- Si une connexion cross-domain est utilisée (domaine différent entre l'hôte de la page et le endpoint de SignalR), les WebSockets seront utilisés si le client supporte CORS (*Cross-Origin Resource Sharing*), qu'il supporte les WebSockets et si le serveur aussi supporte les WebSockets. Sinon, le Long Polling sera utilisé.
- Si le paramètre JSONP n'est pas configuré et que la connexion n'est pas cross-domain, les WebSockets seront utilisés s'ils sont supportés.
- Au final, si le client (ou le serveur) ne supporte pas les WebSockets, c'est *Server Sent Events* (envoi d'événements depuis le serveur) qui est utilisé, sinon *Forever Frame* (envoi continu d'informations depuis le serveur), ou sinon Long Polling.

Ces différentes étapes assurent à SignalR d'utiliser le bon moyen de transport en fonction du support de chacun : ce processus est appelé la négociation. Cette négociation peut prendre un certain temps, mais si on est sûr des capacités du serveur et du client, on peut directement indiquer le bon moyen de transport. Le code suivant indique les deux moyens de transport à privilégier lors de la négociation.

```
connection.start({ transport: ['webSockets','longPolling'] });
```

SignalR expose une API pour créer des RPC (*Remote Procedure Calls*), c'est-à-dire que le code .NET est capable d'appeler du code JavaScript, et vice versa, de manière complètement transparente pour le développeur.

Les schémas ci-dessous résument la manière dont sont faits les appels :

- Un Hub est créé côté serveur afin de recevoir les appels des clients et les traiter.
- Ce Hub contient également une référence vers les clients enregistrés afin que le serveur puisse envoyer lui-même des messages aux clients (*Remote Procedure Calls*).
- SignalR permet de faire des broadcasts de messages afin d'envoyer le même message à tous les clients, ou alors le serveur peut gérer lui-même à quel client il veut envoyer le message.
- Suivant le Hub créé sur le serveur, un même Hub est généré pour le client, appelé Hub Proxy. Ce Hub Proxy permet de faire les appels en JavaScript du client vers le serveur.

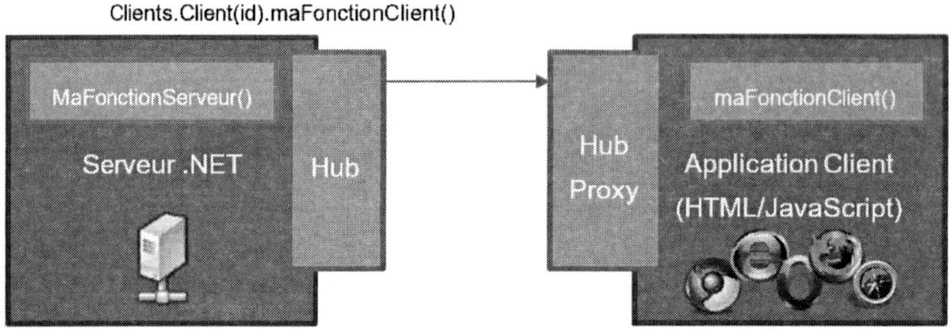

Appel d'une fonction cliente depuis le serveur.

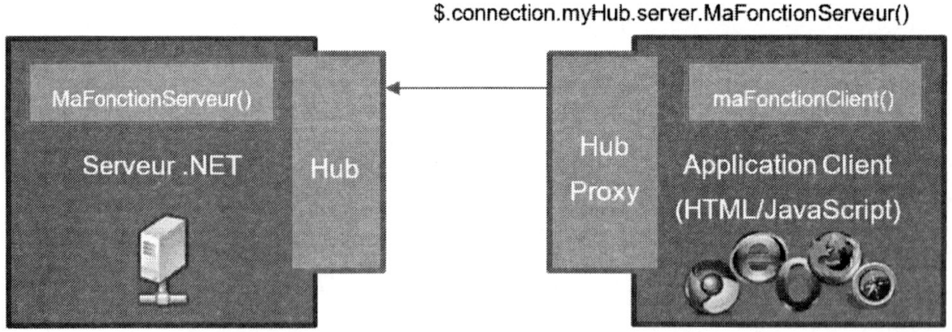

Appel d'une fonction serveur depuis le client.

L'architecture élaborée par SignalR est très complète et permet de facilement interconnecter un serveur avec plusieurs clients terminaux. Les Hubs fonctionnent de la manière suivante :

- Lorsque le Hub appelle une méthode vers le client, un paquet est envoyé à travers le canal de communication utilisé (WebSockets, Long polling...) contenant le nom de la méthode et les paramètres de la méthode.
- Les paramètres envoyés sont sérialisés en JSON.
- Le client reçoit le paquet et inspecte ce dernier afin de retrouver le nom de la méthode.
- Le client tente ensuite de retrouver la méthode correspondant au nom, et l'appelle en envoyant les paramètres.

Le schéma ci-dessous récapitule la pile technologique utilisée par SignalR :

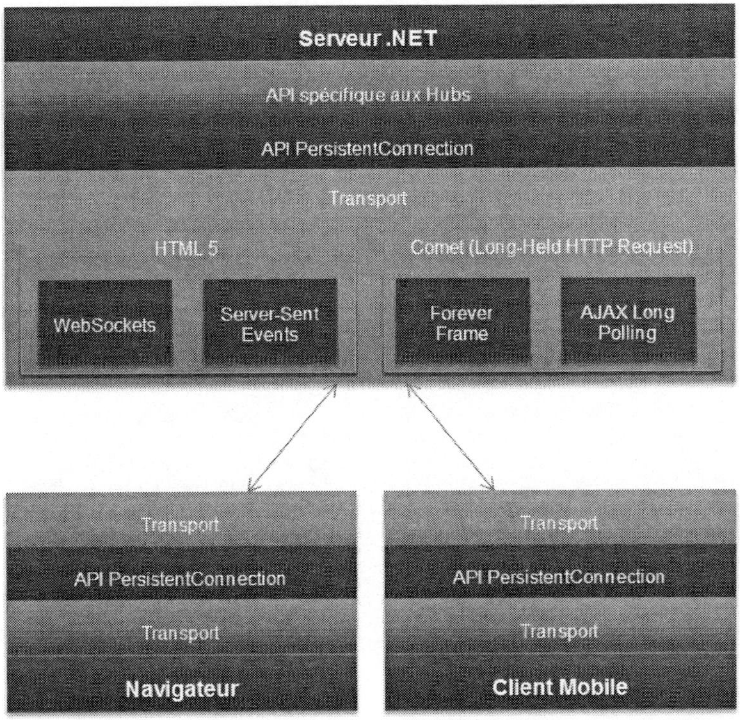

Architecture technologique utilisée par SignalR.

Remarque

La suite de la section s'appuie sur des exemples de code écrits avec SignalR 2 ! En effet, la version 3 n'étant pas stable et non maintenue par Microsoft pour le moment (juin 2016), nous avons préféré utiliser la version 2 de la librairie afin de fournir des exemples fonctionnels. Aucune date de sortie n'est prévue pour le moment pour SignalR 3. Il est important de suivre la mise à jour sur le dépôt GitHub : https://github.com/aspnet/SignalR-Server.

Afin de faire fonctionner SignalR 2 avec ASP.NET Core, il faut d'abord importer certains packages OWIN depuis NuGet.

```
    "Microsoft.AspNet.SignalR.Core": "2.2.0",
    "Microsoft.AspNet.SignalR.Owin": "1.2.2",
    "Microsoft.AspNet.SignalR.SystemWeb": "2.2.0",
    "Microsoft.AspNet.Owin": "1.0.0-rc1-final",
```

Ensuite, SignalR 2 a besoin d'être activé dans la classe Startup, permettant ainsi au pipeline HTTP de profiter pleinement de la communication en temps réel fournie par la librairie :

```
app.UseOwin(pipeline =>
{
    pipeline(next => {
        var owinApp = new AppBuilder();
        owinApp.Properties["builder.DefaultApp"] = next;


        owinApp.MapSignalR();
        return owinApp.Build<Func<IDictionary<string, object>,
Task>>();
    });
});
```

Pour finir, il faut intégrer un dernier package permettant la génération du Hub proxy pour le client. Ce dernier peut être importé depuis NPM ou Bower.

```
"ms-signalr-client": "2.2.2"
```

D'un point de vue du code, écrire une application web communiquant en temps réel avec SignalR est très simple. Tout d'abord, du côté serveur il est important d'implémenter un Hub. Comme indiqué ci-dessus, le Hub va permettre de gérer les appels et les messages du côté du serveur. L'implémentation hérite de la classe `Microsoft.AspNet.SignalR.Hub` et définit les méthodes qui seront utilisables par les clients. Toutes les méthodes publiques du Hub sont exposées aux clients, et donc le navigateur peut appeler n'importe laquelle de ces méthodes via un script.

Le code ci-dessous possède les caractéristiques suivantes :

- La classe `Hub` expose la liste des clients connectés via la propriété `Clients`. Cette propriété est complètement dynamique et permet notamment d'envoyer un message à tous les clients via la méthode `broadcastMesage`.

Remarque

Ici le nom de la méthode `broadcastMesage` n'est pas du tout "standardisé". C'est simplement le même nom utilisé du côté client. JavaScript étant totalement dynamique aussi, la résolution de la méthode sera faite par le nom et aussi par la signature de cette dernière : les paramètres sont également importants.

- La méthode `Send` ici déclarée dans le Hub est un point d'entrée utilisable par les clients. Les paramètres envoyés proviennent également du client : durant le transport ces paramètres sont sérialisés en JSON.

```
public class ChatHub : Hub
{
    public void Send(string name, string message)
    {
        // Envoi d'un message à tous les clients
        Clients.All.broadcastMessage(name, message);
    }
}
```

Du côté client, SignalR fonctionne avec jQuery. jQuery permet d'exposer le proxy utilisé en JavaScript afin de communiquer avec le Hub du serveur. Le Hub client va déclarer les méthodes dans lesquelles le serveur va pouvoir envoyer des messages, et c'est également lui qui va lancer les communications avec le Hub du serveur. Afin de récupérer ce Hub, il faut tout d'abord intégrer le client JavaScript pour SignalR et le Hub proxy autogénéré par le projet dans l'application web.

```
<script src="Scripts/jquery.signalR-2.2.2.min.js"></script>
<script src="signalr/hubs"></script>
```

Ensuite, afin de récupérer une référence à ce Hub proxy, il suffit d'utiliser la propriété du même nom que le Hub du serveur.

```
var chat = $.connection.chatHub;
```

Remarque

En JavaScript la référence est en camel case (patique consistant à écrire un ensemble de mots en mettant en majuscule la première lettre des mots liés).

Le client a besoin ensuite de définir les méthodes que le serveur peut utiliser afin de communiquer. Dans notre cas, la méthode s'intitule `broadcastMessage`. SignalR va ainsi automatiquement mapper l'appel de la méthode serveur avec la fonction JavaScript.

```
chat.client.broadcastMessage = function (name, message) {
        // Traitement de name et message
    };
```

Dans le sens contraire, le script a simplement besoin d'appeler la méthode avec le même nom que celui exposé par le Hub serveur. Dans l'exemple ci-dessous, la méthode est intitulée `Send`. De manière dynamique, le Hub proxy possède également cette méthode dans la propriété `server`.

```
$.connection.hub.start().done(function () {
        $('#sendmessage').click(function () {

            // Appel de la méthode send
            chat.server.send(myName, myMessage);
        });
    });
```

Remarque

Ici aussi les méthodes sont en camel case.

Remarque

L'approche utilisée ci-dessus, avec la méthode `.done()` permet de s'assurer que la connexion est établie avant d'envoyer des messages au serveur. En effet, c'est le temps que SignalR s'occupe de la négociation et qu'il détermine quel transport il doit utiliser.

Le Hub proxy possède deux propriétés importantes : `client` et `server`. Ce sont ces deux propriétés qui permettent au client d'interagir avec le serveur, ou bien de définir les méthodes mises à disposition par le client pour le serveur.

Il est clair que la version 3 de SignalR sera bien mieux intégrée à ASP.NET Core, cependant la version 2 permet d'avoir une gestion de la communication en temps réel client-serveur plutôt élégante.

6. Le langage TypeScript

Le langage JavaScript est aujourd'hui l'un des langages les plus utilisés au monde afin de concevoir des applications web modernes et dynamiques. Il est difficile aujourd'hui pour un développeur front-end de se passer de cette technologie pour plusieurs raisons :

- C'est la seule option côté client pour écrire du code métier.
- De par les contraintes des sites web modernes, l'explosion des offres de frameworks et de librairies fait que la part de code JavaScript a énormément augmentée.

Écrire du code JavaScript propre et maintenable n'est pas forcément chose facile, et les applications web peuvent vite devenir une usine à gaz si le code client n'est pas de qualité ni écrit avec un minimum de bonnes pratiques. Le développeur peut ainsi vite s'y perdre s'il n'a pas une solide connaissance et de l'expérience dans le langage.

Afin de pallier ces problématiques, plusieurs langages compilés basés sur JavaScript ont vu le jour. Microsoft a créé et développé son propre langage qui est TypeScript. À la fois open source et utilisable en dehors de l'environnement Microsoft, TypeScript devient aujourd'hui une alternative solide à l'écriture de code client.

TypeScript est un langage compilé, c'est-à-dire que Microsoft a développé son propre compilateur permettant de *transpiler* (contraction de *traduire* et *compiler*) le code TypeScript en JavaScript. Tout code JavaScript s'intégrera très facilement dans du code TypeScript car le langage Microsoft est simplement un surensemble de JavaScript. Les librairies telles que jQuery ou Bootstrap s'intégreront de la même manière qu'avec du JavaScript.

Remarque

Les bibliothèques citées ci-dessus, et même toutes les librairies JavaScript, s'intégreraint bien mieux au code TypeScript du développeur si elles-mêmes étaient écrites en TypeScript, car elles disposeraient alors de fonctionnalités comme la résolution des types, l'autocomplétion sous Visual Studio ou bien encore les interfaces.

La syntaxe de TypeScript est une réelle continuité avec celle de JavaScript, et le délai d'adaptation depuis l'existant est très court. L'apprentissage de ce langage est également très simple car il apporte uniquement des fonctionnalités basiques de la programmation objet que ne possède pas encore le JavaScript. En somme, s'approprier un langage tel que TypeScript permet d'avoir au final un code JavaScript propre et utilisant les bonnes pratiques tout en s'approchant des fonctionnalités des langages modernes d'aujourd'hui.

JavaScript repose sur la norme ECMAScript, normalisée par Ecma International en 1997. Au fil des années le langage a bien évolué et a bénéficié de plusieurs ajouts syntaxiques et fonctionnels. TypeScript se base énormément sur ces normes afin de générer le JavaScript. La syntaxe du langage permet ainsi d'implémenter des fonctionnalités du JavaScript de manière élégante pour le développeur, permettant également d'unifier le code côté client selon les normes ECMAScript supportées par les navigateurs.

Le grand avantage de TypeScript est le typage statique (au contraire du JavaScript qui possède un typage dynamique). Ce typage apporte une multitude d'avantages :

- Améliore la collaboration entre les développeurs de l'équipe.
- Améliore l'expérience utilisateur de l'IDE en proposant ainsi des fonctionnalités avancées comme l'autocomplétion, la navigation entre références, la résolution des types et bien d'autres encore.
- Ajoute même l'aide à la saisie pour des librairies externes écrites en JavaScript grâce à des fichiers de définitions répertoriant les nombreuses API existantes et maintenues par l'importante communauté de la librairie *Typings*. Le GitHub est très bien documenté à ce sujet : https://github.com/typings/typings
- Vérifie les erreurs lors de la compilation et non plus à l'exécution.

Remarque

Le typage statique est optionnel, c'est-à-dire que le développeur peut choisir de tout typer dynamiquement s'il le souhaite. Cependant, déclarer des types dans une classe destinée à être exposée en tant qu'API à d'autres développeurs est une pratique à recommander. Libre aux développeurs de choisir leurs niveaux de typage dans le code.

La déclaration d'une variable typée est très simple en TypeScript, mais le compilateur sait également induire le type en fonction de la déclaration. Les deux exemples de code ci-dessous sont équivalents :

```
// Déclaration du type explicite
var maChaine: string = 'Ma chaîne de caractères';

// Type induit implicitement
var maChaine: string = 'Ma chaîne de caractères';
```

Une assignation de type différent que le type déclaré pour la variable va ainsi soulever une erreur lors de la compilation.

```
maChaine = 123; // Cannot convert 'number' to 'string'
```

Comme indiqué plus haut dans cette section, le développeur est libre de typer dynamiquement ses variables. Le code ci-dessous est ainsi valable aux yeux du compilateur :

```
var maChaine: any = 'Ma chaîne de caractères';
maChaine = 123;
// Le compilateur laissera passer
// Et le JavaScript transpilé fonctionnera également
```

Ainsi, le langage laisse totale liberté au développeur de typer ou non ses variables et méthodes. La déclaration d'une interface est une des nouveautés du langage. Il permet de rajouter de la contractualisation au sein des classes, et donc avoir un code verbeux et plus évident à maintenir. La classe ci-dessous possède les caractéristiques suivantes :

- Elle implémente `AlertInterface` avec la méthode `afficheAlert` via le mot-clé `implements`.
- La méthode `afficheAlert` prend en paramètre un message afin de l'afficher dans l'alerte.
- La méthode ajoute un préfixe au message. Ce préfixe est déclaré directement dans le constructeur de la classe avec l'indicateur `private`. Ce dernier permet de déclarer la variable comme étant une variable de classe, accessible via le mot-clé `this`.

```
interface AlertInterface {
   afficheAlert(message: string): void;
}
class MaClass implements AlertInterface {
   constructor(private prefix = 'Alert - ')
    {}

   public afficheAlert (message: string) {
      alert(this.prefix + message);


}
```

Remarque

D'un point de vue du JavaScript, le langage n'utilise pas d'interface, et par conséquent il ne va pas vérifier que l'interface est correctement implémentée. Il va simplement exécuter la méthode `afficheAlert`. Si elle est présente, le code s'exécutera, sinon le script plantera.

Les interfaces sont un bon moyen pour le développeur de s'assurer que son code TypeScript est bien formaté et qu'il répond à une certaine norme. Elles sont également pratiques dans le cas d'un développement d'une API destinée à être publiée et utilisée par d'autres développeurs.

Avec les langages modernes d'aujourd'hui tels que C# ou Java, le développeur est capable de créer des classes réutilisables, appelées plus communément des classes génériques. JavaScript, étant un langage dynamique, il supporte par nature la généricité des types, car finalement aucun type n'est vraiment défini en JavaScript. Afin d'avoir un support plus concret en TypeScript des génériques, le langage intègre une syntaxe relativement identique avec les langages modernes. Le code ci-dessous montre comment il est plus élégant d'utiliser les génériques plutôt que la syntaxe `any` de JavaScript.

```
// Utilisation avec ANY
function identity(arg: any): any {
    return arg;
}

// Utilisation avec un type générique
function identity<T>(arg: T): T {
    return arg;
}
```

Ce genre d'écriture permet de mettre des contraintes sur le type `T` (comme une interface), et ainsi s'assurer que le code utilisant la méthode respecte bien le contrat.

Une autre fonctionnalité intéressante du langage est l'héritage de classe. Cet héritage est possible via le mot-clé `extends`, et permet au développeur de mieux décomposer son code au travers de plusieurs classes avec des responsabilités bien séparées. Le code ci-dessous représente une hiérarchie d'animaux, permettant de séparer les propriétés de chacun.

```
class Animal{
    Nom: string;
    Type: string;
}
class Chien extends Animal {
    Race: string;
}
```

Le compilateur TypeScript s'occupe de générer le JavaScript en fonction du code écrit par le développeur, et permet d'intégrer plusieurs options de compilation lors de la génération. Ces options s'intègrent grâce à un fichier intitulé *tsconfig.json*. Déposer ce fichier dans un dossier signifie que ce dossier est la racine d'un projet TypeScript, et permet d'indiquer au compilateur différentes options. La compilation se fait dans l'ordre suivant :

- Lancement de **tsc** (compilateur TypeScript) avec aucune option spécifique. Le compilateur va ainsi chercher un fichier tsconfig.json dans le dossier courant et tous les dossiers parents.
- Lancement de **tsc** avec l'option **--project** permettant d'indiquer un fichier spécifique.

Remarque

Visual Studio 2015 est capable de comprendre et de lire ce fichier afin d'avoir une expérience de compilation TypeScript complètement intégrée à l'IDE.

Les options importantes et intégrables dans le fichier *tsconfigs.json* sont les suivantes :

- `compileOnSave` : indique à l'IDE de compiler les fichiers TypeScript lorsque ces derniers sont sauvegardés ;
- `module` : mode de résolution des imports (CommonJS, Node...) ;
- `target` : version ECMAScript pour la génération JavaScript (es5, es6...) ;

- `sourceMap` : génération de fichier .map pour le debug TypeScript via les navigateurs ;
- `exclude` : dossier ou fichier à exclure lors de la compilation ;
- `files` : fichier à intégrer lors de la compilation. Si cette option n'est pas fournie, le compilateur va chercher tous les fichiers **.ts** dans le dossier courant et tous les sous-dossiers.

Le code ci-dessous donne un exemple de plusieurs options utilisables par le compilateur :

```
{
    "compileOnSave": true,
    "compilerOptions": {
        "module": "commonjs",
        "target": "es6",
        "removeComments": true,
        "preserveConstEnums": true,
        "outFile": "../../built/local/tsc.js",
        "sourceMap": true
    },
    "exclude": [
        "node_modules",
        "wwwroot"
    ]
}
```

La liste complète des options se trouve ici :
https://www.typescriptlang.org/docs/handbook/compiler-options.html

TypeScript est réellement un langage permettant de faciliter le travail collaboratif au sein de l'équipe de développement et d'augmenter la maintenabilité du code client. Nous conseillons vivement l'utilisation de ce langage qui devient de plus en plus populaire dans la communauté actuelle de développement web.

Chapitre 10
La mise en œuvre d'Angular 2

1. Introduction

Depuis maintenant plusieurs années, le monde du développement web a vu arriver un nombre incalculable de frameworks et autres librairies JavaScript afin de faciliter la vie des développeurs front-end. L'un d'entre eux, AngularJS, s'est imposé comme étant l'un des frameworks les plus populaires de sa génération, en proposant une méthodologie robuste afin de rendre le code client bien plus maintenable et performant. Concrètement, le but d'AngularJS est de proposer la méthodologie MVC côté client tout en apportant les bienfaits d'une *Single Page Application* avec la puissance du langage JavaScript.

Aujourd'hui, et annoncée depuis presque deux ans, la version 2 du célèbre framework est sur le point d'être finalisée, proposant déjà une base extrêmement solide pour construire des applications web modernes. En corrélation avec l'équipe de Microsoft en charge du langage TypeScript, l'équipe d'Angular a complètement réécrit et repensé le framework afin d'y apporter la performance qui lui manquait, mais aussi pour profiter de toute la puissance de la syntaxe de TypeScript afin de concevoir un code propre bien plus maintenable qu'il ne pouvait l'être auparavant.

Le présent chapitre va traiter les points les plus importants d'Angular 2, tout en montrant comment le framework a su tirer parti du meilleur de HTML 5 et de TypeScript. La notion de composant étant le point central du framework, nous y consacrerons une partie puis le chapitre fera le tour des différentes fonctionnalités d'Angular 2, en finissant par la navigation.

Remarque

Tous les exemples de code de ce chapitre ont été réalisés avec la version RC1 d'Angular, et il n'est donc pas impossible que certaines API changent avec les différentes nouvelles sorties du framework.

2. Les nouvelles API HTML 5

Longtemps le Web a été conçu à partir de balises `<div>` et `<span>` n'apportant finalement que très peu de verbosité au code HTML que le développeur écrivait. Certes, il existe les classes CSS permettant de styliser facilement les balises, mais d'un point de vue HTML pur, le code n'est que très peu structuré.

Ne serait-il pas mieux de pouvoir créer et utiliser une balise `<left-menu>` pour un menu vertical, une balise `<grid>` pour concevoir une grille ou encore une balise `<notification>` afin de concevoir un centre de notifications pour l'application ? HTML 5 permet maintenant ce genre d'écriture en autorisant les custom elements.

Les custom elements permettent aux développeurs web de concevoir leurs propres types d'éléments HTML, posant ainsi la première brique du concept plus large de web components (expliqué dans la partie suivante). Ces nouveaux éléments permettent de :

- Définir de nouveaux éléments HTML/DOM ;
- Créer des éléments qui étendent d'autres éléments ;
- Concevoir des fonctionnalités personnalisées rassemblées dans un même package logique et identifiées via un seul tag ;
- Étendre les API d'autres éléments du DOM.

La base de toute création d'un nouvel élément HTML 5 provient de la méthode `document.registerElement()` en JavaScript. Le code ci-dessous montre comment créer un élément à partir de rien :

```
var TestAngular = document.createElement('test-angular);
document.body.appendChild(new TestAngular());
```

Ce qui résulte du code HTML suivant qui est introduit dans le DOM de la page :

```
<test-angular></test-angular>
```

Remarque

Le nommage des éléments est très important. Tous les navigateurs supportent une liste finie d'éléments HTML qui sont connus. Les éléments non connus, tels que <ville> ou <client> ne vont pas forcément provoquer une erreur du parseur HTML et vont plutôt être définis comme étant des éléments inconnus via l'interface HTMLUnknownElement. La norme W3C préconise plutôt de rajouter un tiret (-) à chacun des custom elements rajoutés par le développeur afin que le parseur HTML puisse faire la différence. Cela prévient aussi des futures évolutions du standard en évitant des collisions avec les nouveaux éléments HTML 5. Au final, la balise <ville> sera plutôt <ma-ville> ou <x ville>.

Le code JavaScript ci-dessous permet de savoir rapidement si l'élément créé est conforme aux préconisations du W3C. Pour ce faire, il suffit de tester le prototype de l'élément créé.

```
// "tabs" n'est pas un nom valide
document.createElement('tabs').__proto__ ===
HTMLUnknownElement.prototype

// "x-tabs" est un nom valide pour un élément personnalisé
document.createElement('x-tabs').__proto__ ===
HTMLElement.prototype
```

Il est également possible de rattacher des événements aux éléments personnalisés via la méthode `addEventListener()` et ainsi rajouter de l'interaction avec ce nouvel élément.

```
var myCity = document.createElement('my-city');
myCity.addEventListener('click', function(e) {
  alert('Thanks!');
});
```

C'est ainsi qu'il est possible de créer des éléments autonomes reliant le côté structurel du HTML 5 avec l'interactivité du JavaScript. Le code suivant crée un objet JavaScript avec une fonction et une propriété, le tout encapsulé dans un custom element HTML 5 et ajouté au DOM.

```
// Déclaration de l'élément
var MyCity = document.registerElement('my-city', {
  prototype: Object.create(HTMLElement.prototype, {
    population: {
      get: function() { return 5; }
    },
    makeAlert: {
      value: function() {
        alert('makeAlert() called');
      }
    }
  })
});

// Création de l'élément
var xfoo = document.createElement('x-foo');

// Ajout du nouvel élément sur la page
document.body.appendChild(xfoo);
```

Pour finir sur cette API, il manque une chose aux éléments créés ci-dessus : du contenu. Afin de définir du HTML à l'intérieur d'un élément, il suffit d'utiliser les callbacks qui permettent de définir des fonctions à certains moments précis du cycle de vie de l'élément (création, attachement au DOM, détachement au DOM, changement d'attribut). Le code ci-dessous exploite le callback de création afin d'ajouter du HTML à l'intérieur de l'élément.

```
var MyCityProto = Object.create(HTMLElement.prototype);

MyCityProto.createdCallback = function() {
  this.innerHTML = "<b>Je suis un x-city-with-markup!</b>";
};

var MyCity = document.registerElement('x-city-with-markup',
{prototype: MyCityProto });
```

Cependant, le code à l'intérieur de notre élément n'est pas vraiment isolé du reste de la page. En effet, lorsqu'un nouvel élément HTML 5 est défini avec des événements et du comportement, il est préférable d'encapsuler le code HTML afin de laisser le monopole au nouvel élément de modifier et d'enrichir ce HTML. Pour ce faire, il suffit d'utiliser une nouvelle API : le Shadow DOM.

De manière synthétique, le Shadow DOM permet de :

- Cacher toute la mécanique derrière un nouvel élément ;
- Éviter d'exposer le HTML au reste de la page ;
- Encapsuler le style de l'élément.

Le code ci-dessous crée un Shadow DOM à l'intérieur de l'élément. Concrètement, cela revient à utiliser la méthode `createShadowRoot()` pour le custom element courant et à définir le HTML voulu à l'intérieur. Ce processus est simple et ne nécessite que très peu de code supplémentaire.

```
var XFooProto = Object.create(HTMLElement.prototype);

MyCityProto.createdCallback = function() {
  // 1. Rattachement d'une racine DOM de type "shadow" à l'élément.
  var shadow = this.createShadowRoot();

  // 2. Remplissage via du code HTML.
  shadow.innerHTML = "<b>Je suis le Shadow DOM!</b>";
};

var MyCity = document.registerElement('my-city-shadowdom',
{prototype: MyCityProto });
```

Avec l'option "Show Shadow DOM" des DevTools, le Shadow DOM est affiché, correspondant au HTML inséré dans le nouvel élément.

```
<my-city-shadowdom>
   #shadow-root
      <b>Je suis le Shadow DOM!</b>
 </ my-city -shadowdom>
```

Le dernier point important concernant cette API est l'utilisation d'un template pour la création du Shadow DOM. En effet, il est tout de même plus lisible de séparer le HTML du JavaScript. Pour ce faire, les templates permettent de définir des fragments de HTML utilisables ensuite dans le JavaScript avec simplement son identifiant.

Le code ci-dessous possède les caractéristiques suivantes :

- Enregistrement du nouveau composant ;
- Création du Shadom DOM de l'élément avec un template ;
- Encapsulation du DOM de l'élément. En effet, toutes les balises <p> ne deviennent pas rouges.

```
<template id="mytemplate">
  <style>
    p { color: red; }
  </style>
  <p>C'est le Shadow DOM, depuis un template !</p>
</template>

<script>
var proto = Object.create(HTMLElement.prototype, {
  createdCallback: {
    value: function() {
      var t = document.querySelector('# mytemplate);
      var clone = document.importNode(t.content, true);
      this.createShadowRoot().appendChild(clone);
    }
  }
});
document.registerElement('x-element-from-template', {prototype:
proto});
</script>
```

La dernière API à explorer est le HTML import : elle permet de facilement importer des documents HTML à l'intérieur d'autres documents HTML. De manière concrète, tout ce qu'un fichier .html accepte peut être importé via l'API, comme par exemple des fichiers CSS ou encore des fichiers JavaScript. Cela permet d'être beaucoup plus modulable au niveau de l'organisation du projet, mais cela donne aussi la possibilité de charger de manière asynchrone les fichiers nécessaires.

Le code ci-dessous montre comment importer facilement un autre fichier .html :

```
<head>
  <link rel="import" href="/chemin/du/fichier/stuff.html">
</head>
```

L'intérêt de cette API est également de pouvoir packager les imports nécessaires à l'application web. La librairie Bootstrap est un bon exemple, car souvent le développeur a besoin d'importer plusieurs librairies et scripts comme *jquery.js*, *bootstrap.js*, *bootstrap.css*, *fonts.css* et ainsi de suite afin de faire fonctionner la librairie. Avec le HTML import, il suffit d'importer un seul .html qui regroupe toutes les librairies.

```
<head>
  <link rel="import" href="bootstrap.html">
</head>
```

Le fait d'inclure un import dans une page permet également de parser cet import et d'exécuter les scripts qui sont à l'intérieur. Un document importé est appelé un import document, et le développeur peut manipuler le DOM de l'import avec les API de manipulation DOM classiques. Le code ci-dessous importe un document et garde une référence du contenu en JavaScript, permettant de le manipuler par la suite :

```
var content =
document.querySelector('link[rel="import"]').import;
```

L'import sera nul si :

- Le navigateur ne supporte pas les imports HTML ;
- La balise `<link>` n'a pas d'attribut `rel="imports"` ;
- La balise `<link>` n'est pas présente dans le DOM ;

Les règles d'import en JavaScript sont :

- Les scripts de l'import sont exécutés dans le même ordre qu'ils sont définis et dans le même contexte que le contexte appelant.
- Les imports ne bloquent pas les parsing de la page, et donc les scripts à l'intérieur de l'import sont exécutés de manière différée à ce parsing.

L'utilité de cette API ne s'arrête pas là, car elle permet aussi d'importer des templates. L'avantage des templates est que le JavaScript n'est pas exécuté tant que le template n'est pas complètement inclus dans le DOM, facilitant ainsi grandement le découpage entre code structurel (la vue) et code métier (les scripts). Le template suivant définit un script qui ne sera lancé que lorsqu'il sera complètement chargé et activé. La balise <img> ne va également charger l'image que lorsque le template sera complètement inclus dans le DOM.

```
<template>
  <img src="html5.png">
  <script>alert("Le template est chargé !");</script>
</template>
```

Le code ci-dessous importe alors le document ci-dessus, mais ne fait rien de particulier afin d'activer les scripts de l'import :

```
<head>
  <link rel="import" href="import.html">
</head>
<body>
  <div id="container"></div>
  <script>
    var link = document.querySelector('link[rel="import"]');

    // Récupération du template
    var template = link.import.querySelector('template');
    var clone = document.importNode(template.content, true);

    document.querySelector('#container').appendChild(clone);
  </script>
</body>
```

Dans l'exemple ci-dessus, il est intéressant de compléter le code en rajoutant l'API Shadow DOM afin d'encapsuler un peu plus encore la structure de l'import. Il suffit ensuite d'ajouter un custom element afin d'encapsuler le template dans un composant JavaScript pour y ajouter de l'interactivité.

Le code ci-dessous est packagé dans un autre fichier HTML qui est importé dans la page principale de l'application. L'import s'occupe de lancer les scripts automatiquement. Il définit d'abord un template qui est ensuite chargé par script puis inséré dans un custom element intitulé <shadow-element>. L'élément se charge lui-même de récupérer l'HTML qui le compose.

```
<template id="t">
  <style>
    ::content > * {
      color: red;
    }
  </style>
  <span>C'est le Shadow DOM!</span>
  <content></content>
</template>

<script>
  (function() {
    var importDoc = document.currentScript.ownerDocument; //
importee

    // Création d'un <shadow-element>
    // that uses Shadow DOM and a template.
    var ProtoTest = Object.create(HTMLElement.prototype);

    ProtoTest.createdCallback = function() {
      // Récupération du template de l'import
      var template = importDoc.querySelector('#t');

      // Importation du contenu du template
      var clone = document.importNode(template.content, true);

      var root = this.createShadowRoot();
      root.appendChild(clone);
    };

    document.registerElement('shadow-element', {prototype:
ProtoTest });
  })();
</script>
```

Il suffit ensuite d'intégrer l'élément comme étant un custom element :

```
<head>
  <link rel="import" href="elements.html">
</head>
<body>
  <shadow-element></shadow-element>
</body>
```

Voilà au final comment ces nouvelles API HTML 5 se combinent entre elles afin d'offrir au développeur un moyen puissant et flexible de découper son code client. Il est évident qu'Angular 2 utilise ces API mais de manière totalement transparente pour le développeur, et donc il n'a pas besoin de se focaliser sur la façon d'importer les éléments : il indique simplement un fichier qui servira de template, et la mécanique d'Angular se chargera de faire l'import. Tous ces processus n'ont qu'un seul but : la création de web components.

3. La notion de composant

Angular 2 est résolument tourné vers les nouveaux standards du Web moderne en implémentant une bonne partie des nouvelles API et en proposant avec ceci toute une méthodologie de développement côté client à la fois riche et flexible. Le cœur d'Angular est maintenant tourné vers un seul et unique concept : les web components.

Pour faire simple, un web component est la fusion des grands principes qui ont été décrits dans la section précédente : les imports, les custom elements et le Shadow DOM. L'utilisation d'un web component présente plusieurs avantages :

– L'utilisation du Shadow DOM permet de travailler uniquement sur une petite partie du DOM et non sur le DOM entier de la page. De ce fait, lors de la manipulation d'éléments HTML, le processus est plus performant car on ne parcourt qu'une partie du DOM.
– L'encapsulation du style pour ainsi éviter les collisions entre les différents CSS.
– La réutilisation des composants grâce à l'import.
– La création automatique et propre des éléments personnalisés.

- La séparation du DOM et du code source est beaucoup plus simple et claire, tout en conservant une maintenabilité efficace.
- Les pages sont plus légères lors du chargement.

Cependant, les web components peuvent vite devenir désorganisés et complexes si le développeur construit des éléments de trop grande taille. C'est face à ce problème qu'Angular 2 intervient afin de répondre de manière efficace et organisée à la complexité des web components.

D'un point de vue d'Angular 2 le constat est très clair : tout est composant. Cela veut dire que chaque parcelle de l'application web doit être un web component afin d'améliorer les performances et le dynamisme du site. Même l'ensemble de l'application doit être un unique composant, qui va lui-même interagir avec d'autres composants pour la récupération de données ou encore la navigation. Au final, le développeur construit un arbre de composants qui peuvent communiquer entre eux.

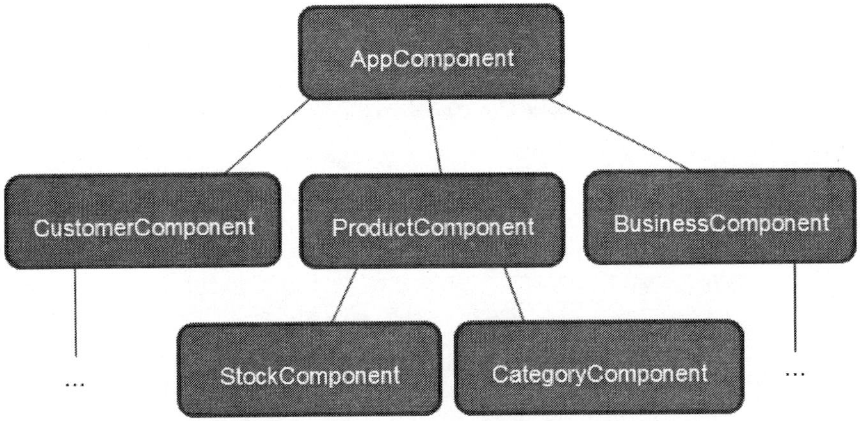

Exemple d'arbre de dépendances des composants Angular 2.

À l'origine, la première version d'AngularJS proposait la mise en œuvre du pattern MVC (Modèle - Vue - Contrôleur) côté client en JavaScript afin d'avoir un meilleur découpage des couches. Au fur et à mesure des versions et des différentes refontes de code opérés sur le framework, AngularJS tendait plutôt à mettre en œuvre un pattern MVVM (Modèle - Vue - VueModèle) redistribuant ainsi les responsabilités des différentes couches d'une manière différente.

Aujourd'hui, la nouvelle version d'Angular change une nouvelle fois de concept et tend vers un pattern MV* ou MVW (Modèle - Vue - Whatever), c'est-à-dire que la troisième couche de l'application est adaptable en fonction des besoins du développeur. Les composants Angular 2 vont ainsi mettre en œuvre ce pattern afin de décomposer au mieux les différentes parties du web component.

Le code d'un composant est très simple, car au final, un composant Angular 2 n'est rien d'autre qu'une classe TypeScript sur laquelle le développeur va venir rajouter des métadonnées afin préciser le rôle de ce composant (composant HTML, attribut HTML, service...). Afin qu'un composant puisse commencer à vivre, il lui faut :

- Un selector : c'est le tag du nouveau composant ;
- Un template : c'est l'HTML du composant.

Ces deux éléments permettent à Angular d'utiliser les API HTML5 qui vont créer le custom element, faire l'import du template et utiliser le Shadow DOM.

L'exemple ci-dessous utilise le selector `product-component` pour définir le tag du nouvel élément, puis définit le chemin du template.

```
@Component({
    selector: 'product-component',
    templateUrl: 'talk.component.html'
})
class ProductComponent {
    // Méthodes, fonctions, propriétés...
}
```

Remarque

Notez le caractère très simple du composant. Angular cache totalement la complexité de création du composant aux yeux du développeur afin d'améliorer la maintenabilité de l'application.

La notation `@Component` est particulière à Angular, et indique que ce composant est un nouvel élément HTML5. Les différentes annotations sont décrites dans la partie suivante. Ainsi, le composant peut simplement être utilisé dans une vue de l'application en utilisant le tag défini dans la classe TypeScript.

```
<product-component></product-component>
```

Les informations suivantes constituent un composant :

- Un composant sait comment interagir avec son DOM ;
- Un composant sait comment s'afficher ;
- Un composant configure ses propres dépendances (Angular 2 intègre également son propre système d'injection de dépendances) ;
- Un composant peut exposer un ensemble d'API publiques composé de propriétés d'entrée et de sortie.

L'important ici est qu'un composant Angular 2 est self-describing, c'est-à-dire qu'il se suffit à lui-même pour s'instancier. Cela augmente très fortement la réutilisabilité du composant.

Remarque

Pour les nostalgiques d'Angular 1, les directives n'ont pas disparu ! Les composants sont simplement les types de directives les plus importants, mais ils ne sont pas seuls (les différentes directives sont expliquées dans la partie suivante). De manière simple, un composant est une directive avec un template.

Les composants ont également un cycle de vie permettant au développeur d'intégrer du code lorsqu'Angular créé, met à jour ou supprime le composant. Ce cycle de vie est représenté par des interfaces que le développeur décide d'implémenter ou non en fonction de ses besoins. Chaque interface possède une seule méthode qui correspond à un moment précis du cycle de vie, préfixé de `ng`. Par exemple, l'interface `OnInit` permet d'implémenter la méthode `ngOnInit`, et donc le code inclus dans cette méthode sera exécuté lorsque le composant sera initialisé par Angular.

```
@Component({
    selector: 'product-component',
    templateUrl: 'talk.component.html'
})
class ProductComponent implements OnInit {
    // Méthodes, functions, propriétés...

    ngOnInit() {
        // Composant initialisé
    }
}
```

Remarque

L'interface est optionnelle. En effet, il n'existe pas d'interface en JavaScript, et donc à l'exécution, Angular va appeler les méthodes du cycle de vie si elles sont définies, peu importe si l'interface a été implémentée ou non. Cependant, il est vivement conseillé d'utiliser les interfaces pour faciliter la lisibilité du code.

Les méthodes suivantes permettent de gérer le cycle de vie des composants et des directives d'une manière générale :

Méthode	Description
`ngOnInit`	Initialisation de la directive du composant après qu'Angular a initialisé les paramètres d'entrée.
`noOnChanges`	Après la modification d'une propriété d'entrée, la méthode reçoit un objet `changes` permettant de traiter les valeurs avant et après le changement.
`ngDoCheck`	Après chaque changement détecté dans le composant.
`ngOnDestroy`	Avant la destruction de l'objet.

Ensuite, il existe d'autres méthodes spécifiques pour les composants permettant de mieux gérer le cycle de vie notamment de la vue et du contenu :

Méthode	Description
`ngAfterContentInit`	Après qu'Angular a importé le contenu dans la vue.
`ngAfterContentChecked`	Après qu'Angular a vérifié le binding du contenu externe qui sera ensuite interprété par le composant dans sa vue.
`ngAfterViewInit`	Après qu'Angular a créé la vue du composant.
`ngAfterViewCheck`	Après qu'Angular a vérifié le binding dans la vue du composant.

Pour finir, le déclenchement de ces méthodes se fait dans un ordre bien particulier :

Méthode	Description
`ngOnChanges`	Dès que les propriétés d'entrée du composant changent.
`ngOnInit`	Après le premier `ngOnChanges`.
`ngDoCheck`	Après chaque cycle de détection.
`ngAfterContentInit`	Après chaque projection du contenu dans le composant.
`ngAfterContentChecked`	Après chaque vérification du contenu projeté dans le composant.
`ngAfterViewInit`	Après l'initialisation de la vue et de toutes les vues enfants.
`ngAfterViewChecked`	Après chaque vérification de la vue du composant et de toutes les vues enfants.
`ngOnDestroy`	Avant chaque destruction du composant

Ces méthodes permettent de rajouter de l'interactivité avec le DOM à des moments bien précis du cycle de vie du composant offrant plusieurs ouvertures pour le développeur. D'une manière générale, Angular 2 propose une gestion des composants très poussée qui implémente simplement et de manière élégante différentes API HTML5. La notion de composant étant une notion de développement web moderne, Angular 2 permet au développeur de mieux appréhender ce nouveau concept avec un point de vue de haut niveau.

4. Les différentes métadonnées

La section précédente a permis de mettre en lumière la notion de composant Angular et la philosophie qui est présente derrière tout ce framework. Les exemples ont montré qu'un composant n'est finalement qu'une simple classe TypeScript. Comment Angular peut-il alors interpréter cette classe comme étant un wzb component ? C'est grâce aux métadonnées.

Une métadonnée permet de donner des informations à Angular afin qu'il exécute un certain nombre d'opérations sur la classe en fonction du type de la métadonnée. Les métadonnées sont rajoutées via les décorateurs, c'est notamment le cas de @Component qui était présent dans les exemples précédents. Le code ci-dessous ajoute des métadonnées à une classe TypeScript afin de lui rajouter des fonctionnalités Angular :

```
@Component({
  selector:    'product-list',
  templateUrl: 'app/product-list.component.html',
  directives:  [ProductDetailComponent],
  providers:   [ProductService]
})
export class ProductsComponent { ... }
```

Ici le décorateur indique que la classe ProductsComponent est un composant Angular. Les décorateurs ne sont ni plus ni moins que des fonctions, prenant en entrée un objet de configuration qui sera traité ensuite par Angular afin d'exécuter les actions nécessaires (récupérer la vue, injecter des services...).

L'exemple ci-dessus regroupe les informations de configuration suivantes :

– selector : sélecteur CSS permettant à Angular de créer le composant dès qu'il trouve le tag <product-list> dans le HTML parent. Par exemple, Angular sera capable de remplacer le code HTML suivant par le composant correspondant :

```
<product-list></ product -list>
```

– templateUrl : le chemin vers la vue du composant.

– directives : tableau de composants ou de directives dont le template a besoin. Concrètement, le composant ProductsComponent aura probablement besoin d'autres composants pour fonctionner (par exemple un composant pour afficher le détail d'un produit). Chaque autre composant utilisé par le template via des custom elements devra indiquer dans directives le type du composant à utiliser (<product-detail> demandera d'indiquer un ProductDetailComponent dans la configuration).

– `providers` : tableau de providers pour les services utilisés par le composant. Si le composant `ProductComponent` demande un `ProductService` dans son constructeur afin de récupérer la liste de tous les produits, il devra l'indiquer dans la liste de ses providers.

Remarque

Il existe bien plus de propriétés encore pour le décorateur `@Component`. La documentation de l'API se trouve ici :
https://angular.io/docs/ts/latest/api/core/index/Component-decorator.html

Il existe d'autres décorateurs qui sont utilisables par le développeur, comme par exemple `@Directive`. Les directives permettent de rajouter du comportement à un élément du DOM. Les composants sont simplement des directives particulières qui rajoutent le templating HTML. Les directives vont plutôt définir des attributs HTML personnalisés afin de piloter de nouveaux comportements pour l'élément du DOM qui utilise cet attribut. Lorsqu'Angular trouve une directive dans le DOM via les sélecteurs, cela déclenche les processus suivants :

– Résolution des arguments du constructeur de la directive grâce à l'`ElementInjector` (objet Angular permettant d'injecter les composants dans le DOM en fonction des tags trouvés).
– Instanciation des composants dans l'ordre dans lequel ils sont déclarés dans le DOM et en injectant les dépendances de la classe.

L'exemple ci-dessous représente une directive permettant d'ajouter du comportement à un élément du DOM et d'interagir avec ce dernier. Elle représente une bulle d'information (un tooltip) qui affiche des informations diverses lorsque la souris survole l'élément DOM. Les propriétés de configuration utilisées sont :

– `selector` : sélecteur personnalisé pour la directive.
– `inputs` : indique que la directive possède un paramètre d'entrée qui est de type texte.
– `host` : permet d'interagir avec l'élément sur lequel est posée la directive. Dans l'exemple, on relie les événements de la souris avec des méthodes de la directive.

```
@Directive({
  selector: '[tooltip]',
  inputs: [
    'text: tooltip'
  ],
  host: {
    '(mouseenter)': 'onMouseEnter()',
    '(mouseleave)': 'onMouseLeave()'
  }
})
class Tooltip{
  text:string;

  constructor() {}

  onMouseEnter() {
    // événement d'entrée
  }

  onMouseLeave() {
    // événement de sortie
  }
}
```

La directive s'utilise très facilement :

```
<p tooltip="Le texte de mon tooltip"></div>
```

Remarque

Les directives peuvent ne pas accepter de paramètre d'entrée, cela dépend du besoin. Par exemple, une directive peut simplement agir sur l'élément HTML courant et changer ses propriétés comme la couleur, le contenu, son positionnement...

Avec ces deux premiers outils, le développeur est capable de créer ses propres composants HTML 5 et ses directives et ainsi d'ajouter du dynamisme dans ses pages. Angular 2 intègre également son propre moteur d'injection de dépendances, permettant au développeur de créer ses services et de les injecter de manière très simple dans ses composants Angular. De base, Angular va résoudre automatiquement toutes les classes TypeScript qui sont intégrées dans le constructeur du composant à partir du moment où le type de la classe est indiqué comme provider du composant.

Le code ci-dessous indique que le service `ProductService` est maintenant disponible pour injection dans le composant `ProductsComponent` et tous les composants enfants :

```
import { ProductListComponent }  from './product-list.component';
import { ProductService }        from './product.service';

@Component({
  selector: 'my-products',
  template: `
         <h2>Mon template</h2>
        <product-list></product-list>
          `,
  providers:[ProductService],
  directives:[ProductListComponent]
})
export class ProductsComponent {
  constructor(productService: ProductService) {
     this.products = productService.getProducts();
  }
}
```

Grâce à la déclaration de `ProductService` dans le provider, l'injection de cette classe est possible dans le constructeur, afin d'avoir accès aux méthodes du service. Cette injection est ensuite également possible dans tous les composants enfants, comme `ProductListComponent`.

Remarque

Il est préférable d'indiquer les providers dans les composants les plus hauts dans la hiérarchie afin d'éviter les redondances dans les déclarations. De plus, les services sont injectés chacun en tant que singleton dans le composant et dans tous les composants enfants : n'avoir qu'une seule déclaration, c'est s'assurer de n'avoir qu'une seule instance de notre service dans les composants.

Le code ci-dessous montre la classe de service utilisée plus haut dans le composant. Cette dernière possède plusieurs caractéristiques :

- Elle possède une dépendance avec `Logger`. En effet, les services eux-mêmes peuvent avoir des dépendances et il suffit d'utiliser la même écriture dans le constructeur pour les injecter.
- Elle possède un décorateur `@Injectable`. En effet, afin d'injecter la dépendance dans le service, Angular a besoin des métadonnées des paramètres du constructeur afin de savoir quelle classe il faut injecter, et TypeScript ne génère des métadonnées pour une classe que lorsqu'elle possède un décorateur. Le décorateur permet ainsi de générer les métadonnées qui serviront à Angular pour l'injection. Il est inutile de le mettre sur les composants car ils ont déjà un décorateur `@Component` afin de générer les métadonnées.

```
@Injectable()
export class ProductService {

  constructor(private logger: Logger) {  }

  getProducts() {
    this.logger.log('Getting products ...')
    return PRODUCTS;
  }
}
```

Remarque

Il est conseillé d'ajouter sur toutes les classes de services le décorateur `@Injectable`, même si ces classes n'ont pas forcément de dépendances. Cela permet d'avoir les mêmes règles de nommage partout, et aussi d'éviter les bugs si jamais on oublie le décorateur alors que le service possède une dépendance.

Remarque

Attention à ne pas oublier les parenthèses !

Remarque

N'oubliez pas non plus de rajouter le provider adéquat dans le composant, afin de chaîner la résolution des dépendances par Angular. S'il n'est pas présent, Angular émet tout de même une erreur qui permet de rapidement cibler le problème.

```
EXCEPTION: No provider for Logger! (ProductListComponent ->
ProductService -> Logger)
```

Il est possible de rendre l'injection optionnelle grâce au décorateur `@Optional`. Il est à la charge alors du développeur de vérifier la présence du service, et d'en fournir un autre pour que le composant fonctionne correctement.

La notation utilisée pour les providers n'est qu'un raccourci, car en fait cette notation utilise la classe `Provider` ou la méthode `provide` qui crée le `Provider`, les deux écritures sont semblables. Dans les deux cas, il faut fournir les paramètres suivants :

- Un jeton servant de clé, permettant de localiser la dépendance et d'enregistrer le provider.
- Un objet de définition de provider, permettant de définir comment il faut créer la dépendance.

```
Providers: [Logger]
     // devient
[new Provider(Logger, {useClass: Logger})]
     // ou
[provide(Logger, {useClass: Logger})]
```

On retrouve souvent les objets de définition de provider suivant :

- `useClass` : permet d'indiquer un type à utiliser lors de l'injection ;
- `useExisting` : permet d'indiquer une nouvelle classe qui en remplacera une autre, elle-même indiquée sous la même clé (ou le même alias). Imaginons que l'ancienne classe n'est pas modifiable pour diverses raisons, il suffit d'utiliser `useExisting` pour remplacer l'injection de l'ancienne classe par la nouvelle, mais en gardant la même clé pour le provider.
- `useValue` : permet d'indiquer une instance directement dans le provider.

Remarque

Il est également possible de créer ses propres objets de définition de provider, mais ce n'est pas l'objet de cette section. La documentation sur l'injection de dépendances est très fournie à ce sujet :
https://angular.io/docs/ts/latest/guide/dependency-injection.html

D'une manière générale, les applications font et répètent des tâches récurrentes tout au long de leur cycle de vie comme :

- Récupération de données ;
- Transformation des données ;
- Affichage à l'utilisateur.

La transformation de ces données peut être mutualisée, car dans la plupart des cas, le développeur va effectuer les mêmes transformations sur les données (formatage de dates, capitalisation de chaînes de caractères...). C'est ainsi qu'Angular intègre un nouveau concept intitulé les pipes. Ces derniers permettent intégrer directement des transformations de données dans les templates des composants, et ainsi améliorer la lisibilité du code. Le composant ci-dessous déclare une date, qui est ensuite formatée directement dans son template.

```
export class ProductRelease{
  release = new Date(1988,3,15)
}
```

Le composant utilise le template suivant afin d'afficher la date :

```
<p>Le produit est sorti le {{ release | date }}</p>
```

Cette annotation avec la barre verticale (un pipe) permet d'afficher la date de manière plus visible pour un humain (15 avril 1988) plutôt qu'une date brute affichée par le système (Fri Apr 15 1988 00:00:00 GMT-0700 (Pacific Daylight Time)). Les pipes intégrés au framework sont :

- `DatePipe` : formatage d'une date ;
- `UpperCasePipe` : formatage de la chaîne avec des lettres majuscules ;
- `LowerCasePipe` : formatage de la chaîne avec des lettres minuscules ;
- `CurrencyPipe` : formatage du chiffre en fonction de la devise ;
- `PercentPipe` : formatage du chiffre en pourcentage ;

Chacun de ces pipes possède des options qui permettent d'affiner la transformation. Par exemple, pour le `DatePipe`, il est possible de donner un autre format que celui par défaut. Le code suivant utilise une option pour formater différemment la date :

```
 <p> Date de sortie : {{ birthday | date:"MM/dd/yy" }} </p>
// Produit le résultat suivant
Date de sortie : 05/28/16
```

Remarque

Il est également possible de chaîner les pipes dans une même expression.

Pour finir, le développeur a la possibilité de créer ses propres pipes afin d'appliquer les transformations qu'il souhaite sur les données. Le code suivant définit un pipe qui applique la fonction mathématique exponentielle à un nombre. Les caractéristiques de la classe sont :

- Un pipe est une classe avec le décorateur `@Pipe` ;
- Le décorateur `@Pipe` accepte un objet avec la propriété `name` qui définit le nom à utiliser dans les templates des composants ;
- La classe implémente l'interface `PipeTransform` via la méthode `transform`. C'est dans cette dernière que la transformation va s'opérer. Elle accepte un premier argument qui constitue la valeur du paramètre dans l'expression Angular ;
- La méthode `transform` accepte un second argument qui sera l'exposant pour l'opération mathématique.

```
import { Pipe, PipeTransform } from '@angular/core';

@Pipe({name: exponentiel})
export class ExponentielPipe implements PipeTransform {
  transform(value: number, exposant: string): number {
    let exp = parseFloat(exposant);
    return Math.pow(value, isNaN(exp) ? 1 : exp);
  }
}
```

Le nouveau pipe s'utilise ensuite de la manière suivante :

```
Le résultat est : {{2 | exponentiel: 10}}
```

Il est tout de même important d'indiquer à Angular la classe à utiliser pour le pipe. Comme pour les providers, cela se fait dans le décorateur `@Component` via la propriété `pipes` qui accepte un tableau de pipes.

```
pipes: [ExponentielPipe]
```

Avec tous les décorateurs vus ci-dessus, le développeur est maintenant capable de concevoir des applications Angular 2 riches, dynamiques et modernes tout en conservant un code lisible et facile à maintenir. Les métadonnées participent à cette bonne lisibilité du code grâce notamment au langage TypeScript.

5. Le lancement d'une application Angular 2

Les décorateurs sont un moyen très efficace pour structurer une application Angular 2 et concevoir des composants HTML 5 de manière épurée. Le framework s'occupe tout seul d'instancier les composants, de récupérer les vues et de gérer les dépendances et le développeur doit juste s'occuper de coder les fonctionnalités dont il a besoin afin de répondre à son besoin.

Écrire les composants est une chose, mais il faut ensuite que ces composants s'instancient et vivent au travers de la page afin de répondre aux différentes interactions de l'utilisateur. Ce processus s'appelle le bootstrap (l'amorçage) et permet de lancer les composants Angular.

Afin de faire fonctionner son premier composant, il faut tout d'abord importer et intégrer tous les scripts dont Angular a besoin pour fonctionner. Les packages NPM sont les suivants :

- **Tous les modules Angular** : @angular/common, @angular/core ou encore @angular/http pour le fonctionnement du framework ;
- **SystemJS** : un *module-loader* (chargement des librairies et des dépendances à la volée) universel et populaire en JavaScript ;
- **Es6-shim** : compatibilité ECMAScript 6 pour les moteurs JavaScript ;
- **Reflect-metadata** : fonctionnalité de réflexion pour les métadonnées écrites en ECMAScript 6 ;
- **RxJS** : programmation asynchrone et basée sur événement ;

– **Zone.js** : contexte d'exécution persistant à travers les tâches asynchrones. Cette librairie est notamment utilisée pour la mise à jour automatique de la vue lorsqu'une propriété est affectée depuis une autre tâche.

Les dépendances à insérer dans le fichier *package.json* sont donc les suivantes :

```
"dependencies": {
    "@angular/common":  "2.0.0-rc.1",
    "@angular/compiler":  "2.0.0-rc.1",
    "@angular/core":  "2.0.0-rc.1",
    "@angular/http":  "2.0.0-rc.1",
    "@angular/platform-browser":  "2.0.0-rc.1",
    "@angular/platform-browser-dynamic":  "2.0.0-rc.1",
    "@angular/router":  "2.0.0-rc.1",
    "@angular/router-deprecated":  "2.0.0-rc.1",
    "@angular/upgrade":  "2.0.0-rc.1",

    "systemjs": "0.19.27",
    "es6-shim": "^0.35.0",
    "reflect-metadata": "^0.1.3",
    "rxjs": "5.0.0-beta.6",
    "zone.js": "^0.6.12"
}
```

Remarque

La version utilisée est la RC1 d'Angular, mais il est clair qu'il y a tout le temps de nouveaux changements dans le framework. Chaque version utilise une version différente de SystemJS ou de RxJS, et heureusement, NPM est capable d'indiquer quelle version de la dépendance est nécessaire au fonctionnement des packages Angular.

La première chose importante à faire est de créer le composant qui va représenter l'application tout entière, et intitulé par convention `AppComponent`. C'est ce dernier qui va contenir toutes les interactions côté client, et représentera le composant racine du site web. Par convention également, ce composant est stocké dans un dossier *app*.

```
import { Component } from '@angular/core';

@Component({
  selector: 'my-app',
  template: '<h1>My First Angular 2 App</h1>'
```

```
})
export class AppComponent { }
```

Le composant App est exporté de son module afin d'être importé dans le fichier qui va lancer l'application. Ce fichier est intitulé *main.ts* et utilise la méthode `bootstrap` pour amorcer le composant principal. Le code est très simple :

```
import { bootstrap }    from '@angular/platform-browser-dynamic';
import { AppComponent } from './app.component';

bootstrap(AppComponent);
```

Remarque

La méthode `bootstrap` provient du module @angular/platform-browser-dynamic et pas de @angular/core (comme cela pouvait être le cas dans les versions bêta). En effet, il existe plusieurs moyens, provenant de librairies externes, afin de lancer l'application. Sur mobile par exemple, le composant principal pourrait être lancé avec Apache Cordova ou NativeScript, il est donc important que l'amorçage de l'application ne fasse pas partie du cœur d'Angular.

Le code de lancement de l'application est très simple, il faut maintenant importer ce fichier et exécuter le JavaScript transpilé depuis le TypeScript. C'est ici que cette importation devient importante en utilisant SystemJS. En effet, tout au long de l'application, Angular va avoir besoin d'importer des fichiers, des classes, des vues... et le framework va demander à SystemJS les modules à importer (souvenez-vous, SystemJS est un module loader).

La configuration de SystemJS est primordiale. Par convention, elle est déportée vers un fichier *systemjs.config.js* qui contient en quelque sorte le mapping permettant à SystemJS de trouver les modules. Cette configuration est plutôt imposante et est constituée des parties suivantes :

- **Mapping** des fichiers avec un alias permettant de dire à SystemJS où trouver les fichiers.
- **Configuration** des packages dans le cas où SystemJS ne trouve pas le fichier, ou si l'extension n'est pas indiquée. Cela équivaut à indiquer des valeurs par défaut dans le cas du nom de fichier inexistant ou de l'extension.
- **Définition** des fichiers à utiliser dans le cadre d'Angular. Avec la RC du framework, les modules possèdent chacun un fichier *index.js*, et c'est ce fichier qu'il faut indiquer à SystemJS pour que le framework fonctionne.

La configuration minimale est celle-ci :

```
(function(global) {

  // On mappe les fichiers
  var map = {
    'app':                        'app', // 'dist',
    'rxjs':                       'node_modules/rxjs',
    'angular2-in-memory-web-api': 'node_modules/angular2-in-
memory-web-api',
    '@angular':                   'node_modules/@angular'
  };

  // On indique les valeurs par défaut
  var packages = {
    'app':                        { main: 'main.js',
defaultExtension: 'js' },
    'rxjs':                       { defaultExtension: 'js' },
    'angular2-in-memory-web-api': { defaultExtension: 'js' },
  };

  var packageNames = [
    '@angular/common',
    '@angular/compiler',
    '@angular/core',
    '@angular/http',
    '@angular/platform-browser',
    '@angular/platform-browser-dynamic',
    '@angular/router',
    '@angular/router-deprecated',
    '@angular/testing',
    '@angular/upgrade',
  ];

  // On inclut les packages Angular sous la forme suivante :
  //'@angular/common': { main: 'index.js', defaultExtension: 'js' }
  packageNames.forEach(function(pkgName) {
    packages[pkgName] = { main: 'index.js', defaultExtension: 'js' };
  });

  // Objet de configuration de SystemJS
  var config = {
    map: map,
    packages: packages
  }
```

```
  // Configuration provenant de l'extérieur si besoin
  if (global.filterSystemConfig) {
global.filterSystemConfig(config); }

  System.config(config);

})(this);
```

Remarque

La configuration définit le mapping 'app' comme étant la racine de tous les composants Angular créés par le développeur. Cela signifie que SystemJS connaît toutes les dépendances possibles et saura ainsi résoudre tous les imports définis dans les fichiers TypeScript.

Le script suivant va lancer le composant principal de l'application. Nous pouvons noter qu'il n'y a que l'alias 'app' qui est utilisé, ce qui, au vu de la configuration ci-dessous, va automatiquement rechercher le fichier *main* d'extension 'JS'.

```
System.import('app').catch(function(err){ console.error(err); });
```

À partir de là, le composant principal est lancé, et les interactions entre l'utilisateur et les composants peuvent commencer. Il est possible de lancer plusieurs composants en même temps, avec des méthodes `bootstrap` différentes, mais il faut qu'ils soient de types différents : Angular ne permet pas le lancement de deux composants identiques en même temps.

6. La navigation

La navigation est une chose commune dans un site web : l'utilisateur explore l'application via des URL qui définissent la page sur laquelle il se trouve. Ce procédé lui permet également d'écrire directement l'URL qu'il souhaite, et le site web répondra avec la page correspondante. Il est donc important d'avoir un système consistant et fiable permettant de traduire chaque URL avec une page web fournie par le serveur : c'est ce qu'on appelle des routes.

Angular possède un composant dédié au routage dans l'application : le component router (ou le router). Ce dernier permet d'interpréter les URL du navigateur afin de naviguer vers une page générée par le client. En effet, il faut rappeler qu'Angular ne fonctionne que côté client, et que donc la navigation serveur ne ferait que court-circuiter le fonctionnement d'Angular, réinitialisant ainsi tous les composants à chaque rafraîchissement de la page. Le framework intègre un bon nombre de concepts qui seront étudiés dans cette partie.

Le concept de navigation avec Angular repose entièrement sur les composants. Lorsqu'une application Angular va naviguer d'URL en URL, elle va en fait naviguer de composant en composant, et les composants eux-mêmes vont pouvoir définir des routes vers de nouveaux composants, et ainsi de suite. Toutes les routes n'ont pas besoin d'être définies au niveau du composant racine, et il n'est pas nécessaire de définir des templates de routes non plus.

Tout d'abord, et afin qu'Angular puisse fonctionner correctement, le développeur doit intégrer une balise un peu spéciale qui est `<base href="/">` dans l'*index.html*, après la balise `<head>`. Cette balise va permettre de définir des routes relatives, composant par composant.

Pour comprendre ce fonctionnement, imaginons une application avec quatre pages : une liste de produits, un détail de produit, une liste des ventes de ce produit, et enfin une page avec le détail de la vente. La liste des ventes serait accessible via le détail du produit. On aurait alors les routes suivantes :

- */products* : liste de tous les produits ;
- */products/25* : détail du produit dont l'ID est 25 ;
- */products/25/sales* : liste de toutes les ventes du produit d'ID 25 ;
- */products/25/sales/12* : détail de la vente d'ID 12 du produit d'ID 25.

Avec ce genre d'architecture, il est facile d'imaginer les composants suivants :

- `ProductsComponent` : composant gérant la navigation entre la liste et le détail ;
- `ProductsListComponent` : composant affichant la liste des produits ;
- `ProductDetailComponent` : composant affichant le détail d'un produit ;

- `SalesComponent` : composant gérant la navigation entre la liste des ventes et le détail de la vente ;
- `SalesListComponent` : composant affichant la liste des ventes d'un produit ;
- `SalesDetailComponent` : composant affichant le détail d'une vente.

Les deux grands composants importants sont `ProductsComponent` et `SalesComponent`. Dans l'exemple ci-dessus, l'application accède aux ventes depuis un produit, mais les ventes pourraient très bien être accessibles depuis une autre page que les produits : il est donc important que la définition des routes ne reflète pas les antécédents de navigation. Chaque composant doit définir des routes sans prendre en compte la navigation précédente. Le schéma ci-dessous reprend les explications précédentes en montrant toutes les routes possibles, et la façon dont elles sont définies dans les composants :

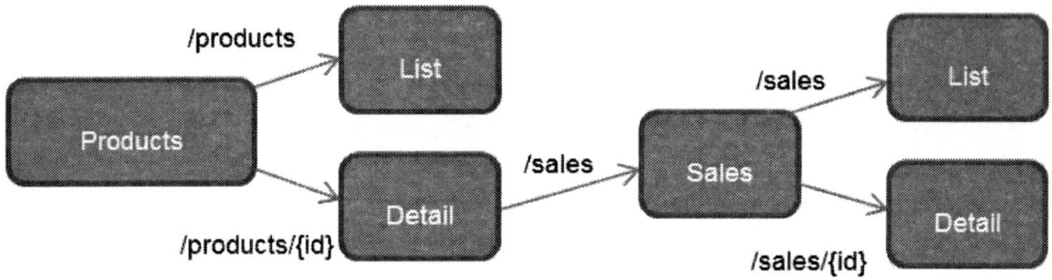

Schématisation des définitions de routes.

Remarque

Les paramètres des requêtes ne sont pas indiqués ici pour garder une certaine clarté au niveau du schéma. Dans l'exemple ci-dessus, le composant `ProductDetailComposant` devrait envoyer un paramètre au composant `SalesComponent` afin de savoir sur quel produit la liste devrait se baser. Mais une nouvelle fois, cette information ne doit pas se trouver dans la définition des routes du composant `SalesComponent`.

Ce genre de navigation se base au final sur des chemins relatifs, et c'est là que la balise `<base href="/">` prend tout son sens. Angular se base sur le component router pour effectuer la navigation, et lui-même se base sur la méthode `history.pushState` permettant de modifier l'URL du navigateur sans envoyer de requête au serveur. Le tag `<base href="/">` permet de faire fonctionner cette méthode car il permet de préfixer chaque URL relative (donc celle définie dans les composants) avec l'historique de navigation, et ainsi garantir que les fichiers Angular (HTML, CSS et JavaScript) sont correctement téléchargés depuis le serveur, permettant ainsi la navigation.

Remarque

La balise permet de garder ce qu'on appelle le contexte de navigation, rendant totalement transparente la gestion de l'historique par le développeur.

La définition d'une route se fait avec le décorateur `@Routes`. Ce dernier accepte un tableau de `RouteDefinition` permettant d'indiquer quelle URL navigue vers quel composant. En reprenant l'exemple ci-dessus, nous pourrions imaginer que l'application principale possède deux routes : la première naviguant vers la liste des produits, et la deuxième naviguant vers la liste des ventes (peu importe le produit sélectionné cette fois-ci). Le code ci-dessous définit ces deux routes, et impose, dès le chargement du composant principal, que l'application navigue vers la route des produits. Dans la définition de la route, il faut indiquer l'URL et le composant vers lequel l'application va naviguer.

```
import { Router } from '@angular/router';

@Component({ ... })
@Routes([
  {path: '/products', component: ProductsComponent},
  {path: '/sales',    component: SalesComponent}
])
export class AppComponent  implements OnInit {
  constructor(private router: Router) {}

  ngOnInit() {
    this.router.navigate(['/products']);
  }
}
```

Remarque

Le composant injecte un objet de type `Router` qui représente la classe de navigation d'Angular. Il possède des méthodes permettant de naviguer vers une route via du code TypeScript : c'est une méthode possible de navigation. L'autre méthode consiste à référencer directement la route dans le template. Ce procédé est expliqué plus loin dans la section.

Un autre composant est essentiel pour la navigation : c'est le `router-outlet`. Ce dernier se place dans le template du composant qui définit une ou plusieurs routes, et permet d'indiquer à Angular où effectuer la navigation. En effet, nous pouvons imaginer qu'il n'y a qu'une moitié de page soumise à la navigation, le reste pouvant être des informations statiques.

```
<!-- Les vues routées s'insèrent  ici -->
<router-outlet></router-outlet>
```

Avec ceci, le développeur peut déjà effectuer son routage via le code et la classe `Router`. Cependant, il est tout de même plus élégant de définir les liens de routage dans le template lui-même. Angular intègre la directive `[routerLink]` qui permet d'indiquer la route vers laquelle un lien va naviguer lors du clic de l'utilisateur. Le template ci-dessous définit ainsi deux liens qui possèdent chacun une route différente, suivant celle définie dans le composant :

```
template: `
  <h1>Component Router</h1>
  <nav>
    <a [routerLink]="['/products']">Products</a>
    <a [routerLink]="['/sales']">Sales</a>
  </nav>
  <router-outlet></router-outlet>
`,
```

Remarque

Nous conseillons fortement cette solution d'affectation des routes, dans la mesure du possible, afin de garder une bonne lisibilité du code.

Ensuite, il est possible de définir des routes paramétrées. En reprenant les exemples ci-dessus, nous pourrions imaginer une liste de produits qui naviguerait vers un détail. La configuration des routes serait alors la suivante :

```
@Routes([
  {path: '/products',     component: ProductListComponent};
  {path: '/products/:id',component: ProductDetailComponent, name:
'ProductDetail'}
])
```

Et dans le template, la directive intégrerait un argument qui correspondrait ainsi à l'ID demandé par la page de détail. Le paramètre *:id* serait récupérable dans le composant `ProductDetailComponent` via un service de type `RouterParams`, injectable dans le composant.

```
<a [routerLink]="['ProductDetail', {id: product.id}]">
   {{product.name}}
</a>
```

Pour finir sur la navigation, il est important de savoir qu'il existe deux types de stratégies de navigation côté client :

- **PathLocationStrategy** : stratégie HTML 5 par défaut utilisant la méthode `pushState` et n'envoyant pas de requête au serveur. Cette stratégie permet de garder des URL simples et parlantes.

```
localhost:3002/products/
```

- **HashLocationStrategy** : d'anciens navigateurs, ne supportant pas la méthode `pushState`, envoient forcément une requête au serveur lorsque l'URL change, sauf si l'URL change après un dièse (#). L'idée derrière cette stratégie est de garder cette notation pour définir les URL de l'application.

```
localhost:3002/src/#/products/
```

La bonne pratique serait de garder la stratégie HTML 5 afin de conserver des URL simples et épurées, mais aussi pour conserver la navigation côté serveur (pour des pages d'erreur par exemple). C'est la stratégie par défaut d'Angular, mais elle est modifiable dans le `bootstrap` de l'application.

```
bootstrap(AppComponent, [
  ROUTER_PROVIDERS,
  provide(LocationStrategy,
         {useClass: HashLocationStrategy}) // .../#/products/
]);
```

La navigation offre d'innombrables avantages, comme le chargement d'une page sans rafraîchissement total et ce de manière uniforme sur toutes les plateformes. Étant encore en cours de développement, le système de navigation d'Angular 2 va s'enrichir au fur et à mesure afin de proposer plusieurs options de navigation possibles pour le développeur.

Chapitre 11
La sécurité

1. Introduction

La sécurité d'un système d'information est primordiale afin d'assurer la confidentialité des données exposées à l'utilisateur, et éviter ainsi qu'une personne mal attentionnée opère sur le système en mettant à mal l'intégrité des données de l'entreprise. L'accès aux pages, l'accès aux données et la protection des données sont des sujets sensibles auxquels le développeur doit faire attention lors du développement du site.

Plusieurs problématiques peuvent intervenir dans la sécurité du système : qui a accès à telle ou telle page ? Une fois la page rendue, qui a le droit de voir les données ? L'utilisateur travaille-t-il sur une plage de données qui lui est propre ? Est-ce qu'un utilisateur a le droit de voir les données d'un autre ? Comment stocker des données sensibles sur le poste de l'utilisateur de manière sécurisée ? ASP.NET Core apporte une réponse élaborée sur ce sujet, tout en gardant à l'esprit le caractère modulaire du framework, via plusieurs API.

Le premier volet traité par ce chapitre concerne l'authentification via Identity. Il permet de répondre à la question suivante : comment gérer un système d'authentification complet pour le site ? Le deuxième sujet traité concerne l'autorisation : comment gérer l'accès aux données de manière sécurisée ? Enfin, le chapitre traite pour finir des stratégies de protection des données et de CORS.

2. L'authentification et l'API Identity

ASP.NET Core Identity est un framework d'authentification extrêmement complet et ouvert embarquant d'innombrables mécanismes de login d'utilisateur, d'envoi d'e-mail de validation, d'inscription au site, de vérification par SMS et ainsi de suite. Identity s'articule autour de trois points majeurs :

- Fournir une couche d'abstraction entre l'application et le stockage des utilisateurs ;
- Fournir des mécanismes prêts à l'emploi et simples afin d'alléger le travail du développeur dans la gestion de l'authentification ;
- Ouvrir à des systèmes d'authentification externes comme Facebook ou Google.

Identity doit être l'interface privilégiée entre le système d'information et l'authentification des utilisateurs. ASP.NET Core Identity en est à la troisième version, et a complètement été repensée afin d'offrir une ouverture inégalée. Dans la configuration par défaut des templates Visual Studio, Identity s'utilise avec Entity Framework Core et SQL Server. Voici comment ceci est configuré dans la classe `Startup` :

```
services.AddIdentity<ApplicationUser, IdentityRole>()
        .AddEntityFrameworkStores<ApplicationDbContext>()
        .AddDefaultTokenProviders();
```

De plus, Identity s'appuie sur un middleware permettant d'authentifier chaque requête HTTP entrante :

```
app.UseIdentity();
```

La dépendance importante pour utiliser Identity est `Microsoft.AspNetCore.Identity`. Cette dernière permet d'utiliser toutes les méthodes d'extensions nécessaires afin de configurer au mieux Identity.

La première classe importante avec Identity est la classe `UserManager<TUser>`. Elle permet une gestion de haut niveau des utilisateurs du système d'information, embarquant ainsi :

- Une gestion des utilisateurs classique (recherche, insertion, mise à jour...) via des méthodes telles que `Create`, `Update` ou `FindByName`. Selon la méthode, un résultat sous la forme d'un objet de type `IdentityResult` est retourné, permettant de savoir si l'opération s'est bien déroulée.

```
var user = new ApplicationUser {
          UserName = model.Email,
          Email = model.Email
        };

var result = await _userManager.CreateAsync(
          user,
          model.Password);
```

- Une gestion des mots de passe (hash et vérification) avec les méthodes `CheckPassword`, `HasPassword` et `AddPassword`.
- Une gestion des jetons de sécurité avec les méthodes `GetSecurityStamp` et `UpdateSecurityStamp`.
- Une gestion multicompte des utilisateurs via les méthodes `AddLogin`, `RemoveLogin`, `GetLogins` et ainsi de suite.
- Une gestion des rôles avec `IsInRole`, `GetRoles` et `AddToRole`.
- Une gestion des confirmations par e-mail et des réinitialisations de mots de passe. Par exemple, la méthode `SendEmail` permet d'envoyer un e-mail à l'utilisateur pour confirmer son enregistrement en utilisant la méthode `GenerateEmailConfirmationToken` pour générer un jeton de confirmation, puis la méthode `ConfirmEmail` permet de confirmer cet enregistrement en base de données. Il est possible de faire de même par SMS via la méthode `GenerateChangePhoneNumberToken`.

```
var code = await _userManager
   .GenerateEmailConfirmationTokenAsync(user);

var callbackUrl = Url.Action(
   "ConfirmEmail",
   "Account",
   new { userId = user.Id, code = code },
```

```
    protocol: HttpContext.Request.Scheme);

await _emailSender.SendEmailAsync(
    model.Email,
    "Confirmation",
    $"Veuillez confirmer ici : <a href='{callbackUrl}'>link</a>");
```

Dans les couches les plus basses du framework, la classe `UserManager<TUser>` injecte un service de type `IUserStore<TUser>`. Ce service va agir sur la base de données afin d'effectuer les opérations demandées par le `UserManager`, et va lui fournir les informations nécessaires au traitement complet des opérations. La vérification du mot de passe par le `UserManager` va ainsi :

- Demander le mot de passe de l'utilisateur via le `UserStore` ;
- Vérifier le hash du mot de passe via un service de type `IPasswordHasher`.

L'équipe d'Identity a implémenté un mécanisme très intéressant au sein de cette API. En effet, les développeurs n'ont pas toujours besoin d'une gestion des rôles, ou d'une gestion de vérification des mots de passe au sein de leur système. Cependant, avec les classes `UserStore` et `UserManager` du framework, ces implémentations sont bien présentes et peuvent amener à une complexité trop grande du code alors que le besoin n'y est pas.

Les capacités du `UserManager` sont pilotées via les différentes interfaces qu'implémente le `UserStore`. Le `UserStore` implémente toutes les gestions possibles d'Identity :

```
public abstract class UserStore<TUser, TRole, TContext, TKey,
TUserClaim, TUserRole, TUserLogin, TUserToken> :
        IuserLoginStore<TUser>,
        IuserRoleStore<TUser>,
        IuserClaimStore<TUser>,
        IuserPasswordStore<TUser>,
        IuserSecurityStampStore<TUser>,
        IuserEmailStore<TUser>,
        IuserLockoutStore<TUser>,
        IuserPhoneNumberStore<TUser>,
        IqueryableUserStore<TUser>,
        IuserTwoFactorStore<TUser>,
        IUserAuthenticationTokenStore<TUser>
```

Via un système intelligent de détection d'interface, le `UserManager` sait quelle opération il peut effectuer ou non via le `UserStore` (code extrait directement du code source).

```
/// <summary>
/// Gets a flag indicating whether the backing user store
supports user roles.
/// </summary>
/// <value>
/// true if the backing user store supports user roles, otherwise
false.
/// </value>
public virtual bool SupportsUserRole
{
    get
    {
        ThrowIfDisposed();
        return Store is IuserRoleStore<TUser>;
    }
}
```

Si le développeur n'a pas besoin de toutes ces gestions complexes, il lui suffit de réimplémenter son propre `UserStore<TUser>` afin d'implémenter uniquement les mécanismes qui l'intéressent. Le code ci-dessous présente un `UserStore` implémentant uniquement des utilisateurs, des mots de passe et des claims (des revendications) utilisateurs.

```
public class CustomUserStore :
        IuserStore<UserData>,
        IuserPasswordStore<UserData>,
        IUserClaimStore<UserData>
```

Il suffit d'injecter cette classe dans le conteneur de service qui viendra alors remplacer l'existant, et le développeur pourra continuer d'utiliser le UserManager sans rien changer de plus dans son système.

```
services.AddScoped<IUserStore<UserData>, CustomUserStore>();
```

La seconde classe importante avec Identity est `SignInManager`. Elle encapsule des opérations spécifiques à l'authentification et à l'enregistrement d'un utilisateur au système. Les méthodes importantes sont :

- `SignIn` : permet de connecter l'utilisateur au système sans vérification particulière. La méthode a la possibilité de prendre en paramètre un objet de type `AuthenticationProperties` afin de personnaliser le mécanisme d'authentification. Par exemple, via la propriété `AuthenticationProperties.IsPersistent`, le développeur peut indiquer au framework qu'il doit créer un cookie d'authentification afin de garder l'utilisateur connecté au-delà de la session du client.
- `PasswordSignIn` : permet de connecter l'utilisateur avec une vérification de mot de passe. La méthode va également vérifier que l'utilisateur n'est pas verrouillé. Cette méthode ne supporte que l'option de persistance de la connexion.
- `TwoFactorSignIn` : permet de connecter l'utilisateur via un mode d'authentification de type 2FA ("*Two-Factor*"), c'est-à-dire une authentification qui se fait via une vérification intermédiaire (SMS, e-mail, carte de crédit, position GPS...).
- `ExternalLoginSignIn` : permet de connecter l'utilisateur via un mode d'authentification externe, comme Facebook, Google, Twitter...
- `SignOut` : permet de déconnecter l'utilisateur.

D'autres méthodes sont également présentes, mais moins utilisées, permettant les actions suivantes :

- Rafraîchir la connexion de l'utilisateur via `RefreshSignIn`.
- Valider le jeton de sécurité de l'utilisateur via `ValidateSecurityStamp`.
- Mettre à jour et configurer les informations d'authentification externes de l'utilisateur via `UpdateExternalAuthenticationTokensAsync` et `ConfigureExternalAuthenticationProperties`.
- Gérer le verrouillage de l'utilisateur avec `IsLockedOut`, `LockedOut` et `ResetLockout`.

La quasi totalité de ces méthodes renvoie un objet de type `SignInResult` permettant de savoir si l'opération s'est bien passée ou non, et embarquant un certain nombre d'informations supplémentaires afin de connaître les raisons de l'échec. Le code ci-dessous, issu directement du code source du framework, présente les différents retours que l'objet peut fournir après une opération de connexion :

```
/// <summary>
/// Returns a flag indication whether the sign-in was successful.
/// </summary>
/// <value>
///    True if the sign-in was successful, otherwise false.
/// </value>
public bool Succeeded {
 get;
 protected set;
}

/// <summary>
/// Returns a flag indication whether the user attempting to
sign-in is locked out.
/// </summary>
/// <value>
///    True if the user attempting to sign-in is locked out,
otherwise false.
/// </value>
public bool IsLockedOut {
 get;
 protected set;
}

/// <summary>
/// Returns a flag indication whether the user attempting to
sign-in is not allowed to sign-in.
/// </summary>
/// <value>
///    True if the user attempting to sign-in is not allowed to
sign-in, otherwise false.
/// </value>
public bool IsNotAllowed {
 get;
 protected set;
}
```

```
/// <summary>
/// Returns a flag indication whether the user attempting to
sign-in requires two factor authentication.
/// </summary>
/// <value>
///    True if the user attempting to sign-in requires two factor
authentication, otherwise false.
/// </value>
public bool RequiresTwoFactor {
 get;
 protected set;
}
```

L'intégration d'une authentification externe, via Facebook par exemple, est extrêmement simple avec ASP.NET Core. Il faut tout d'abord vous munir d'un App ID et d'un App Secret provenant tous deux de l'application Facebook que vous venez de créer pour le site.

Remarque

Le but de cette partie n'est pas de présenter la création d'une application Facebook. La documentation d'ASP.NET Core présente cela de manière rapide et efficace :
https://docs.asp.net/en/latest/security/authentication/sociallogins.html

Une fois en possession de ces deux informations, il suffit d'utiliser la méthode `UseFacebookAuthentication` afin d'intégrer le middleware d'authentification Facebook au site web.

```
app.UseFacebookAuthentication(new FacebookOptions()
{
   AppId = Configuration["Authentication:Facebook:AppId"],
   AppSecret = Configuration["Authentication:Facebook:AppSecret"]
});
```

Il est possible de faire la même opération avec d'autres logins externes tels que ceux de Google, Twitter, LinkedIn...

Pour finir, nous avons évoqué plus haut la possibilité d'authentifier l'utilisateur avec un intermédiaire de type Two-Factor.

Remarque

La suite de la section utilisera Twilio, un service de messagerie par texte ou par VoIP dans le Cloud. Les exemples de code supposeront que le développeur possède déjà un compte avec un jeton et un SID provenant de Twilio. C'est également un package NuGet qu'il faut installer au sein du projet.

Le service ci-dessous illustre un service d'envoi de SMS et d'e-mails passant par Twilio :

```
public class MessageSender: IEmailSender, IsmsSender
{
    public MessageSender(IOptions<AuthMessageSMSSenderOptions>
optionsAccessor)
    {
        Options = optionsAccessor.Value;
    }

    public AuthMessageSMSSenderOptions Options { get; }

    public Task SendEmailAsync(string email, string subject, string
message)
    {
        // Service d'e-mail
        return Task.FromResult(0);
    }

    public Task SendSmsAsync(string number, string message
    {
        var twilio = new Twilio.TwilioRestClient(
            Options.SID,            // Identifiant du compte
fournit par le tableau de bord
            Options.AuthToken);     // Jeton d'authentification

        var result = twilio.SendMessage(Options.SendNumber,
number, message);

        return Task.FromResult(0);
    }
}
```

La classe d'option utilisée est la suivante :

```
public class AuthMessageSMSSenderOptions
{
    public string SID { get; set; }
    public string AuthToken { get; set; }
    public string SendNumber { get; set; }
}

// Enregistrement de la classe d'option
services.Configure<AuthMessageSMSSenderOptions>(Configuration);
```

Ensuite, afin de gérer l'authentification multifacteur, il suffit d'utiliser les méthodes du `UserManager` :

- `SetTwoFactorEnabledAsync`, afin d'activer l'authentification multifacteur.
- `GenerateChangePhoneNumberTokenAsync`, afin de générer un code à envoyer par SMS via le service. Une méthode existe aussi pour l'e-mail, et toutes utilisent la méthode `GenerateUserTokenAsync` de manière sous-jacente.
- `VerifyTwoFactorTokenAsync`, afin de vérifier le code que l'utilisateur a reçu, puis saisi dans le système.

Le développeur est ainsi capable de sécuriser correctement son système. Il peut offrir à son utilisateur plusieurs moyens de connexion via les réseaux sociaux, et tous ces mécanismes s'intègrent parfaitement à ASP.NET Core via les middlewares.

3. Les autorisations

Les autorisations sont les processus qui permettent de déterminer si un utilisateur a le droit ou non d'exécuter telle ou telle action. Le système d'autorisation est complètement indépendant du système d'authentification, ce qui permet de découpler facilement les modules du système web. L'espace de noms important ici est `Microsoft.AspNetCore.Authorization`.

ASP.NET Core distingue plusieurs concepts d'autorisations au sein de son framework :

- L'autorisation simple, permettant tout juste de répondre à la question : suis-je connecté au site ?
- L'autorisation basée sur des rôles.
- L'autorisation basée sur des revendications. Par exemple, l'utilisateur doit être un employé de l'entreprise (et non un client, par exemple) avant d'accéder à certaines pages.
- L'autorisation basée sur des *policy*. Un exemple serait l'âge minimum requis pour accéder à la page demandée.
- L'autorisation basée sur des ressources : ai-je le droit de visualiser ce document ? ai-je le droit de modifier ce document ?
- L'autorisation basée sur les vues : ai-je le droit d'accéder au bouton qui me permet de modifier cet enregistrement ?

La suite de la partie va détailler et illustrer chacun des concepts avec des exemples de code.

L'autorisation simple est le mode d'autorisation le plus simple : il va simplement vérifier que l'utilisateur est authentifié pour accéder à la page. Pour ce faire, il suffit au développeur d'utiliser l'attribut `[Authorize]` sur ses contrôleurs ou ses actions (ou les deux).

```
[Authorize]
public class MyController : Controller
{
    public ActionResult Index(){}
    public ActionResult Create(){}
    public ActionResult Update(){}
    public ActionResult GetSingle(){}
}
```

L'intérêt de mettre des attributs sur les contrôleurs et les actions est de pouvoir jouer sur les autorisations de manière plus fine. Il existe un autre attribut permettant de laisser n'importe quel utilisateur accéder à la page : `[AllowAnonymus]`. Il est alors possible de verrouiller tout un contrôleur, sauf une action en particulier.

```
[Authorize]
public class MyController : Controller
{
    public ActionResult Index(){}
    public ActionResult Create(){}
    public ActionResult Update(){}

    [AllowAnonymus]
    public ActionResult GetSingle(){}
}
```

Remarque

L'attribut `[AllowAnonymus]` prend toujours le dessus sur l'attribut `[Authorize]`, même en choisissant la disposition inverse de l'exemple ci-dessus.

L'attribut [Authorize] peut être enrichi, et le développeur est en mesure d'indiquer qu'un utilisateur doit appartenir à un rôle afin d'accéder à la page. Les rôles sont indiqués via une chaîne de caractères et séparés par une virgule. Les différentes écritures sont les suivantes :

```
[Authorize(Roles = "Administrator")]
public class MyController : Controller
{}

[Authorize(Roles = "Administrator, Manager")]
public class MyController : Controller
{}

[Authorize(Roles = "Administrator")]
[Authorize(Roles = "Manager")]
public class MyController : Controller
{}
```

Évidemment, si plusieurs attributs sont appliqués en même temps, l'utilisateur doit satisfaire tous les rôles pour accéder à la page. Il est également possible de spécifier un rôle précis pour une action d'un contrôleur :

```
[Authorize(Roles = "Manager")]
public class MyController : Controller
{
    public ActionResult Index(){}
    public ActionResult Create(){}
    public ActionResult Update(){}
```

```
    [Authorize(Roles = "Administrator")]
    public ActionResult GetSingle(){}
}
```

De manière sous-jacente, le framework appelle simplement la méthode IsInRole de la classe ClaimPrincipal.

Ensuite, ASP.NET Core supporte les autorisations par revendications, ce qu'on appelle plus communément des claims. L'identité d'un utilisateur peut se voir attribuer un ou plusieurs claims (lors de sa création), permettant ainsi de savoir ce qu'il est, et ce qu'il n'est pas via des paires clé/valeur. Ils sont basés sur des politiques d'autorisations, c'est-à-dire que le développeur doit créer sa propre politique afin de vérifier qu'un claim est bien présent ou non. L'enregistrement de sa propre politique d'autorisation s'effectue au moyen de la classe d'option AuthorizationOption, accessible depuis la méthode AddAuthorization. Les politiques se déclarent dans la classe Startup.

```
services.AddAuthorization(options =>
{
  options.AddPolicy("AdminOnly", policy =>
                    policy.RequireClaim("AdminId"));
});
```

Avec cette nouvelle politique, la vérification de la revendication se fait de la manière suivante :

```
[Authorize(Policy = "AdminOnly")]
public IActionResult AdminPanel()
{
    return View();
}
```

Remarque

Il est possible de vérifier que le claim contient des valeurs bien particulières. La méthode `RequireClaim` accepte ainsi un tableau de valeurs en deuxième paramètre permettant d'accepter l'autorisation uniquement si le claim possède les valeurs attendues.

Le framework permet d'être encore plus précis et plus pointilleux dans la vérification de l'autorisation de l'utilisateur. Il est possible pour le développeur d'appliquer des requirements à chaque demande d'autorisation (via des *policy*, c'est-à-dire des politiques d'autorisation bien précises). Ces requirements seront vérifiés par des handlers, injectés dans le conteneur de services. Ces handlers sont ainsi libres d'effectuer les actions nécessaires pour valider les requirements. Pour résumer, il faut :

– Une policy, qui va par la suite être appliquée à un contrôleur ou une action ;

```
services.AddAuthorization(options =>
{
    options.AddPolicy("EstUnHomme",
        policy => policy.Requirements.Add(
                   new GenreRequirement(Genre.Masculin)));
}
```

– Un requirement, qui va définir la contrainte pour que l'autorisation soit valide ;

```
public class GenreRequirement : IauthorizationRequirement
{
    public GenreRequirement(Genre genre)
    {
        Genre = genre;
    }

    protected Genre Genre { get; set; }
}
```

– Un handler, permettant de vérifier que l'utilisateur valide bien le requirement ;

```
public class GenreHandler
                 : AuthorizationHandler<GenreRequirement> {

  protected override Task HandleRequirementAsync(
   AuthorizationContext context,
   GenreRequirement requirement) {

   // Récupération du genre de l'utilisateur
   if (!context.User.HasClaim(c => c.Type == ClaimTypes.Genre) {
     return Task.FromResult(0);
   }
```

```
    var genreClaim = context.User.FindFirst(c => c.Type ==
ClaimTypes.Genre)

    // Supposons que nous ayons créé une énumération Genre
    // Conversion vers cette énumération
    var genre = (Genre) Enum.Parse(
     typeof(Genre),
     genreClaim,
     ignoreCase: true);
    // Si le genre est bon, succès de la revendication
    if (genre == requirement.Genre) {
     context.Succeed(requirement);
    } else { // Sinon on rejette l'autorisation
     context.Fail(requirement);
    }

    return Task.FromResult(0);
   }
  }
```

Il suffit alors d'enregistrer le handler dans le conteneur de services. Automatiquement, via le paramètre générique, le framework va retrouver le handler à utiliser afin de valider le requirement en question.

```
services.AddScoped<IAuthorizationHandler, GenreHandler>();
```

Remarque

Les actions importantes ici sont `context.Succeed` et `context.Fail`, permettant d'indiquer si la revendication est respectée. Il est possible d'avoir plusieurs handlers pour une même revendication. Dans notre cas, il suffit alors que plusieurs handlers implémentent la même classe générique `AuthorizationHandler<GenreRequirement>`.

Remarque

Il est possible d'injecter des services dans les handlers, comme des services d'accès à la base de données, du cache ou des loggers.

Le framework intègre un service de vérification d'autorisation intitulé `IAuthorizationService`, injectable dans n'importe quel contrôleur ou autre service. La méthode importante dans ce service est `AuthorizeAsync`. Elle permet :

- De valider un utilisateur sur une ressource via plusieurs revendications ;
- De valider un utilisateur sur une ressource via une politique d'autorisation.

```
Task<bool> AuthorizeAsync(ClaimsPrincipal user,
                          object resource,
                          IEnumerable<IAuthorizationRequirement>
requirements);
Task<bool> AuthorizeAsync(ClaimsPrincipal user,
                          object resource,
                          string policyName);
```

Suivant les requirements ou la policy indiqués, le framework va activer les handlers correspondants. Le code du handler va ainsi valider ou non que l'utilisateur a bien accès à la ressource. Le code ci-dessous illustre un handler pour un document :

```
public class DocumentAuthorizationHandler
               : AuthorizationHandler<MyRequirement, Document>
{
    public override Task HandleRequirementAsync(
            AuthorizationHandlerContext context,
            MyRequirement requirement,
            Document ressource)
    {
        // Validation des droits sur le document

        return Task.CompletedTask;
    }
}
```

Enfin, il est possible d'utiliser ce service directement dans la vue afin de déterminer si l'utilisateur a accès ou non à une partie de la vue.

```
@if (await AuthorizationService.AuthorizeAsync(
                                  User,
                                  Model,
                                  Operations.Edit))
{
```

```
        <p>
            <a  class="btn btn-default"
                role="button"
                href="@Url.Action(
                           "Edit",
                           "Document",
                           new { id = Model.Id })">
                Edit
            </a>
        </p>
}
```

Pour finir, il est possible d'appliquer des filtres d'autorisation sur l'ensemble du pipeline (processus de détermination d'une route) MVC, sur des contrôleurs ou sur des actions de contrôleur. Ces filtres contrôlent l'accès à ces éléments et sont très libres en termes d'autorisation : ici le développeur peut faire la vérification qu'il veut sur n'importe quel élément du contexte d'autorisation (l'utilisateur, la requête HTTP ou autre chose), et est également plus libre au niveau de la réponse. Le développeur peut directement effectuer une redirection dans le filtre s'il le souhaite. Afin de créer son filtre, il suffit d'implémenter l'interface `IAsyncAuthorizationFilter`. Pour l'utiliser, il faut l'ajouter dans la liste des filtres MVC :

```
services.AddMvc(options => {
    options.Filters.Add(new MyAuthorizationFilter());
});
```

Les filtres sont très proches des middlewares dans le sens où ils peuvent intercepter les requêtes. Les filtres d'autorisation sont particuliers aux requêtes qui demandent une autorisation. Cependant, les filtres font partie intégrante de MVC, mais pas les middlewares. Dans les filtres, le développeur aura accès à des informations beaucoup plus précises sur la requête de l'utilisateur, comme par exemple si la validation du modèle a généré des erreurs ou non.

ASP.NET Core fournit un bon nombre de mécanismes permettant au développeur de vérifier les autorisations de son utilisateur. Ces processus sont de plus ou moins haut niveau, et avec très peu de code le développeur peut facilement introduire du code spécifique à la validation d'un utilisateur. Il est important de bien analyser le système d'autorisation que l'équipe veut mettre en place dans le projet afin d'éviter les doublons et de placer le code là où il doit être.

Le système d'autorisation est facilement intégrable avec l'API Identity. La gestion des claims se fait alors via le cookie d'authentification qu'Identity génère lors de la connexion de l'utilisateur. Le développeur est capable de rajouter ses propres claims via son `UserStore` et l'interface `IUserClaimStore<TUser>`. Le middleware s'occupe lui-même de récupérer les valeurs depuis le cookie d'authentification, et de les insérer dans l'objet de type `ClaimPrincipal` du contexte HTTP. Si Identity n'est pas utilisé, le développeur doit gérer les claims dans la classe `ClaimPrincipal` via un système développé par lui-même.

Remarque

Nous conseillons fortement de rester dans l'esprit d'authentification et d'autorisation d'ASP.NET Core, c'est-à-dire avec l'utilisation d'Identity, de l'attribut `Autorize`*, des rôles, des requirements, des policy et autre handlers. Ces mécanismes font gagner énormément de temps lors du développement du site web.*

4. La protection des données

Un site web doit avoir la possibilité de stocker des données sensibles sur la machine du client, et évidemment cela pose plusieurs problèmes de sécurité : comment chiffrer correctement les données ? Comment s'assurer que les données retransmises par le client n'ont pas été altérées ? Ces questions tournent autour de trois problématiques clés :

- L'authenticité des données transmises au client ;
- La confidentialité des données ;
- L'isolement des données afin d'éviter au maximum qu'elles soient altérées.

L'équipe d'ASP.NET Core en charge de l'API pour la protection des données a complètement revu l'implémentation de cette dernière en gardant à l'esprit :

- La simplicité de configuration de l'API. Elle doit être utilisable sans configuration préalable ;
- La simplicité d'utilisation ;

- La non-complexité des principes utilisés au sein de l'API. Le développeur doit pouvoir utiliser les systèmes de sécurité sans avoir à connaître les algorithmes de chiffrage.

Ainsi est née une toute nouvelle API de protection des données, ultra modulaire et paramétrable à plusieurs niveaux selon les besoins du développeur. Les différentes API sont désignées de la sorte :

- **Consumer API** : API de haut niveau permettant une utilisation facile du système de protection des données avec un paramétrage par défaut.
- **Configuration API** : API de configuration du système de protection permettant d'affiner le mécanisme.
- **Extensibility API** : API de bas niveau permettant de remplacer et de réimplémenter la majorité du mécanisme de protection des données.

Au sein de tout ce système se trouvent plusieurs espaces de noms. Tout d'abord, on retrouve `Microsoft.AspNetCore.DataProtection.Abstractions` contenant toutes les abstractions et interfaces que le développeur peut utiliser via injection de dépendances, ou qu'il peut implémenter afin de proposer son propre système de protection. Ensuite, on retrouve `Microsoft.AspNetCore.DataProtection` proposant une implémentation de base du système pour les opérations de cryptographie, de configuration, de gestion des clés et ainsi de suite. Par la suite, on retrouve `Microsoft.AspNetCore.DataProtection.Extensions` exposant certaines méthodes d'extensions utiles pour le développeur. Pour finir, on retrouve `Microsoft.AspNetCore.DataProtection.SystemWeb` permettant d'utiliser le nouveau mécanisme de protection dans d'anciens projets ASP.NET, et `Microsoft.AspNetCore.Cryptography.KeyDerivation` proposant une implémentation du processus de hash de mot de passe via PBKDF2 (*Password-Based Key Derivation Function 2*). Devenue une norme avec le temps, cette technique de hachage de mot de passe ou de génération de clé de chiffrement est largement utilisée aujourd'hui et est utilisée par défaut dans ASP.NET Core afin de hacher les mots de passe des utilisateurs.

Commençons par la Consumer API. Cette dernière offre un haut niveau d'abstraction, facilement utilisable pour le développeur. Deux interfaces sont importantes ici :

- **IDataProtector** : interface de protection et de récupération des valeurs ;
- **IDataProtectionProvider** : permet de récupérer une instance d'IDataProtector.

La bonne pratique ici est d'injecter un objet de type `IDataProtectionProvider`, puis de récupérer un objet de type `IDataProtector` via la méthode `IDataProtectionProvider.CreateProtector()`. La méthode accepte une chaîne de caractères en paramètre, permettant de cloisonner le chiffrage des données. Le code ci-dessous illustre l'utilisation des services :

```
public class MyClass {
 IDataProtector _protector;

 // Le provider est injecté via DI
 public MyClass(IDataProtectionProvider provider) {
  _protector = provider.CreateProtector("MyProject.MyClass.v1");
 }

 public void RunSample() {
  Console.Write("Entrée utilisateur: ");
  string input = Console.ReadLine();

  // Protection
  string protectedPayload = _protector.Protect(input);
  Console.WriteLine($ "Protect : {protectedPayload}");

  // Récupération de la donnée
  string unprotectedPayload =
_protector.Unprotect(protectedPayload);
  Console.WriteLine($ "Unprotect : {unprotectedPayload}");
 }
}
```

Le résultat est le suivant :

```
/*
 * SORTIE
 *
 * Entrée utilisateur: Hello world!
 * Protect : CfDJ8ICcgQwZZhlAlTZT...OdfH66i1PnGmpCR5e441xQ
 * Unprotect : Hello world!
 */
```

Les services de protection des données s'ajoutent dans la classe `Startup` via la méthode `AddDataProtection()`.

La chaîne de caractères passée en paramètre du provider possède un intérêt déterminant dans la protection des données. En effet, elle permet de cloisonner les données protégées et ainsi isoler les différents consommateurs du système. La chaîne est utilisée tout le long du processus de chiffrage de la donnée, et cette dernière est ainsi mieux à l'abri des attaques que si les `IDataProtector` pouvaient lire n'importe quelles données protégées. Le schéma ci-dessous résume bien ce mécanisme :

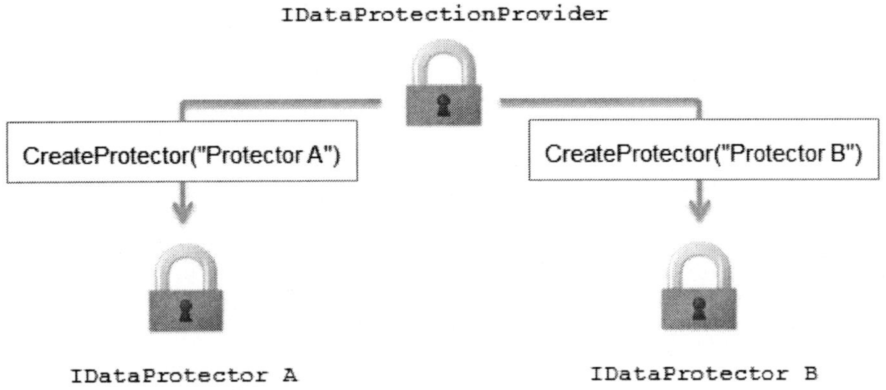

Processus de séparation des Protector.

Ici la règle est simple : le `IDataProtector` A ne peut pas lire les données protégées par le `IDataProtector` B. De manière plus détaillée, on a :

- Pour un objet `IDataProtectionProvider` donné, un objet `IDataProtector` est créé selon une unique chaîne de caractères.
- Deux `IDataProtector` ne sont réellement identiques que s'ils proviennent du même `IDataProtectionProvider` et avec la même chaîne de caractères, dans le bon ordre.
- La chaîne ne doit pas être nulle.

Concernant l'algorithme de protection, le framework fournit une implémentation de l'algorithme de hachage PBKDF2 sous la forme d'une méthode `KeyDerivation.Pbkdf2`. Elle possède les caractéristiques suivantes :

- Support de plusieurs PRF (*Pseudo Random Function*) dont `HMACSHA1`, `HMACSHA256` et `HMACSHA512`.
- Optimisation de l'algorithme en fonction du système d'exploitation utilisé.

L'exemple ci-dessous illustre l'utilisation de cet algorithme :

```
string password = Console.ReadLine();

// Génération d'un sel de 128-bits
byte[] salt = new byte[128 / 8];
using(var rng = RandomNumberGenerator.Create()) {
 rng.GetBytes(salt);
}

// Hachage via une sous-clé de 256 bits
// HMACSHA1 avec 10,000 itérations
string hashed = Convert.ToBase64String(KeyDerivation.Pbkdf2(
 password: password,
 salt: salt,
 prf: KeyDerivationPrf.HMACSHA1,
 iterationCount: 10000,
 numBytesRequested: 256 / 8));
```

Remarque

L'algorithme PBKDF2 utilise ce qu'on appelle un "sel". Le salage en cryptographie est une technique permettant de rajouter des informations dans le processus de hachage afin que deux informations identiques ne conduisent pas à la même résultante.

D'un point de vue plus concret, Identity utilise déjà cet algorithme de cryptographie pour hacher les mots de passe via la classe `PasswordHasher`.

Remarque

Il est possible de limiter dans le temps la protection de la donnée. Pour ce faire, l'API fournit un service spécifique basé sur l'interface `ITimeLimitedDataProtector`.

Ensuite, via la Configuration API, le développeur est capable de mieux gérer la configuration de l'API de protection des données. Concrètement, la méthode d'extension `AddDataProtection` renvoie un objet de type `IDataProtectionBuilder` exposant plusieurs méthodes de paramétrage de l'API. Les méthodes importantes sont les suivantes :

- `PersistKeysToFileSystem` : permet de spécifier un nouvel emplacement afin de stocker les clés de protection. Par défaut, les clés sont stockées dans le dossier *%LOCALAPPDATA%*.
- `ProtectKeysWith*` : permet de changer le système de protection des clés via plusieurs méthodes d'extensions suivant le même pattern. Par exemple, la méthode `ProtectKeysWithCertificate` permet d'encrypter les clés via un certificat.
- `SetDefaultKeyLifetime` : permet de définir la durée de vie des clés de protection. Par défaut, la valeur est positionnée à 90 jours.
- `SetApplicationName` : par défaut, les clés sont isolées d'une application web à une autre. Cependant, il est possible de les partager via cette méthode afin de configurer les clés comme appartenant à la même application.
- `UseCryptographicAlgorithms` : permet de facilement changer l'algorithme de chiffrage via la classe `AuthenticatedEncryptionSettings`. Par défaut, les algorithmes de chiffrage sont AES-256-CBC pour le chiffrage et HMACSHA256 pour la validation.

```
services.AddDataProtection()
        .UseCryptographicAlgorithms(
             new AuthenticatedEncryptionSettings()
    {
        EncryptionAlgorithm = EncryptionAlgorithm.AES_256_CBC,
        ValidationAlgorithm = ValidationAlgorithm.HMACSHA256
    });
```

- `UseCustomCryptographicAlgorithms` : permet au développeur de spécifier son propre algorithme de chiffrage via la classe `ManagedAuthenticatedEncryptionSettings`.

```
serviceCollection.AddDataProtection()
    .UseCustomCryptographicAlgorithms(new
ManagedAuthenticatedEncryptionSettings()
    {
        // Un type hérité de SymmetricAlgorithm
        EncryptionAlgorithmType = typeof(Aes),

        // Taille de la clé
        EncryptionAlgorithmKeySize = 256,

        // Un type hérité de KeyedHashAlgorithm
        ValidationAlgorithmType = typeof(HMACSHA256)
    });
```

Toutes ces méthodes sont à la disposition du développeur pour la configuration de son système de protection. Ce même système est isolé d'une application à une autre (modifiable tout de même via la méthode `SetApplicationName`). Cet isolement provient notamment d'un identifiant unique utilisé par application lors du chiffrage des clés et permettant ainsi qu'une application ne puisse pas déchiffrer une donnée d'une autre application. Les services de type `IDataProtector` intègrent déjà automatiquement cet identifiant dans leur chiffrage. Cet identifiant peut provenir de deux endroits différents :

- Du chemin de configuration si l'application est hébergée dans IIS ;
- Du chemin physique de l'application si elle ne l'est pas.

Remarque

Toute la théorie de la protection des données sous-entend que les applications web sont dignes de confiance, et ne visent pas à ruiner l'environnement d'exécution ou le système de l'utilisateur.

Enfin, le développeur est capable de modifier les couches les plus basses du système de protection des données via l'Extensibility API.

Remarque

Pour rappel, cette couche ne doit être réimplémentée qu'en cas de nécessité, si le système requiert un système de protection bien particulier. Il faut tout de même tenter d'utiliser au maximum les API de plus haut niveau.

Plusieurs interfaces sont importantes. La première est `IAuthenticatedEncryptor` : elle contient toute la logique métier de chiffrage et de déchiffrage des données selon l'algorithme qu'elle implémente. Elle possède les deux méthodes suivantes :

```
Decrypt(
     ArraySegment<byte> ciphertext,
     ArraySegment<byte> additionalAuthenticatedData) : byte[]

Encrypt(
     ArraySegment<byte> plaintext,
     ArraySegment<byte> additionalAuthenticatedData) : byte[]
```

Les deux méthodes retournent des tableaux de byte avec les données chiffrées (ou déchiffrées) générées à partir des informations d'origine, soit :

- Le texte à chiffrer ;
- Des AAD (*Additional Authenticated Data*), permettant d'attacher des informations d'authentification aux données encryptées.

Remarque

Toutes les exceptions levées dans ces méthodes doivent être de type `CryptographicException`.

Ensuite, l'interface `IAuthenticatedEncryptorDescriptor` permet de créer des instances d'`IAuthenticatedEncryptor`. La méthode `CreateEncryptorInstance` permet d'effectuer le processus de création de la classe `encryptor`. En effet, l'encryptor va consommer des algorithmes de chiffrage et autres informations permettant le hachage des clés, en fonction du besoin du système. Cependant, il n'a pas besoin de savoir d'où viennent ces informations. C'est la classe `descriptor` qui va s'occuper de lui fournir ces informations. Le premier intérêt est cette couche d'abstraction qui permet facilement de modifier les informations de création d'un encryptor selon les besoins.

Le second intérêt est l'exportation des informations de chiffrage depuis l'encryptor. Si ce dernier possédait toutes les connaissances de chiffrage, un redémarrage de l'application ferait perdre toutes ces informations. Le descriptor est là pour exporter ces informations, et ainsi faciliter la récupération de ces informations au redémarrage de l'application. La méthode utilisée est `ExportToXml` et nécessite un objet de type `XmlSerializedDescriptorInfo` pour stocker les informations du descriptor.

Le mécanisme de désérialisation/sérialisation d'un descriptor se fait via la classe `IAuthenticatedEncryptorDescriptorDeserializer` et la méthode `ImportFromXml`. Au final, c'est une autre interface qui recrée le descriptor selon l'import XML : `IAuthenticatedEncryptorConfiguration`. Il est important de voir cette classe comme une interface de haut niveau encapsulant toute la logique de création d'un descriptor, pour au final créer des encryptor. La méthode utilisée est `CreateNewDescriptor`.

Les interfaces suivantes sont les dernières importantes à connaître dans le cadre de la protection des données avec ASP.NET Core. Nous nous trouvons maintenant dans la gestion des clés de chiffrage. L'interface `IKey` représente une clé de chiffrage, utilisée pour protéger les données. Elle possède les propriétés suivantes :

- Date d'activation ;
- Date de création ;
- Date d'expiration ;
- Statut de révocation ;
- Identifiant unique de type GUID.

Remarque

L'interface `IKey` permet également de créer un encryptor lié à la clé via la méthode `CreateEncryptorInstance`.

Ensuite, l'interface IKeyManager est utilisée afin de gérer les clés de chiffrage au sein du système de protection. Le code ci-dessous liste les méthodes importantes du service :

```
// Création d'une nouvelle clé
IKey CreateNewKey(
     DateTimeOffset activationDate,
     DateTimeOffset expirationDate);

// Récupération de toutes les clés
IReadOnlyCollection <IKey> GetAllKeys();

// Révocation d'une clé
void RevokeKey(Guid keyId, string reason = null);

// Révocation de toutes les clés
void RevokeAllKeys(
     DateTimeOffset revocationDate,
     string reason = null);
```

Pour finir, il est important de parler de la classe `XmlKeyManager` qui est une implémentation concrète de `IKeyManager`. Cette dernière, comme son nom l'indique, gère les clés de chiffrage au format XML.

Remarque

La section ne va pas rentrer dans le détail de l'implémentation car ce n'est pas l'objet du chapitre. Cependant, il est intéressant de connaître le processus global de création d'une clé.

Cette classe possède les dépendances suivantes :

- `IAuthenticatedEncryptorConfiguration` : spécifie les algorithmes utilisés par la nouvelle clé.
- `IXmlRepository` : contrôle l'emplacement de stockage des clés. Deux implémentations sont fournies par défaut, qui sont `FileSystemXmlRepository` et `RegistryXmlRepository`.

– `IXmlEncryptor` : service de chiffrage de la clé (optionnel).
– `IKeyEscrowSink` : service de stockage de la clé pour le long terme (optionnel).

Lors de la création d'une nouvelle clé, un objet de type `IAuthenticatedEncryptorConfiguration` est utilisé afin de créer un descriptor qui est ensuite sérialisé en XML. Si un service de stockage longue durée pour la clé est présent, ce service est appelé afin de stocker le XML nouvellement créé. Le XML est ensuite crypté via un `IXmlEncryptor`, si le service est présent. Enfin, la clé chiffrée est stockée via un objet de type `IXmlRrepository`. Le schéma ci-dessous résume bien le processus de création d'une clé (issu de la documentation officielle) :

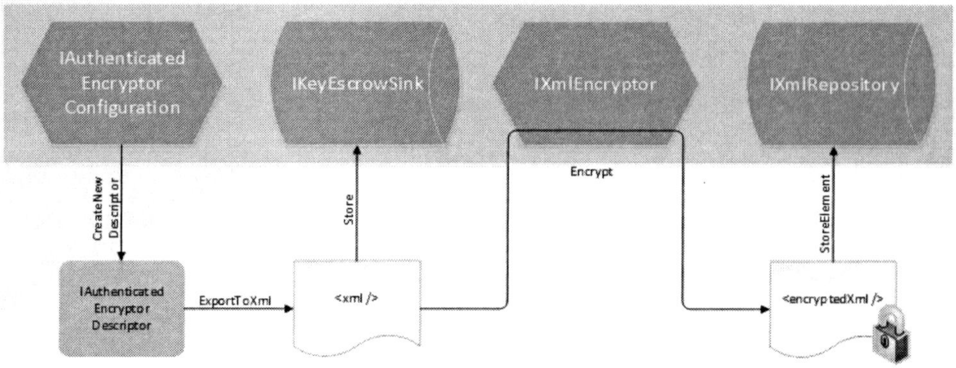

Processus de création d'une clé via XML.

Extrêmement complète, l'API de protection des données peut paraître compliquée aux premiers abords, mais offre une multitude de mécanismes de sécurité pour le développeur. Sa grande force est sans nul doute ses ouvertures tout en conservant les problématiques de sécurité d'un système web au cœur de l'API. L'équipe en charge du développement de cette dernière s'est vraiment démenée afin de proposer un jeu de classes, d'interfaces, de méthodes et d'implémentations pour tous les niveaux et pour tous les besoins. La complexité peut être parfois déroutante, mais il est nécessaire de garder cette ouverture afin que le développeur puisse lui-même recréer son propre système de sécurité s'il en a besoin. Enfin, les API de haut niveau sont très appropriées aux problématiques de sécurité classique.

5. La gestion de CORS

CORS est un acronyme signifiant *Cross Origin Resource Sharing*. Pour bien comprendre ce concept, il faut tout d'abord rappeler que les navigateurs n'ont pas le droit de faire des appels AJAX sur d'autres domaines que les leurs, et ceci pour des raisons de sécurité. On appelle cela la *same-origin policy*. En effet, cela évite que des sites Internet malicieux puissent lire des données sensibles sur d'autres sites, notamment via Web API. Cependant, dans le cadre de communication intersystème web, cela pose un problème. Comment un site web, censé communiquer avec un autre système web pour un échange de données, peut-il récupérer des informations si le navigateur n'autorise pas ce genre d'appel ? Le standard W3C a tout prévu avec CORS.

Remarque

Cette problématique rentre clairement en compte de nos jours avec l'interconnexion des systèmes web. Afin de faciliter l'échange de données, les sites web s'appellent mutuellement via des web services et autres API de manière automatique, et font ainsi face à cette interdiction.

Mais au final, qu'appelle-t-on "la même origine" ? Deux ressources ont la même origine si le schéma de l'URL, l'hôte et le port sont les mêmes. Par exemple, les URL suivantes ont la même origine :

- http://monsite.com/ressource1.html
- http://monsite.com/monstyle2.css
- http://monsite.com/monimage.jpg

Cependant, les URL suivantes n'ont pas la même origine :

- http://monsite.net : domaine différent ;
- http://monsite.com:9000/ressource1.html : port différent ;
- https://monsite.com/ressource1.html : schéma différent ;
- http://www.monsite.com/ressource1.html : sous-domaine différent.

CORS permet de flexibiliser la contrainte des navigateurs, en autorisant certains domaines à requêter le site, et en rejetant tous les autres. L'activation de CORS se fait dans la classe `Startup` via le package `Microsoft.AspNetCore.Cors`. Le code ci-dessous montre l'ajout des services de CORS :

```
public void ConfigureServices(IServiceCollection services)
{
    services.AddCors();
}
```

Le mécanisme de CORS a besoin d'un middleware pour fonctionner. Ce dernier s'ajoute avec la méthode `UseCors`. La méthode prend en paramètre une expression lambda afin de configurer CORS via un objet de type `CorsPolicyBuilder`.

```
public void Configure(IApplicationBuilder app)
{
    // Utilisation de CORS
    app.UseCors(builder =>
       builder.WithOrigins("http://monsite.com"));
}
```

Remarque

Il est possible de passer plusieurs chaînes de caractères au sein des méthodes de la classe `CorsPolicyBuilder`. La plupart d'entre elles acceptent une liste sous forme de `params string[]`.

Les méthodes importantes sont :

– `WithOrigins` : ajoute des origines acceptées par le système ;

– `WithHeaders` : ajoute des en-têtes acceptés par le système ;

– `WithExposedHeaders` : ajoute des en-têtes, exposés au client, qui sont acceptés par le système ;

– `WithMethods` : ajoute des méthodes HTTP (`GET`, `POST...`) acceptées par le système ;

– `AllowCredentials` : ajoute le support des informations d'authentification acceptées par le système. Typiquement, on va retrouver les cookies par exemple. L'en-tête `Access-Control-Allow-Credentials` est également rajouté. Un appel avec credentials se fait de la manière suivante (en jQuery) :

```
$.ajax({
    type: 'get',
    url: 'http://www.example.com/home',
    xhrFields: {
        withCredentials: true
    }
```

On retrouve le même type de méthode sous la forme `AllowAny*`, où l'étoile peut indiquer `Method`, `Header` ou `Origin`. Ainsi, le site web accepterait n'importe quel en-tête ou n'importe quelle origine.

Remarque

Attention cependant aux risques de sécurité du système.

Afin de bien configurer son site avec CORS, il est important de connaître comment CORS fonctionne. La spécification de CORS s'appuie sur plusieurs en-têtes HTTP permettant de gérer la sécurité cross-origin des requêtes AJAX. Si le navigateur le permet, il va rajouter un en-tête de type `Origin` en spécifiant le domaine de la requête HTTP.

```
GET http://myservice.azurewebsites.net/api/test HTTP/1.1
Referer: http://myclient.azurewebsites.net/
Accept: */*
Accept-Language: en-US
Origin: http://myclient.azurewebsites.net
Accept-Encoding: gzip, deflate
User-Agent: Mozilla/5.0 (compatible; MSIE 10.0; Windows NT 6.2;
WOW64; Trident/6.0)
Host: myservice.azurewebsites.net
```

Si le site Internet accepte ce domaine, il va modifier la réponse en utilisant l'en-tête `Access-Control-Allow-Origin` et en spécifiant la même valeur que celle de l'en-tête `Origin`.

```
HTTP/1.1 200 OK
Cache-Control: no-cache
Pragma: no-cache
Content-Type: text/plain; charset=utf-8
Access-Control-Allow-Origin: http://myclient.azurewebsites.net
Date: Wed, 20 May 2015 06:27:30 GMT
Content-Length: 12
```

Au final, si l'en-tête est présent, le navigateur accepte la réponse et l'affiche à l'utilisateur. Sinon, la requête AJAX échoue même si la requête HTTP a fonctionné correctement.

Le mécanisme de CORS est un bon moyen pour le développeur de gérer les appels cross-domain au sein de son site Internet. La configuration est très simple dans la classe `Startup`, et peut même être utilisée directement dans les contrôleurs et actions via les attributs `EnableCors("myPolicy")` ou `DisableCors`. Le middleware est le point central de cette gestion, traitant ainsi toutes les requêtes de manière unilatérale.

Chapitre 12
Les tests

1. Introduction

Les tests sont un moyen incontournable pour un projet de vérifier que le code est toujours fonctionnel et qu'il ne comporte pas de bug lors du développement du site. Dans un esprit d'intégration continue et de build automatique de la solution, les tests sont là pour valider que chaque nouvelle partie de code n'a pas intégré de nouveaux bugs dans le système.

ASP.NET Core a été conçu dans le but d'améliorer la testabilité du code de l'utilisateur et ainsi augmenter la maintenabilité de l'application. Les tests automatisés sont ainsi un bon moyen pour le développeur de vérifier que le code qu'il a écrit fait bien ce qu'il doit faire. Il existe bon nombre de types de tests, comme les tests d'intégration, les tests de montée en charge, les tests fonctionnels et bien d'autres encore. Les tests qui nous intéressent dans cette partie concernent les tests unitaires, c'est-à-dire des tests courts et simples permettant de valider des petits morceaux de code.

Les tests unitaires peuvent suivre une bonne pratique intitulée *Test Driven Development* consistant à écrire d'abord les tests puis à développer les fonctionnalités qui valident les tests, mais nous n'allons pas nous attarder sur ce sujet. Il faut garder à l'esprit que les tests unitaires ne doivent pas comporter des dépendances liées à l'infrastructure pouvant ralentir le test. Cette partie va traiter du framework xUnit qui permet d'écrire des tests unitaires et de les lancer en lignes de commande ou via Visual Studio. Ensuite, nous traiterons d'une technique permettant de simuler le comportement d'une classe sans forcément avoir la main sur le code : le mock. Pour finir, le chapitre traitera des tests clients via les frameworks Jasmine et Karma.

2. Les tests serveur avec xUnit

Écrire des tests unitaires n'est pas si simple, et le développeur doit bien concevoir ses classes, ses méthodes et découpler le plus possible son architecture afin de rendre ses tests les plus simples possible. Les dépendances d'une classe peuvent être occultées en suivant le principe *Explicit Dependencies Principle* et en utilisant ainsi l'injection de dépendances : le découplage est alors assuré.

Une bonne pratique est de séparer les tests dans un projet à part du projet contenant les classes. Un projet de test est simplement une librairie de classes référençant un lanceur de tests (un *test runner*) et le projet à tester (intitulé le *System Under Test*, ou SUT). La convention d'ASP.NET va même plus loin en séparant les projets de tests et les projets SUT dans des dossiers à part :

```
global.json
MonProjet.sln
src/
  MonProjet/
    project.json
    Startup.cs
    Services/
      MonService.cs
test/
  MonProjet.UnitTests/
    project.json
    Services/
      MonService_Test.cs
```

Un projet de test doit d'abord être configuré afin d'indiquer quel framework de test il doit utiliser. Le framework conseillé par l'équipe d'ASP.NET Core est xUnit. Il suffit alors de le rajouter dans le *projet.json* du projet de test.

```
"dependencies": {
  "MonProjet": "1.0.0",
  "xunit": "2.1.0",
  "dotnet-test-xunit": "1.0.0-rc2-build10025"
}
```

La première dépendance permet évidemment de tester les classes dans notre projet SUT. La deuxième dépendance permet d'ajouter le test runner au projet de test. Enfin, la dernière dépendance permet de lancer les tests avec la ligne de commande `dotnet test`.

Il existe plusieurs types de tests avec xUnit :

- **Facts** : tests qui sont toujours vrais et qui testent des conditions invariantes ;
- **Theroy** : tests qui ne sont vrais que pour un jeu de données bien particulier.

Les Facts sont des tests très simples, permettant de tester des égalités, des conditions ou encore des exceptions mais de manière fixe : le test n'est pas "paramétrable".

```
[Fact]
public void PassingTest()
{
    Assert.Equal(4, Add(2, 2));
}
```

En revanche, les théories permettant d'injecter des valeurs et ainsi vérifier des jeux de données bien particuliers. La théorie ci-dessous va vérifier que la méthode `CheckValeur` retourne bien `false` pour les valeurs -1, 0 et 1.

```
[Theory]
[InlineData(-1)]
[InlineData(0)]
[InlineData(1)]
public void ReturnFalseGivenValues(int value)
{
    var result = _monService.CheckValeur(value);

    Assert.False(result);
}
```

Les tests peuvent être lancés directement dans Visual Studio via le Test Explorer. Cet onglet permet au développeur de se munir d'un outil graphique afin de lancer les tests, visualiser les erreurs levées durant le test, vérifier la couverture du code et ainsi de suite.

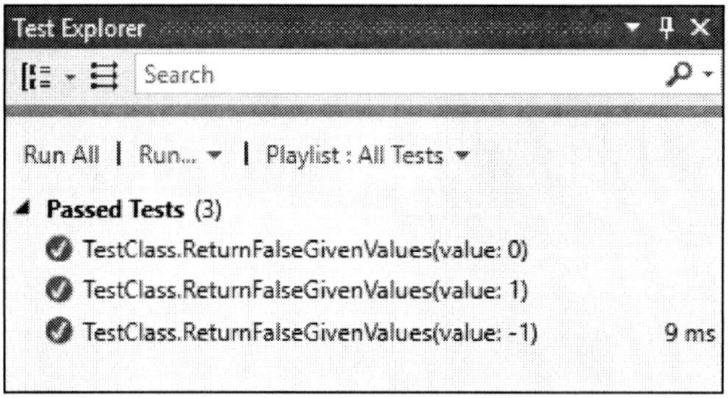

Test Explorer de Visual Studio.

L'onglet permet de visualiser :

- Les tests réussis.
- Les tests qui ont échoué.
- Les erreurs survenues pendant le déroulement du test, avec une stacktrace détaillée de l'exception.
- Le regroupement des tests suivant la classe dans laquelle ils sont définis. Le nombre de tests définis dans un projet peut être très volumineux, il est donc important de nommer et regrouper ses tests de manière à les retrouver facilement dans le Test Explorer.
- La couverture de code. Visual Studio permet de lancer une analyse de couverture de code afin de déterminer combien de pourcentage de code a été utilisé lors du test sélectionné. Cela permet de vérifier rapidement que tous les cas possibles ont été testés.

Il est également possible de lancer les tests via l'outil en ligne de commande `dotnet test` (pour la RC2) ou `dnx test` (pour la RC1). L'utilitaire va alors chercher tous les tests unitaires et les lancer dans la foulée.

```
xUnit.net DNX Runner (32-bit DNX 4.5.1)
  Discovering: ClassLibrary2
  Discovered:  ClassLibrary2
  Starting:    ClassLibrary2
  Finished:    ClassLibrary2
=== TEST EXECUTION SUMMARY ===
   ClassLibrary2  Total: 3, Errors: 0, Failed: 0, Skipped: 0, Time: 0.237s
```

Résultat des tests lancés en ligne de commande.

Il est cependant fastidieux de tout le temps lancer les tests à la main lors de chaque modification. L'utilitaire intègre un système permettant de scruter les fichiers et lancer les tests automatiquement lorsque l'un d'eux a été modifié grâce à la commande `dotnet watch test`.

L'intérêt de l'automatisation des tests est que cela permet de visualiser immédiatement le résultat et ainsi résoudre rapidement les possibles bugs qui ont été introduits via l'ajout de nouvelles fonctionnalités. Ce processus est également facilement utilisable via l'intégration continue, permettant ainsi à un serveur de lancer les tests de manière automatique lors de chaque mise à jour d'un développeur.

Le framework xUnit permet également de lancer des tests d'intégration via les outils précédemment cités.

Remarque

Un test d'intégration est simplement un test qui imbrique plusieurs composants du système (infrastructure, base de données...) pour vérifier qu'ils fonctionnent correctement ensemble. C'est l'inverse d'un test unitaire qui, lui, ne doit absolument pas prendre en compte les autres composants du système. Il est souvent d'usage de séparer ces deux types de tests dans des projets séparés.

Les tests unitaires utilisent généralement des mocks (notion expliquée dans la section suivante) afin d'imiter le comportement d'un autre composant (une base de données par exemple), alors que le but des tests d'intégration est d'utiliser les mêmes objets que ceux qui seront utilisés en production.

ASP.NET Core permet de simuler un serveur en mémoire et un client fictif afin de lancer des requêtes au serveur et vérifier que la réponse est la bonne. Cela est particulièrement pratique pour vérifier que le pipeline HTTP et l'enchaînement des middlewares se font correctement. Afin d'utiliser ce composant, il faut ajouter la référence "`Microsoft.AspNet.TestHost`": "`1.0.0-rc1-final`". L'exemple de code ci-dessous définit un host fictif afin de vérifier que la réponse est bien conforme à ce qui est attendu.

```
private readonly TestServer _server;
private readonly HttpClient _client;

public MonTest()
{
    // Arrange
    _server = new TestServer(TestServer.CreateBuilder()
        .UseStartup<Startup>());

    _client = _server.CreateClient();
}

[Fact]
public async Task ReturnHelloWorld()
{
    // Act
    var response = await _client.GetAsync("/");
    response.EnsureSuccessStatusCode();

    var responseString = await response.Content.ReadAsStringAsync();

    // Assert
    Assert.Equal("Hello World!", responseString);
}
```

Il a plusieurs manières de configurer un `TestServer`. Dans l'exemple ci-dessus, le serveur est configuré de la même manière que notre projet SUT via la classe `Startup`, mais il est possible d'indiquer uniquement les services que l'on veut tester.

Une autre pratique des tests unitaires est de tester la logique des contrôleurs MVC. Le but de ces tests est de vérifier que le code du contrôleur effectue les bonnes vérifications et interactions avec les services dont il a besoin. Un contrôleur ne doit pas effectuer de code métier et doit rester le plus minimaliste possible. Typiquement, ce seront les services qu'il utilise qui seront mockés, et les tests serviront à déterminer si le contrôleur effectue bien les actions suivantes :

- Vérification du modèle via `ModelState.IsValid` ;
- Renvoi d'une erreur si le `ModelState` n'est pas valide ;
- Récupération d'une entité persistée ;
- Action sur l'entité persistée ;
- Enregistrement de l'entité ;
- Retour d'un objet de type `IActionResult` en fonction de l'action à effectuer.

Le test ci-dessous vérifie que l'index du contrôleur renvoie bien une liste d'un modèle attendu.

```
[Fact]
public void IndexReturnsAViewResultWithAList ()
{
    var mockRepo = new Mock<MonRepository>();
    mockRepo.Setup(r => r.List()).Returns(GetTest());

    var controller = new HomeController(mockRepo.Object);

    var result = Assert.IsType<ViewResult>(controller.Index());
    var model = Assert.IsAssignableFrom<IEnumerable<MonModel>>
            (result.ViewData.Model);
    Assert.Equal(2, model.Count());
}
```

Les tests unitaires et d'intégrations sont réellement un bon moyen de vérifier continuellement que le projet fonctionne correctement et que des bugs n'ont pas été intégrés au fur et à mesure du développement. Nous conseillons fortement d'inclure ces tests dès les premières lignes de code du projet, car plus le projet avance et plus il y aura de tests à écrire.

3. L'art du Mock

Lors de l'écriture d'un test unitaire, le développeur fait souvent face à diverses dépendances qu'il doit résoudre afin de tester son petit morceau de code.

Remarque

Rappelons que les tests unitaires ne doivent tester que de petites parties de code, sans se soucier de l'infrastructure en place.

Il n'est donc pas évident de tester une classe qui possède un nombre conséquent de dépendances, surtout qu'avec l'injection de dépendances fournie par ASP.NET Core, l'arbre de dépendances peut vite prendre des proportions bien trop importantes. De plus, lors de l'écriture d'un test, le développeur ne veut pas forcément tester en profondeur des fonctionnalités de log ou de connexion à la base de données : le but est de mettre à disposition des données pour le test, sans forcément se soucier d'où elles viennent tant qu'elles satisfassent le code à tester.

Le développeur a ainsi besoin d'un nouvel outil mettant en œuvre le pattern de test "objet simulacre", c'est-à-dire un mock. Un mock est un objet qui va remplacer un objet réel (dans notre cas cela peut correspondre à une des dépendances du code que l'on veut tester), mais qui va retourner un résultat que le développeur va prédéfinir. Ainsi, le développeur n'a pas besoin de se soucier des dépendances sous-jacentes, et contrôle ainsi les données d'entrée pour le code qu'il veut tester.

Les mocks sont généralement utilisés dans les cas suivants :

- Les dépendances dont le comportement ne peut pas être prédit à l'avance (relevé de température, date du jour...).
- Les dépendances lourdes à manipuler (accès à la base).
- Les dépendances possédant de fortes contraintes liées à l'environnement dans lequel s'exécute l'application (accès réseau, données GPS...).
- Les dépendances de type interface utilisateur.
- Les dépendances soumises à des mesures de métriques, comme par exemple le nombre de fois qu'une méthode a été appelée. Ce genre de test permet par exemple de valider le fonctionnement d'un cache.

– La dépendance n'existe pas encore.

Les excellents frameworks suivants permettent de simuler des objets ou des interfaces, permettant ainsi au développeur de créer des mocks rapidement et tester vraiment de manière unitaire le code qui l'intéresse :

– **Moq** : framework de mock utilisé en interne par Microsoft, un projet sur GitHub l'a rendu public : https://github.com/moq/moq4 ;
– **NSubstitute** : framework de mock développé spécialement pour la plateforme .NET et entretenu par la communauté.

Remarque

Avec le développement de .NET Core, NSubstitute se met à jour régulièrement afin d'utiliser pleinement .NET Core. Une pull request (demande de mise à jour) est d'ailleurs ouverte à ce sujet sur GitHub : https://github.com/nsubstitute/NSubstitute/pull/197.

Remarque

Le framework Moq a également été mis à jour afin de supporter .NET Core : https://github.com/moq/moq4/pull/267.

Le code permettant de créer un mock avec ces frameworks est très simple et tient en une ligne. Avec Moq il suffit d'instancier un nouvel objet de type `Mock`, alors qu'avec NSubstitute il suffit d'utiliser la classe statique `Substitute` :

```
// Avec Nsubstitute
var calculator = Substitute.For<ICalculator>();

// Avec Moq
var calculator = new Mock<ICalculator>();
```

L'une des grandes fonctionnalités de ce genre d'outil est la possibilité pour le développeur de simuler le résultat de retour d'une méthode du mock. L'intérêt ici est de simuler tous les résultats des dépendances utilisées par le code à tester. L'exemple ci-dessous simule le résultat de retour de la fonction `Add` d'une calculatrice.

```
// Avec Nsubstitute
calculator.Add(1, 2).Returns(3);

// Avec Moq
calculator.Setup(framework => framework.Add(1,2)).Returns(3);
```

Une fois cette action effectuée, le code à tester peut utiliser la calculatrice nouvellement simulée et la méthode `Add` avec en paramètres `1` et `2` afin de faire fonctionner l'algorithme. Si le code utilise d'autres paramètres, il faut modifier les lignes ci-dessous en conséquence sinon le mock ne travaillera pas correctement.

```
// Le test passera
Assert.AreEqual(3, calculator.Add(1, 2));

// Le test ne passera plus car le mock ne saura plus quel
résultat retourner
Assert.AreEqual(4, calculator.Add(2, 2));
```

Les assertions sont un bon moyen de tester les résultats et de vérifier qu'ils correspondent bien à ce qui est attendu. Le framework xUnit offre les assertions suivantes :

- `Contains / DoesNotContain` : détermine si un élément est contenu dans un ensemble plus large ou non (caractère dans une chaîne, objet dans une liste...).
- `All / Collection / Empty / NotEmpty` : assertion diverse applicable à des collections.
- `IsType / IsNotType` : détermine si l'élément est du type désiré.
- `True / False` : détermine si la condition est vraie ou fausse.
- `Null / NotNull` : détermine si l'élément est nul ou non.
- `Equal / NotEqual / Match / NotMatch / Same / NotSame` : assertion d'égalité applicable à des objets ou bien même à des collections.
- `StartWith / EndWith` : détermine si un ensemble commence ou termine par le sous-ensemble spécifié.
- `Throws / ThrowsAny` : détermine si la méthode spécifiée lève l'exception attendue.

Les frameworks de mock offrent également la possibilité de vérifier le nombre de fois qu'une méthode a été appelée. Le code ci-dessous vérifie que la méthode Add n'a été appelée qu'une seule fois.

```
// Avec Nsubsititute
calculator.Received().Add(1, Arg.Any<int>());

// Avec Moq
calculator.Verify(mock => mock.Add(), Times.Once());
```

Imaginons que l'application utilise un service distant afin de récupérer souvent des informations diverses sur l'utilisateur. Le mieux dans ce cas est d'utiliser un service de cache permettant d'éviter de lancer à chaque fois la requête qui est tout de même coûteuse en temps d'exécution. Le test ci-dessus permettrait ainsi de vérifier que l'appel au service distant n'est fait qu'une fois, et qu'ensuite c'est le cache qui s'occupe de récupérer les informations de l'utilisateur.

Les tests unitaires se décomposent souvent en trois phases qui forment le pattern intitulé Arrange-Act-Assert (AAA). Ce dernier possède les caractéristiques suivantes :

- **Arrange** : c'est la phase d'initialisation des objets du test. En effet, un test a souvent besoin d'un contexte, et d'un objet (ou un ensemble d'objets) pour effectuer le test. La phase Arrange se fait au début du lancement du test, mais il est possible de trouver deux phases Arrange différentes. La première dans le constructeur de la classe de test permettant d'initialiser les objets globaux pour tous les tests. Une seconde phase Arrange peut s'effectuer dans la méthode de test elle-même afin d'initialiser des variables propres au test.
- **Act** : c'est la phase d'exécution du test. Cette phase appelle le code nécessaire pour valider le test et récupère les résultats escomptés. C'est ici que sont créés les paramètres servant au test. Le mieux est de créer une méthode par test.
- **Assert** : c'est la phase de vérification des résultats. Cette phase s'appuie sur une API d'assertion souvent fournie par les frameworks de tests unitaires permettant de vérifier les égalités, les conditions, les exceptions... De plus, elle s'exécute à la suite de la phase Act et donc dans chaque méthode de test.

Il est possible pour le développeur de créer ses propres mocks, en créant des classes factices qui seront par la suite réutilisées dans les tests. Cependant, il est souvent fastidieux de résoudre toutes les dépendances, s'il y en a, lors de la recréation du service factice. De plus, rien ne nous confirme que ces dépendances seront utilisées. Le but d'un mock est de fournir un objet imitant le comportement de l'objet réel (au niveau de l'accessibilité des méthodes) mais en utilisant des résultats maîtrisés.

Remarque

L'important est de comprendre que ce n'est pas le mock qui est la cible du test : il est là uniquement pour fournir un contexte pour le test des objets réels.

Techniquement, il est possible de créer de mock pour :

- Des interfaces ;
- Des classes abstraites ou concrètes.

Pour les classes abstraites ou concrètes, il est important que les méthodes soient virtuelles, sinon le mock ne pourra pas imiter le comportement de ces dernières. Cette sémantique est également importante pour mesurer les appels aux méthodes. L'injection de dépendances est aussi beaucoup utilisée lors de l'écriture des mocks : si chaque service hérite d'une interface (vivement conseillé pour l'injection de dépendances), il est plus facile de créer son mock.

Pour conclure, il faut garder à l'esprit que le mock est un outil destiné au développeur pour faciliter l'écriture de ses tests. Les tests ont très souvent besoin d'un contexte d'exécution, et le mock est là pour fournir ce contexte maîtrisé sur des dépendances diverses du code testé.

4. Les tests clients avec Jasmine et Karma

Le Web a bien changé depuis plusieurs années et tend à rendre les sites web de plus en plus interactifs, laissant de plus en plus de responsabilités au client plutôt qu'au serveur. Les exemples ci-dessous permettent d'apprécier les avantages de ce genre de procédé :

- Chargement, ou rechargement partiel de la page (dans le cadre d'un menu) ;
- Validation de formulaire côté client ;

– Récupération de données sans rafraîchissement de la page ;
– Allègement de la charge du serveur.

Toutes ces actions se font donc en JavaScript sur le client, mais cela peut rapidement devenir une usine à gaz si le code n'est pas un minimum organisé et architecturé. Dans le cas contraire, le navigateur peut ainsi avoir un comportement inexplicable, rendant le débogage difficile et fastidieux. Les tests sont un bon moyen de s'assurer que le code JavaScript effectue bien les actions demandées.

Il n'a pas toujours été facile de tester du code JavaScript, mais avec les tendances actuelles, de nouveaux outils ont émergé pour répondre rapidement à ce besoin. La suite de cette partie traitera de l'un d'eux : Jasmine.js.

Avant toute chose, il est important de rappeler quelques notions importantes relatives à Jasmine :

– Un runner est responsable de trouver et d'exécuter les tests. Chaque runner peut fonctionner différemment en proposant par exemple la catégorisation des tests, ou encore la parallélisation.
– Un reporter permet simplement d'afficher les résultats émis par le runner.

Par défaut, Jasmine utilise un runner qui lance les tests et un reporter qui affiche les résultats en HTML. Prenons le code à tester ci-dessous qui convertit simplement des degrés Celsius en degrés Fahrenheit :

```
var MaLib = {
    celsiusVersFahrenheit: function(celsius) {
        if(isNaN(livres - 1)) {
            throw "ValeurTempératureIncorrecte";
        }
        return (celsius * 1.8) + 32;
    }
};
```

D'après le code, deux tests sont pertinents :

– Vérifier que la conversion se déroule correctement, avec un paramètre d'entrée maîtrisé et un résultat prévisible ;
– Vérifier que la méthode retourne bien une exception si le paramètre d'entrée n'est pas au bon format.

Le code ci-dessous décrit ces tests en JavaScript :

```
describe("La librairie de conversion", function() {
    describe("Conversion de livre à kilo", function() {

        it("Convertit 0°C en 32°F", function() {
            expect(MaLib.celsiusVersFahrenheit(0)).toBe(32);
        });

        it("Exception : nombre non numérique", function() {
            expect(MaLib. celsiusVersFahrenheit.bind("abc")).
toThrow("ValeurTempératureIncorrecte ");
        });

    });
});
```

Les assertions utilisées par Jasmine sont très claires et s'exécutent via la fonction `expect(valeur)`. La syntaxe de l'API Fluent utilisée par Jasmine est très facile à lire et s'écrit sous la forme suivante :

```
expect(valeur).to{NomExpectation}(valeur_attendue);
```

Remarque

La partie suivant le `expect`, c'est-à-dire `.to{NomExpectation}` est appelée un matcher. Les valeurs attendues peuvent varier d'un matcher à un autre.

Il est également possible d'inverser la condition avec le mot-clé `not` :

```
expect(valeur).not.to{NomExpectation}(valeur_voulue);
```

Remarque

La documentation de Jasmine vis-à-vis des matchers est très bien fournie : https://github.com/jasmine/jasmine/wiki

La dernière subtilité concerne le test des exceptions avec la méthode `toThrow()`. Cette dernière va lancer la méthode à tester pour le développeur, il est donc important de ne pas l'appeler directement lors du test. Le code ci-dessous montre les écritures acceptées et celles à éviter :

```
// Le test échouera car l'exception est directement levée
dans la méthode
expect(maFonction()).toThrow();
```

```
// Le test se terminera avec succès
expect(maFonction).toThrow();
```

Enfin, la méthode `.bind()` de Jasmine permet de lancer les tests d'exceptions avec des paramètres d'entrée pour la méthode.

```
expect(maFonction.bind("test")).toThrow();
```

Une fois nos tests écrits, il faut ensuite les exécuter dans le navigateur et lancer le reporter afin de visualiser les résultats. Le code ci-dessous effectue les actions suivantes :

- Récupération et configuration de l'environnement de Jasmine.
- Création et ajout du reporter à Jasmine.
- Exécution des tests Jasmine.

```
<script type="text/javascript">
    (function () {
      var jasmineEnv = jasmine.getEnv();
      jasmineEnv.updateInterval = 250

      var htmlReporter = new jasmine.HtmlReporter();
      jasmineEnv.addReporter(htmlReporter);
      jasmineEnv.specFilter = function (spec) {
        return htmlReporter.specFilter(spec);
      };

      function execJasmine() {
        jasmineEnv.execute();
      }

      var currentWindowOnload = window.onload;
      window.onload = function () {
        if (currentWindowOnload) {
          currentWindowOnload();
        }

        document.querySelector('.version').innerHTML =
jasmineEnv.versionString();
        execJasmine();
    };

  })();
</script>
```

- Afin de lancer les tests, il suffit d'exécuter le code ci-dessus dans un navigateur et visualiser les résultats. Cependant, comment faire si on veut exécuter les tests dans plusieurs navigateurs différents et vérifier que le test fonctionne partout ? Et comment être plus productif en accélérant l'exécution des tests dans ces navigateurs ? La réponse se trouve dans Karma.
- Karma est un *test runner* utilisable en ligne de commande, développé par l'équipe d'AngularJS, permettant de lancer un ou plusieurs navigateurs afin de charger le code JavaScript et exécuter les tests. Le résultat s'affiche donc dans le terminal sous la forme suivante :

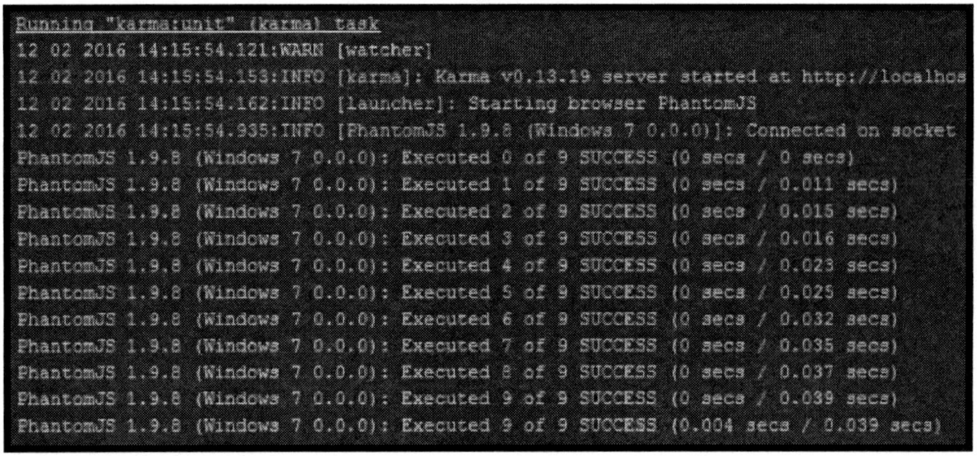

Affichage des résultats dans la console.

L'installation de Karma se fait très simplement via NPM. Le mieux est d'installer Karma dans le dossier du projet dans lequel s'exécutent les tests. Karma est rempli de plug-ins, alors il ne faut pas oublier d'installer les plug-ins nécessaires en fonction des besoins des tests (framework de test, support dans lequel s'exécuteront les tests...).

```
# Install Karma:
$ npm install karma --save-dev

# Install plug-ins that your project needs:
$ npm install karma-jasmine karma-chrome-launcher --save-dev
```

Les plug-ins installés permettent ici de lancer Karma avec Jasmine et dans le navigateur Chrome.

Remarque

La liste de tous les plug-ins se trouve ici : https://www.npmjs.com/browse/keyword/karma-plugin

Le lancement de Karma se fait alors via la commande `karma start`. Karma est un paquet NPM, il faut donc naviguer vers ce même paquet pour lancer Karma :

```
# Run Karma:
$ ./node_modules/karma/bin/karma start
```

Il est cependant possible d'installer les outils en ligne de commande pour faciliter l'utilisation de Karma.

```
$ npm install -g karma-cli
```

Karma fonctionne toujours via un fichier de configuration intitulé *karma.conf.js*. Ce dernier permet de savoir si les tests doivent s'exécuter dans un ou plusieurs navigateurs différents, quel framework de test il faut utiliser, quel reporter utiliser et ainsi de suite. Si le projet n'est pas configuré, Karma aide le développeur à créer ce fichier de configuration via la commande `karma init my.conf.js`.

Le code ci-dessous décrit la configuration suivante :

- Le chemin de base pour la résolution des dépendances ;
- Le nom du ou des frameworks à utiliser ;
- La liste des fichiers à charger ;
- Le port du serveur web ;
- Le nom du ou des reporters à utiliser ;
- Le lancement ou non des tests lors de la modification des fichiers ;
- La liste des navigateurs à lancer au lancement des tests.

```
module.exports = function(config) {
   config.set({

     basePath: '',
     frameworks: ['jasmine'],

     files: [
       'client/bower_components/angular/angular.js',
       'client/app/app.js',
       'client/{app,components}/**/*.js',
     ],

     port: 8080,
     reporters: ['spec'],
     autoWatch: false,
     browsers: ['Chrome', 'Firefox'],
   });
};
```

Dans un projet ASP.NET Core, ce genre de processus est facilement intégrable avec Gulp sans un seul plug-in supplémentaire : Gulp intègre déjà le runner Karma. Le code ci-dessous définit une tâche Gulp qui lance les tests via Karma :

```
var gulp = require('gulp');
var Server = require('karma').Server;

gulp.task('test', function (done) {
  new Server({
    configFile: __dirname + '/karma.conf.js',
    singleRun: true
  }, done).start();
});
```

L'option singleRun indique à Karma de ne lancer les tests qu'une fois. En enlevant cette option, Gulp va surveiller les fichiers concernés, et relancer les tests automatiquement.

```
gulp.task(watch-test, function (done) {
  new Server({
    configFile: __dirname + '/karma.conf.js'
  }, done).start();
});
```

Le processus de développement est généralement le suivant :

- Développement de la fonctionnalité voulue ;
- Écriture du test qui vérifie que la fonctionnalité a bien le comportement voulu.

La tâche ci-dessus permet facilement de faire du *Test Driven Development* (TDD). Le TDD est une méthode consistant à faire du développement piloté par les tests, c'est-à-dire dans l'ordre inverse du processus de développement classique :

- Écrire du test qui ne fonctionne pas encore ;
- Écrire du code qui valide le test ;
- Remanier le code afin d'en améliorer la qualité.

Rapidement, la démarche à suivre afin de faire du TDD se décompose en cinq étapes :

- Ajout d'un premier test ;
- Exécution du test, et constater qu'il ne fonctionne pas ;
- Écriture du code métier pour faire fonctionner le test ;
- Refactoring du code métier ;
- Contrôle que le test fonctionne toujours.

La mise en place de ce genre de processus comporte les avantages suivants :

- **Écriture immédiate des tests unitaires** : via cette méthode, les tests unitaires sont tout de suite écrits, et le projet prend ainsi en compte immédiatement et dès le début la problématique de testabilité du projet.
- **Clarification du comportement du code métier** : lors de l'écriture du test, le développeur va devoir réfléchir à une implémentation qui n'existe pas encore. Cela l'oblige à penser à tous les détails que va comporter son futur code métier, comme les exceptions, les vérifications des valeurs d'entrées, le type des valeurs de retour et ainsi de suite. Cela lui permet de ne rien oublier lorsqu'il va finalement écrire le code métier pour valider les tests.

La méthode TDD agit également sur le côté psychologique du développeur, en l'obligeant dans son code métier à respecter le test qu'il a écrit auparavant. Ainsi va s'installer une sorte de défi entre le développeur et le test qu'il a écrit, afin de réussir à le faire fonctionner.

Remarque

Le but de cette partie n'est pas de détailler cette méthode, mais il est intéressant de se rendre compte que les outils tels que Karma et Jasmine font partie intégrante d'un processus bien plus large, comme TDD, qui s'intègre parfaitement au processus de réussite d'un projet.

Avec Jasmine et Karma, le développeur est capable d'écrire des tests unitaires et d'intégration, puis de les faire fonctionner sur les navigateurs de son choix pour vérifier qu'ils fonctionnent tous correctement, peu importe le support d'exécution. Karma améliore grandement la productivité et l'intégration continue de ces tests via son procédé de configuration très extensible.

Chapitre 13
La globalisation et la localisation

1. Introduction

Les sites web modernes offrent souvent la possibilité de changer la langue afin que l'utilisateur puisse visiter le site dans les meilleures conditions possibles. La création d'un site multilingue va donc permettre de toucher un public plus large, et la technologie ASP.NET Core doit permettre aux développeurs de coder facilement ce genre de fonctionnalité et de l'intégrer au site.

L'internationalisation induit forcément de la globalisation et de la localisation. La globalisation est le simple fait de supporter plusieurs cultures dans le site. Ce dernier doit utiliser un système générique afin de nous permettre de changer facilement la langue de l'utilisateur. La localisation est l'action d'adapter le contenu du site en fonction de la région géographique de l'utilisateur. Elle utilise la globalisation afin de spécifier une culture bien particulière, adaptant ainsi le site et son contenu en fonction de cette culture (langue des textes, format des dates...).

ASP.NET Core fournit tout un ensemble d'outils pour le développeur, lui permettant de gérer au mieux la globalisation et la localisation dans son application. Dans un premier temps, les sections suivantes vont traiter des API utilisées pour gérer la localisation de l'application. Ensuite, le chapitre traitera du mécanisme présent au cœur de la gestion de la globalisation et présentera les middlewares permettant de gérer la culture de l'application.

2. La gestion de la localisation

Il existe plusieurs niveaux d'API permettant de gérer la localisation avec ASP.NET Core. Les interfaces les plus importantes sont `IStringLocalizer` et `IStringLocalizer<T>`. Ces contrats sont des indexeurs qui permettent de facilement retrouver une chaîne de caractères spécifique en fonction de la culture via les méthodes suivantes :

- `this[string name]` : récupère la chaîne depuis la clé passée entre crochets ;
- `this[string name, params object[] arguments]` : récupère la chaîne depuis la clé formatée avec les arguments passés en paramètres ;
- `GetAllStrings` : récupère l'ensemble des clés selon une ou des cultures bien spécifiques ;
- `WithCulture` : récupère un sous-ensemble de `IStringLocalizer` représentant les traductions réalisées avec la culture spécifiée en paramètre.

L'implémentation par défaut utilisée par ASP.NET Core est le `StringLocalizer` fournit par injection de dépendances, qui utilise lui-même un `ResourceManagerStringLocalizer` par défaut. Ce dernier utilise la classe `ResourceManager` afin de fournir au runtime un jeu de ressources spécifique à la culture. Le `ResourceManager` est la classe la plus basse dans la pile technologique de l'API et possède les méthodes :

- `Get*` **où * est un type** : permet de récupérer la ressource selon le type indiqué par la méthode. On retrouve les méthodes `GetString`, `GetStream`, `GetObject`... ;
- `ReleaseAllResources` : libère toutes les ressources.

Le code ci-dessous propose un contrôleur qui injecte un service de localisation permettant de fournir la valeur selon la clé fournie. La clé ici correspond à la valeur par défaut, ce qui veut dire que le développeur n'est pas obligé de tout de suite créer son dictionnaire par langue : le service de localisation renvoie automatiquement la clé comme valeur par défaut si aucune autre valeur n'est trouvée.

```
private readonly IStringLocalizer<MyController> _localizer;

pubic MyController(IStringLocalizer<MyController> localizer)
```

```
{
    _localizer = localizer;
}

[HttpGet]
public string Get()
{
    return _localizer["Mon Titre"];
}
```

Pour les clés contenant du HTML, le framework dispose de l'interface `IHtmlLocalizer<T>` permettant de localiser des valeurs contenues dans du HTML. En général, le développeur ne veut localiser que le texte et non tout le HTML avec les balises. Le code ci-dessous montre un exemple d'utilisation de cette interface :

```
var valeur = _localizer["<b>Hello</b><i> {0}</i>", name];
```

Le code ci-dessus produit le résultat suivant :

```
<i>Bonjour</i> <b>{0}!</b>
```

La classe `StringLocalizer` possède un paramètre générique permettant de récupérer les ressources d'un fichier bien précis. Ainsi, il est possible d'utiliser plusieurs sources de traductions dans une même classe. Le code ci-dessous utilise des ressources provenant d'un fichier spécifique au contrôleur courant, mais aussi des ressources partagées pour d'autres contrôleurs.

```
private readonly IStringLocalizer<MyController> _localizer;
private readonly IStringLocalizer<SharedResource> _sharedLoc;

public MyController (
            IStringLocalizer<MyController> localizer,
            IStringLocalizer<SharedResource> sharedLocalizer)
{
   _localizer = localizer;
   _sharedLocalizer = sharedLocalizer;
}

public string TestLoc()
{
  string msg = "Shared resx: " + _sharedLocalizer["Hello!"] +
               " My resx " + _localizer["Hello!"];
  return msg;
}
```

L'implémentation par défaut de `StringLocalizer` utilise des fichiers au format classique RESX comme on les connaît dans le monde .NET. Cela veut dire que l'objet de type `IStringLocalizer<MyController>` va utiliser potentiellement les ressources suivantes :

- MyController.resx ;
- MyController.fr.resx ;
- MyController.fr-FR.resx ;
- MyController.fr-CA.resx, et ainsi de suite.

Il est possible pour le développeur de créer sa propre implémentation de `IstringLocalizer`, lui permettant ainsi de définir un nouveau format pour la source de données (base de données, JSON, XML...). Le code ci-dessous réimplémente l'interface afin d'utiliser des fichiers JSON. Les caractéristiques du code sont les suivantes :

- La classe `JsonStringLocalizer` utilise le paramètre générique `T` afin de récupérer la ressource de traduction. Ainsi, la classe `JsonStringLocalizer<HomeController>` cherche un fichier intitulé *HomeController.json*.
- La classe utilise l'API `IConfiguration` afin de charger les fichiers JSON.
- Les fichiers JSON sont chargés dans le constructeur, prenant ainsi en compte la culture courante de l'utilisateur.
- La classe est simplement un indexeur qui va récupérer les ressources dans `IConfiguration` en fonction de la clé demandée.
- La classe injecte un objet de type `IApplicationEnvironment` afin de récupérer le chemin de base de l'application. Libre au développeur de définir son chemin par défaut pour les ressources JSON. Il est possible de paramétrer encore plus cette classe en implémentant sa propre classe d'option et en l'injectant dans `JsonStringLocalizer`.

```
public class JsonStringLocalizer<T> : IStringLocalizer<T> where T : class
    {
        private readonly IConfiguration _configuration;

        public JsonStringLocalizer(IApplicationEnvironment app)
        {
            var resourceName = typeof(T).Name;
            var configurationBuilder = new ConfigurationBuilder();
```

```
            configurationBuilder.SetBasePath(app.ApplicationBasePath);
            configurationBuilder.AddJsonFile($"{resourceName}.json");

 configurationBuilder.AddJsonFile($"{resourceName}.{CultureInfo.CurrentUI
Culture.Name}.json", true);

            _configuration = configurationBuilder.Build();
        }

        public LocalizedString this[string name]
        {
            get
            {
                return this[name, new object[0]];

            }
        }

        public LocalizedString this[string name, params object[] arguments]
        {
            get
            {
                var value = _configuration[name];

                return new LocalizedString(
                    name,
                    string.Format(value ?? name, arguments),
                    value == null
                );
            }
        }

        public IEnumerable<LocalizedString> GetAllStrings(bool
includeAncestorCultures)
        {
            throw new NotImplementedException();
        }

        public IStringLocalizer WithCulture(CultureInfo culture)
        {
            throw new NotImplementedException();
        }
    }
```

Le framework ASP.NET Core permet également d'injecter des services dans les vues grâce à Razor. Le service de localisation `IViewLocalizer` est particulièrement utilisé pour traduire des pages web. L'implémentation d'origine va chercher les fichiers de ressources en fonction du nom du fichier de la vue, et utilise en plus `IHtmlLocalizer` afin de localiser uniquement le texte et non le HTML lui-même.

```
@Localizer["<i>Hello</i> <b>{0}!</b>",
UserManager.GetUserName(User)]
```

Comme dans un contrôleur, il est possible d'utiliser des ressources partagées afin de mutualiser les ressources de traduction. Le code ci-dessous montre l'utilisation des interfaces `IViewLocalizer` et `IHtmlLocalizer` en utilisant des ressources partagées dans une vue Razor.

```
@using Microsoft.AspNet.Mvc.Localization
@using Localization.StarterWeb.Services

@inject IViewLocalizer Localizer
@inject IHtmlLocalizer<SharedResource> SharedLocalizer

@{
    ViewData["Title"] = Localizer["About"];
}
<h2>@ViewData["Title"].</h2>

<h1>@SharedLocalizer["Hello!"]</h1>
```

Pour finir, il est possible de localiser les messages d'erreurs. Ces derniers sont généralement indiqués via des annotations sur les classes des modèles utilisées dans des formulaires. Le code ci-dessous présente un modèle utilisé pour un formulaire de connexion :

```
public class LoginViewModel
 {
     [Required(ErrorMessage = "L'email est requis.")]
     [EmailAddress(ErrorMessage = "L'email n'est pas valide.")]
     [Display(Name = "Email")]
     public string Email { get; set; }

     [Required(ErrorMessage = "Le mot de passe est requis.")]
     [StringLength(8, ErrorMessage = "Min. 6 caractères.",
MinimumLength = 6)]
```

```
        [DataType(DataType.Password)]
        [Display(Name = "Password")]
        public string Password { get; set; }

        [DataType(DataType.Password)]
        [Display(Name = "Confirmation")]
        [Compare("Password", ErrorMessage = "Pas le même mot de
passe.")]
        public string ConfirmPassword { get; set; }
  }
```

ASP.NET Core va ainsi scruter les annotations qui sont utilisées pour la validation des formulaires, comme par exemple `Required` ou `EmailAdress` (ceux qui possèdent une propriété `ErrorMessage`). L'annotation `Display` ne sera pas utilisée dans la cadre de la localisation. Les messages d'erreurs utilisent ainsi `IStingLocalizer<T>` afin de déterminer dans quelle langue le message d'erreur doit être affiché.

3. Le middleware de gestion de culture

La culture est une notion importante dans ASP.NET Core car le framework travaille expressément avec la culture afin de déterminer quelle langue est la mieux adaptée à l'utilisateur qui envoie la requête HTTP. Chaque requête est ainsi localisée via un middleware fourni par le framework. Pour commencer, il suffit d'ajouter les services dans le `Startup` via la méthode `ConfigureServices`.

```
public void ConfigureServices(IServiceCollection services)
   {

        services.AddLocalization(options => options.ResourcesPath =
"Resources");

        services.AddMvc()
           .AddViewLocalization()
           .AddDataAnnotationsLocalization();
```

Les trois méthodes importantes ici sont :

- AddLocalization : ajoute les services de localisation dans le conteneur de services en précisant où se trouvent les ressources pour les traductions.
- AddViewLocalisation : ajoute les services localisation spécifiques pour les vues. Il est possible de spécifier plusieurs stratégies différentes afin de localiser les vues. La première qui est LanguageViewLocationExpanderFormat.Suffix permet de spécifier plusieurs fichiers pour des cultures différentes. Par exemple, le fichier *Index.fr.html* sera localisé comme étant de culture française. La seconde option est LanguageViewLocationExpanderFormat.SubFolder et permet de regrouper sous des dossiers de culture les vues MVC.
- AddDataAnnotationsLocalization : ajoute les services de localisation pour les annotations utilisées dans les modèles afin de définir des messages de validation.

Ensuite, dans la méthode Configure, il faut ajouter le middleware de localisation afin que chaque requête sache dans quelle culture elle doit travailler. Ce middleware se configure facilement via les options RequestLocalizationOptions. Le code ci-dessous ajoute le middleware en spécifiant les cultures qui sont supportées par l'application.

```
public void Configure(IApplicationBuilder app,
IHostingEnvironment env, ILoggerFactory loggerFactory)

      var supportedCultures = new[]
      {
          new CultureInfo("fr-FR"),
          new CultureInfo("fr"),
          new CultureInfo("en-US"),
          new CultureInfo("en-GB"),
          new CultureInfo("en")

      };

      app.UseRequestLocalization(new RequestLocalizationOptions
      {
          DefaultRequestCulture = new RequestCulture("fr-FR"),
          // Formatage des nombres, dates, etc.
          SupportedCultures = supportedCultures,
          // Chaîne de caractères de l'interface utilisateur
```

```
qui sont localisés.
            SupportedUICultures = supportedCultures
        });
```

Les options disponibles sont :

- `DefaultRequestCulture` : permet de définir une culture par défaut pour chaque requête.
- `FallBackToParentCulture/FallBackToParentUICultures` : définit si le middleware doit utiliser une culture parente s'il ne trouve pas la culture demandée dans les cultures supportées.
- `RequestCultureProviders` : liste de providers permettant de définir où le middleware doit chercher la culture. Par défaut, il va d'abord chercher dans l'URL, puis dans un cookie, et enfin dans le header de la requête. Le développeur est ici libre d'ajouter sa propre source de culture (une base de données par exemple).
- `SupportedCultures/SupportedUICultures` : définit les cultures supportées par l'application.

La méthode `UseRequestLocalization` enregistre un objet de type `RequestLocalizationMiddleware` dans le pipeline HTTP. Il est possible de définir à plusieurs endroits la culture que le site doit utiliser :

- Dans l'URL ;
- Dans un cookie ;
- Dans les paramètres du navigateur ;
- Dans l'en-tête de la requête.

Le middleware doit pouvoir traiter dans l'ordre des priorités, l'ensemble de ces sources censées paramétrer la culture, et ce afin de déterminer au final quelle culture le middleware doit utiliser. C'est précisément pour traiter cela que la liste `RequestCultureProviders` dans les options de `RequestLocalizationOptions` a été créée : elle permet de définir des sources différentes et ordonnées (définissant l'ordre de traitement par le middleware), pour récupérer la culture. Le premier fournisseur qui fournit la culture est utilisé pour déterminer la culture de la requête. Le développeur est capable d'ajouter et de créer ses propres sources via cette option.

Les providers par défaut sont (listés par ordre de traitement) :

- QueryStringRequestCultureProvider : premier fournisseur de cultures proposé par ASP.NET Core, il permet de déterminer la culture de la requête via l'URL. Ce cas est particulièrement utile pour le débogage et le développeur qui souhaite tester une culture particulière dans sa page. L'URL ci-dessous va permettre au fournisseur de renseigner les variables Culture et UICulture le temps de la requête (le développeur n'est pas obligé de mettre les deux tout le temps) :

```
http://localhost:5000/?culture=fr-FR&ui-culture=fr-FR
```

- CookieRequestCultureProvider : second fournisseur de cultures qui va, lui, rechercher la culture dans un cookie. Le cookie peut être créé via la méthode CookieRequestCultureProvider.MakeCookieValue et son nom peut être spécifié via la méthode CookieRequestCultureProvider.CookieName.
  La valeur par défaut du nom est "AspNetCore.Culture". La valeur du cookie est au format c=%LANGCODE%|uci=%LANGCODE%, où c est la Culture et uic la UICulture. L'exemple ci-dessous montre le format du cookie pour la culture française :

```
c='fr-FR'|uic='fr-FR'
```

- AcceptLanguageHeaderRequestCultureProvider : troisième et dernier fournisseur de cultures permettant de récupérer la culture provenant des paramètres du navigateur. Ces paramètres sont ainsi retranscrits dans chacune des requêtes au serveur sous la forme d'une entrée dans l'en-tête de la requête avec pour chaque paramètre une priorité. Le middleware est alors capable d'analyser cet en-tête et de déterminer la culture de l'utilisateur.

```
accept-language:fr-FR,fr;q=0.8,en-US;q=0.6,en;q=0.4
```

ASP.NET Core permet au développeur d'insérer son propre fournisseur de cultures dans le middleware. En effet, un cas simple est celui de la base de données : l'utilisateur pourrait avoir la culture courante stockée en base afin de déterminer la culture courante. L'avantage avec le système de fournisseur de cultures est qu'il est possible de modifier l'ordre des fournisseurs, et le développeur est alors capable d'intégrer son fournisseur au premier rang dans la liste. Le middleware va ainsi traiter son fournisseur en priorité.

Le code ci-dessous ajoute un fournisseur via la classe CustomRequestCultureProvider. Cette dernière accepte dans son constructeur une expression lambda permettant d'indiquer la culture via le résultat de type ProviderCultureResult. C'est ici que le développeur va par exemple récupérer la culture depuis une base de données. Le fournisseur est inséré au rang 0 afin d'être utilisé en priorité par le middleware.

```
services.Configure<RequestLocalizationOptions>(options =>
{
    var supportedCultures = new[]
    {
        new CultureInfo("en-US"),
        new CultureInfo("fr")
    };

    options.DefaultRequestCulture = new RequestCulture(culture:
"en-US", uiCulture: "en-US");
    options.SupportedCultures = supportedCultures;
    options.SupportedUICultures = supportedCultures;

    options.RequestCultureProviders.Insert(0, new
CustomRequestCultureProvider(async context =>
    {
        // Code métier personnalisé pour la culture
       return new ProviderCultureResult("en");
    }));
});
```

En conclusion, la globalisation est un concept important que le développeur doit prendre en compte dès le début du développement du système. ASP.NET Core facilite la gestion de la culture de l'utilisateur et s'intègre rapidement pour chacune des requêtes HTTP. Grâce à l'interface IStringLocalizer, il est en mesure de traiter différentes sources de données pour la traduction de ses pages web. La localisation devient ainsi totalement transparente et ce, grâce à quelques paramètres dans la classe Startup.

Chapitre 14
Le déploiement

1. Sur Azure

Le Cloud Computing ou informatique dans les nuages, abrégé Cloud, est l'exploitation de la puissance de calcul et/ou de stockage de serveurs informatiques, généralement installés dans des Data Center.

Selon la définition du National Institute of Standards and Technology (NIST), le Cloud Computing est l'accès via un réseau de télécommunications, à la demande et en libre-service, à des ressources informatiques partagées et configurables.

Il existe différentes manières de consommer des services dans le cloud : IaaS, PaaS et SaaS sont les principales. Le but premier est de délocaliser l'infrastructure des entreprises :

- *Infrastructure as a Service* (IaaS) permet d'utiliser une infrastructure comme un service et d'étendre une infrastructure existante avec notamment des réseaux de stockage, des serveurs, etc. Seul le matériel est dématérialisé.
- Par *Platform as a Service* (PaaS), le fournisseur propose au consommateur une infrastructure déjà déployée et configurée. Les systèmes d'exploitation installés au sein de ces plateformes n'ont plus qu'à accueillir les outils de gestion de bases de données, les serveurs web ou encore des outils de développement.

– *Software as a Service* (SaaS) permet aux utilisateurs finaux d'accéder à un ensemble d'applications hébergées dans un environnement sécurisé grâce à un système d'authentification.

L'ensemble des services proposés peuvent être créés et configurés généralement à travers un portail dédié, proposé par les différents fournisseurs. En font partie Microsoft avec Azure, Amazon et Google Cloud.

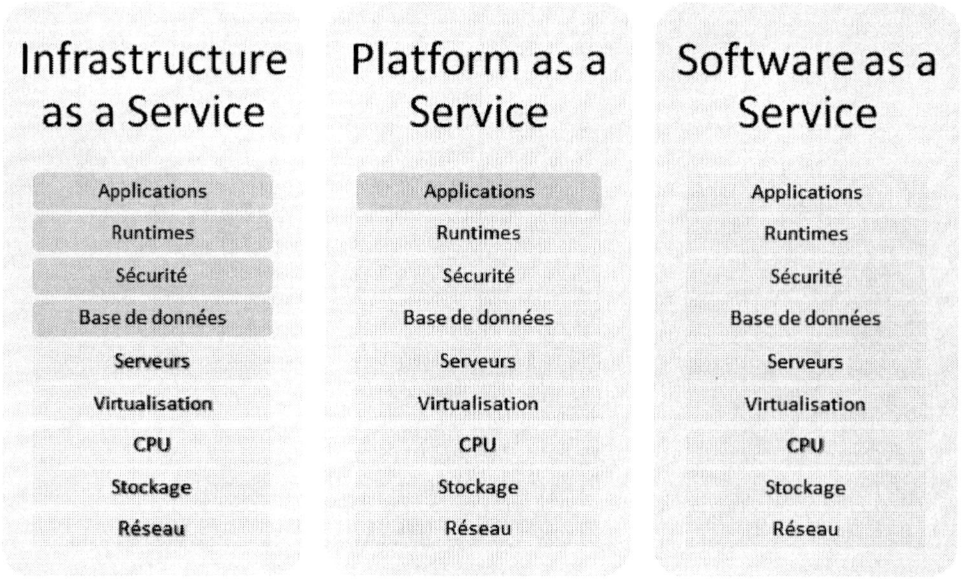

Les différentes infrastructures proposées par le Cloud.

Concernant le déploiement d'une application ASP.NET Core sur Azure, Visual Studio aide énormément le développeur dans ce processus. Une fois le projet prêt pour le déploiement, le processus de publication commence en faisant un clic droit sur le projet puis **Publier**. Cet écran apparaît alors :

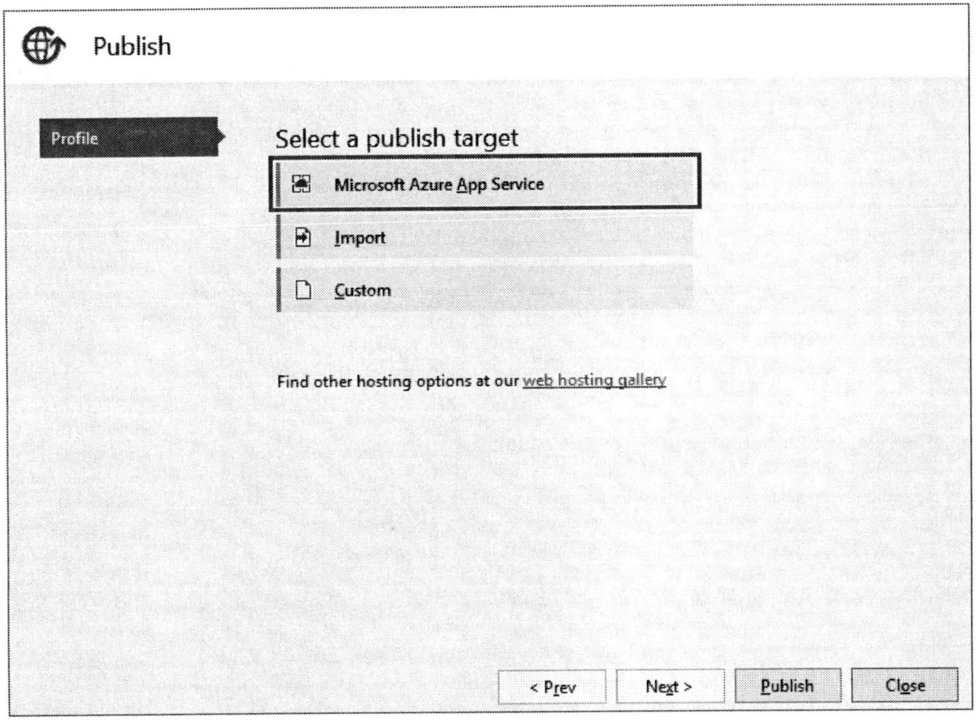

Écran de sélection de publication.

En choisissant **Microsoft Azure App Service**, Visual Studio ouvre un nouvel écran permettant de :

– Choisir le compte Azure à utiliser ;

– Créer des ressources pour le site.

Lors de la création d'un groupe de ressources supplémentaires pour le site, le développeur doit indiquer :

- Le nom de l'application ;
- Un App Service plan pour la tarification du site. Un plan App Service représente un ensemble de fonctionnalités et de capacités que vous pouvez partager entre plusieurs applications, y compris Web Apps, Mobile Apps, etc. Ces plans prennent en charge cinq niveaux de tarification : Gratuit, Partagé, De base, Standard et Premium. Chaque niveau a ses propres capacité et limites.
- Une région pour l'hébergement ;
- Un serveur de base de données.

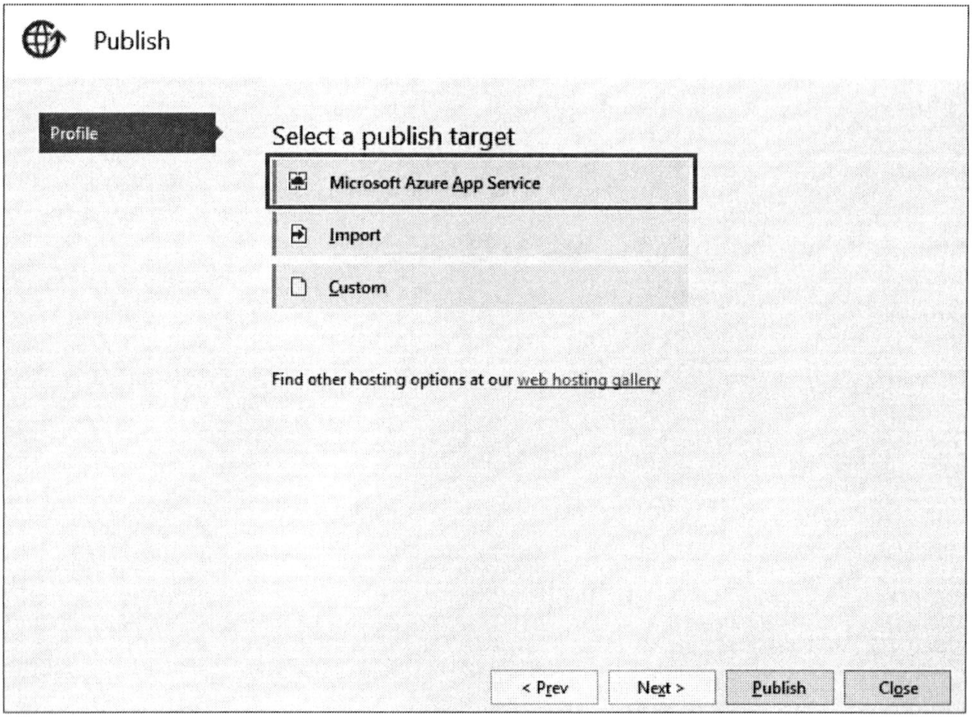

Écran de création d'une Web App pour Azure.

Une fois l'application Azure créée, il faut configurer le déploiement pour qu'il se connecte à cette nouvelle application afin de transférer les fichiers sur le site. Normalement, toutes les informations sont déjà renseignées par Visual Studio. Enfin, la dernière étape consiste à configurer le déploiement lui-même. Cet écran permet de configurer :

- Le framework .NET (Framework full ou Core).
- Les options de publication de fichiers.
- Les options de connexion à la base de données. Visual Studio affiche alors la chaîne de connexion qui sera utilisée lors de l'exécution du site Internet sur Azure. Il est important de vérifier que les informations sont justes vis-à-vis des informations configurées auparavant.
- Les options de migration pour Entity Framework. En effet, à chaque publication, si des modifications ont été appliquées à la base de données, il faut que la publication agisse de la même manière via les migrations du projet sur la base de données distante hébergée sur Azure.

Une fois la configuration terminée, il suffit de cliquer sur le bouton **Publier** pour lancer la publication par Visual Studio. La configuration de publication est enregistrée via un profil de publication, et est facilement réutilisable d'une publication à une autre.

2. Sur IIS

Historiquement intégré au sein de Microsoft Windows, Internet Information Services (IIS) permet de gérer vos applications web via une plateforme à la fois sécurisée, fiable, modulaire et facile d'accès pour le développeur. Afin de résumer correctement IIS, nous pourrions dire qu'il permet de :

- Déployer et faire fonctionner des sites web. Les technologies supportées sont celles de Microsoft, à savoir ASP, ASP.NET ou ASP.NET Core aujourd'hui. IIS supporte également PHP.
- Isoler les applications entre elles via des pools applicatifs (gestion séparée de la mémoire). Ce mode de fonctionnement dit en "sandbox" permet d'attribuer un processus unique au site, et ainsi de réduire les risques de sécurité.
- Modulariser à souhait la plateforme via des composants IIS.

– Augmenter la réactivité du site via des caches.

Cette partie a pour objectif de montrer pas à pas le déploiement d'un site ASP.NET Core sur IIS.

Remarque

*La suite sous-entend que le service **Web Server (IIS)** est activé sur la machine. Le service est activable dans les fonctionnalités Windows via la fenêtre **Programmes et Fonctionnalités**.*

Tout d'abord, il est important d'installer le package **.NET Core Windows Server Hosting** sur le serveur. Ce dernier installera le runtime .NET Core, les librairies et le module ASP.NET Core permettant de faire un reverse-proxy (protection des serveurs internes par un seul serveur visible de l'extérieur) entre le serveur Kestrel d'ASP.NET Core et IIS. Ensuite, il faut redémarrer le service avec la commande `iisreset`.

L'application elle-même doit également être configurée afin d'utiliser IIS. Le code suivant est utilisé dans la méthode `Main` de `Program.cs`. Le point important à noter est l'utilisation de `UseIISIntegration`.

```
var host = new WebHostBuilder()
    .UseKestrel()
    .UseContentRoot(Directory.GetCurrentDirectory())
    .UseIISIntegration()
    .UseStartup<Startup>()
    .Build();
```

L'intégration du site à IIS est facilement paramétrable via les options `IISOptions`. Ainsi, les options paramétrables sont :

– `AutomaticAuthentication` : si ce dernier est à vrai, le système va automatiquement authentifier l'utilisateur à chaque requête et ainsi récupérer ses informations d'authentification qui seront accessibles via le `HttpContext`.

– `ForwardClientCertificate` : si ce dernier est à vrai et que l'en-tête *MS-ASPNETCORE-CLIENTCERT* est présent, la fonctionnalité *ITLSConnectionFeature* sera remplie par le serveur.

– `ForwardWindowsAuthentication` : ajoute l'authentification Windows au site.

Microsoft a conçu un outil intitulé publish-iis, permettant de faciliter le déploiement d'un site ASP.NET Core sur IIS, notamment en aidant à la configuration et au déploiement du *web.config*. L'utilitaire s'intègre via NuGet dans le projet lui-même, et un script de post-publication permet de générer le *web.config* adéquat :

```
"tools": {
  "Microsoft.AspNetCore.Server.IISIntegration.Tools":
"1.0.0-preview2-final"
},
"scripts": {
  "postpublish": "dotnet publish-iis --publish-folder
%publish:OutputPath% --framework %publish:FullTargetFramework%"
}
```

Pour le déploiement, plusieurs solutions s'offrent au développeur. *MSDeploy* est le mécanisme le plus recommandé par les équipes de Microsoft, et les utilisateurs Visual Studio peuvent intégrer un script de publication web, utilisant *MSDeploy*, afin de déployer directement sur le serveur.

Remarque

Il est important de créer un dossier sur le serveur vers lequel le site IIS va pointer. Ce dossier peut se trouver n'importe où sur le serveur.

Pour finir, il faut faire un certain nombre de manipulations sur IIS afin de créer le site. Sur **IIS Manager**, il faut rajouter un site web dans la liste **Sites**. Le prochain écran permet d'ajouter un nom, un chemin physique et plusieurs informations d'hôte pour le site :

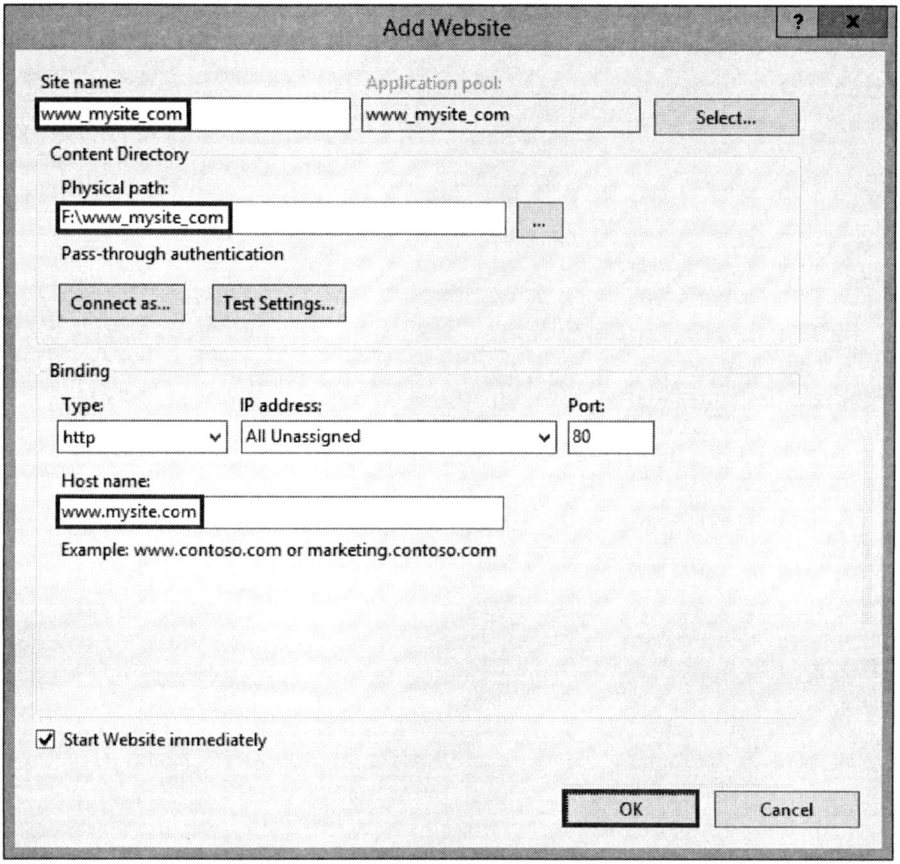

Écran de création d'un site sur IIS.

Ensuite, il faut créer un pool d'applications pour le site. Celui-ci se configure dans la partie **Application Pool** de **IIS Manager**. L'important ici est de préciser la version du CLR .NET à **Code Non Managé**.

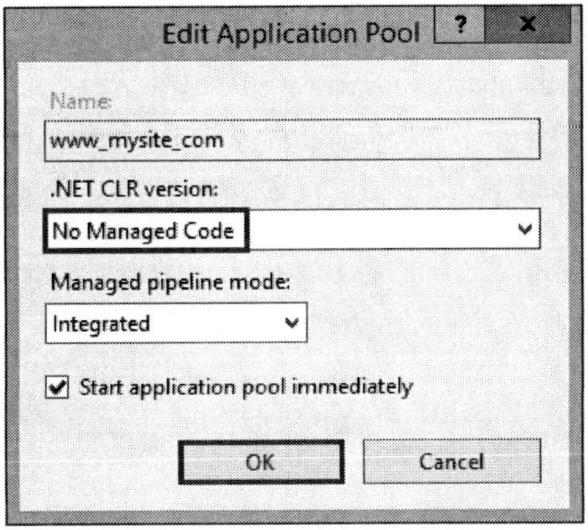

Écran de gestion du pool d'applications.

Dès que les fichiers de déploiement se trouveront dans le dossier associé au site IIS, l'application devrait apparaître dans un navigateur à l'URL spécifiée pour le site.

3. Sur Linux

Le déploiement sur Linux représente certainement l'une des plus grandes réussites d'ASP.NET Core. Déployer sur un environnement autre que IIS et Windows Server est une problématique que les équipes de développement de Microsoft ont gardé à l'esprit depuis le début. Aujourd'hui, déployer une application ASP.NET sur Linux est rendu possible via l'outil en ligne de commande `dotnet` et est extrêmement facile à mettre en place. Tout d'abord, il faut se munir d'une distribution Linux de type Ubuntu 14.04 Server (au minimum) avec un utilisateur ayant des privilèges `sudo` sur la machine, et d'un projet ASP.NET Core fonctionnel.

Remarque

L'outil en ligne de commande Yeoman permet de créer un projet ASP.NET Core fonctionnel à partir de zéro. Ce dernier est particulièrement pratique dans un environnement n'utilisant pas Visual Studio.

Afin de publier sur un environnement Linux, il suffit de lancer la commande suivante :

```
dotnet publish
```

La commande ci-dessus va créer ce qu'on appelle une *self-contained app*, c'est-à-dire une application capable de se lancer d'elle-même sans autres ressources supplémentaires. Le développeur est ensuite libre de copier le dossier nouvellement créé sur le serveur Linux. Un bon processus de déploiement intégrerait les composants suivants :

- Un contrôleur de code source afin de stocker le code de l'application de manière centralisée sur le serveur.
- Un serveur de build afin de lancer des builds automatiques du projet.

Avec l'outil en ligne de commande `dotnet`, il est très facile de créer un processus de build automatique afin de déployer sur Linux. Les étapes suivantes sont un exemple de processus de déploiement simple sur un serveur :

- Récupération des paquets NPM et Bower.

```
npm install & bower install
```

- Récupération des dépendances NuGet.

```
dotnet restore
```

- Build du projet.

```
dotnet build
```

- Lancement des tests du projet. Cette étape est cruciale car elle conditionne la suite du déploiement. Une bonne pratique serait de ne pas continuer le déploiement si les tests ne passent pas. On pourrait imaginer un e-mail qui serait envoyé aux développeurs si les tests ne sont pas corrects.

```
dotnet test monProjetDeTest
```

- Déploiement du projet via la création d'une application autonome.

```
dotnet publish
```

Remarque

Il faut retenir qu'il est possible de quasiment tout faire avec l'outil de commande `dotnet`. Ce genre d'étape est facilement intégrable dans un processus d'intégration continue : à chaque push (via Git par exemple), ces étapes sont lancées afin de déployer une nouvelle version de l'application rapidement.

Après publication et lancement du site avec `dotnet run`, le site devrait être accessible via l'URL `http://<serveraddress>:<port>`. Une autre bonne pratique est l'utilisation d'un reverse-proxy pour l'application. Ce dernier s'occupe de plusieurs mécanismes comme le load balancing (répartition des charges) des serveurs applicatifs ou encore de quelques problématiques de sécurité.

Remarque

IIS est un exemple de reverse-proxy utilisé pour une application ASP.NET Core.

Il existe NGinx permettant d'installer un reverse-proxy sur un système Linux :

```
// Installation du serveur
sudo apt-get install nginx

// Lancement du serveur
sudo service nginx start
```

Nginx doit ensuite être configuré afin qu'il puisse se comporter comme un reverse-proxy. Pour cela, on doit lui indiquer notamment le port sur lequel il doit écouter, les en-têtes qu'il doit rajouter ou encore sa gestion de cache. La configuration est disponible à l'emplacement suivant : `/etc/nginx/sites-available/default`.

```
Server {
    listen 80;
    location / {
        proxy_pass http://localhost:5000;
        proxy_http_version 1.s1;
        proxy_set_header Upgrade $http_upgrade;
        proxy_set_header Connection keep-alive;
        proxy_set_header Host $host;
        proxy_cache_bypass $http_upgrade;
    }
}
```

Remarque

La différence avec IIS se ressent ici : la configuration d'IIS est totalement transparente pour le développeur, alors que sur Linux, la configuration du serveur demande un minimum d'effort afin de faire fonctionner le site web.

Pour finir cette section sur le déploiement d'une application ASP.NET Core sur Linux, il est intéressant de savoir comment le développeur peut scruter l'exécution de son application web. L'outil `supervisor` permet de monitorer son application au travers de quelques commandes et d'une configuration bien précise sur Linux.

```
sudo apt-get install supervisor
```

L'outil utilise un sous-processus de l'application afin d'intercepter tous les messages de cette dernière, et ainsi faire remonter des informations au développeur. La configuration de l'outil se trouve à l'emplacement suivant : `/etc/supervisor/conf.d/`. Par exemple, afin d'observer l'application MonSite, le chemin du fichier sera le suivant : `/etc/supervisor/conf.d/monsite.conf`. L'outil permet de configurer les paramètres suivants :

- Le chemin de l'application ;
- Les chemins des logs ;
- La définition des variables d'environnement ;
- Les paramètres de démarrage de l'application.

L'exemple ci-dessous expose une configuration basique pour une application ASP.NET Core.

```
[program:monsite]
command=/usr/bin/dotnet /var/aspnetcore/MonSite/MonSite.dll
directory=/var/aspnetcore/MonSite/
autostart=true
autorestart=true
stderr_logfile=/var/log/monsite.err.log
stdout_logfile=/var/log/monsite.out.log
environment=ASPNETCORE_ENVIRONMENT=Production
user=www-data
stopsignal=INT
```

Il suffit ensuite de redémarrer l'outil via les commandes suivantes :

```
sudo service supervisor stop
sudo service supervisor start
```

Avec ceci, le développeur est capable de déployer une application ASP.NET Core sur un serveur Linux avec un minimum de commandes et d'outils. L'utilitaire `dotnet` est très pratique et sera réellement le compagnon du développeur lors de son déploiement avec ASP.NET Core.

!

A

D

E

F

G

H

I

J

K

L

M

N

O

P

T